KB201609

우울증 정신질병의 치유를 원하는 분들의 필독서

우울증 정신질병 치유비밀

강요셉 지음

우울증 정신질병은 반드시 치유된다는 것을 믿어라.
예수님의 이름 앞에 치유되지 않는 질병이 없다.

예수 이름 앞에 우울증 정신질병은 불치병이 아니다.
우울증 정신 질병은 성도들의 생활을 좀먹게 하는 것이다.

우울증과 정신질병에서 해방받고 전도하라.

성령출판사

우울증 정신질병
치유 비밀

성령

들어가는 말

저는 하나님의 은혜로 전인 성령치유 사역을 하고 있습니다. 치유 사역을 하면서 체험한 바로는 우울과 정신신경계통의 질병으로 고통을 당하는 분들이 많다는 것입니다. 예수를 믿는 성도들이 우울과 정신신경계 질병을 어떻게 치유해야 하는지를 몰라서 고통의 세월을 살아가고 있다는 것입니다. 그래서 제가 이런 분들에게 조금이나마 도움을 드리려고 지난 십여 년간 전인성령치유 사역을 하면서 나름대로 체험한 우울과 정신신경의 질병으로부터 해방을 받을 수 있는 실제적인 방법을 정립하여 책을 완성했습니다. 문제가 있으면 원인이 있습니다.

원인을 알면 치유는 간단하게 되는 것입니다. 저는 그동안 많은 정신적인 질병으로 고통당하는 분들을 치유한 경험이 있습니다. 세상 의학에서는 우울과 정신신경계통의 질병을 불치의 병으로 생각 하지만, 우리의 의사이신 하나님의 말씀에는 불치병이 없습니다. 모든 질병은 예수 안에서 치유가 됩니다. 믿음을 가지시기를 바랍니다. 정신적인 병은 약을 먹는다고 치유되는 것이 아닙니다. 심리적인 방법으로 치유한다고 치유되는 것도 아닙니다. 물론 일시적으로 호전은 될지 몰라도 근본적인 치유는 되지 않습니다. 우울과 정신신경 질병의 근본적인 치유는 말씀과 성령으로 깊은 차원의 치유를 해야 완치가 됩니다. 무조건 말씀을 듣는다고 치유가 되는 것이 아닙니다.

성령의 역사가 있는 살아있는 생명의 말씀을 듣고 뜨겁게 기도하며 심령깊이 자리 잡은 근본을 제거해야 치유가 되는 것입니다. 우울과 정신신경계통의 질병으로 고통을 당하는 분들이 바른 치유 방법과 치유 장소를 안다면 간단하게 치유 받을 수 있습니다. 그런데 지금 많은 성도들이 전문적인 장소를 찾지 못하고 여기저기 다니면서 시간만 낭비하고 질병은 더 중해지고 있는 분들이 많다는 것입니다.

이런 성도님들이 정확한 치유기관을 만나서 정신 질병을 치유 받고 심령천국을 이루면서 사시는 분들이 많습니다. 부디 우울증과 정신신경질병으로 고통당하는 분들과 치유 사역자들이 이 책을 통하여 좋은 이정표가 되기를 소원합니다.

주후 2015년 03월 10일

충만한 교회 성전에서

저자 강요셉목사.

우울 정신문제 치유 비밀 목차

1장 우울정신신경 질병 원인과 증상

(시42:5)"내 영혼아 네가 어찌하여 낙심하며 어찌하여 내
속에서 불안해 하는가 너는 하나님께 소망을 두라 그가 나타
나 도우심으로 말미암아 내가 여전히 찬송하리로다."

지금 세상을 거대한 정신 병원이라고 하는 분들이 있습니다.
2013년 10월 17일 주요 일간지 발표에 의하면 중, 고등학교
학생 10명중 5-6명이 우울증환자라고 합니다. 더 중요한 것은
우울증 환자 5-6명중에 2명이 자살을 생각했었다는 것입니다.
필자가 그동안 성령 치유사역을 하면서 정신적인 문제가 있는
아이들을 치유할 때 찾아낸 것이 있습니다. 그것은 이 아이들이
태중에서 부터 잘못된 상태로 태어난다는 것입니다. 어렸을 때
치유하지 않고 방심하다가 중 고등학생시절에 스트레스와 환경
에 문제가 발생하여 밖으로 나타난다는 것입니다.태중에서부
터 들어와 잠재된 영적이고 정신적인 문제가 있더라도 환경에
문제가 없고, 정신적인 문제가 없고, 건강에 문제가 없으면 밖
으로 나타나지 않고 숨어있는 것이 보통입니다. 숨어있다가 환
경에 문제가 생기고 스트레스를 받아 체력이 떨어져 영-혼-육
이 정상적인 기능을 발휘하지 못할 때 밖으로 나타나는 것입니
다. 그러므로 사전에 얼마든지 예방할 수가 있다는 것입니다.

그런데 대부분 육신의 건강에 대해서 이야기하지 영적인 건강에 대해서 이야기하는 분들은 없습니다. 그래서 건강이라 하면 육신 건강이라 말을 하고 육신건강에만 신경 쓰지만, 사실 정말 중요한 것은 정신 건강입니다. 정신이 건강해야 그 사람이 보다 건강한 삶을 살 수 있는 것입니다. 그렇기 때문에 육신의 건강보다 더 많은 관심을 가지고 더 많은 투자를 해야 하는 것이 정신의 건강이라고 말씀드릴 수 있습니다. 우리 사람들에게는 두 가지 감정이 있다고 합니다. 기쁜 감정과 슬픈 감정이라고 합니다. 그런데 기쁜 감정은 우리의 삶에 기쁨을 주고 활기차게 하지만, 슬픈 감정은 우리를 우울하게 만들고 우리의 삶을 망가뜨리는 위력을 가지고 있습니다. 때문에 우리들은 기쁜 감정을 가지도록 애써야 하고, 가능하면 우리 안의 슬픈 감정에 대하여서는 우리가 잡히지 않도록 상당한 노력을 해야 합니다. 그런데 의외로 많은 분들이 슬픈 감정에 잡혀 있어 쉽게 슬퍼하고 쉽게 울기도 하고, 그 슬픈 감정을 이기지 못해서 분노를 느끼며 불안에 떨기도 하고 정상적인 생활을 하지 못하는 분들도 있습니다.

우리나라만 우울정신신경 환자가 많은 것처럼 말하지만, 사실은 미국에도 우울정신신경 환자가 굉장히 많다고 합니다. 2011년도 한 해의 통계에 따르면 미국이 한해에 우울정신신경 질병을 위해 쏟아 부은 돈이 약 46조원이라고 합니다. 이렇게 우울정신신경 질병에 미국이 엄청난 돈을 쏟아 붓고 있다고 합니다. 그렇게 말할 수 있습니다. 물론 사람이 살다보면 기쁜 일도 있고, 슬픈 일도 있습니다. 그런데 기쁜 일은 오랫동안 간직하지 못하면서 이 슬픈 일에 대해서는 너무나 오래 간직하고 기억하고 있다는 것이 문제입니다. 절대로 우울정신신경 질병에 안 걸리는 사람은 '뭐 그럴 수도 있지' 하는 사람은 절대로 우울정신신경 질병에 안 걸립니다. 근데 왜 하필 내가 그런 일을 당하는가? 하는 사람들은 우울정신신경 질병에 걸릴 확률이 너무나 많습니다. 자신이 우울한 생각을 가질 때 조심하여야 할 것은 단순히 우울한 감정 때문에 내가 우울정신신경 질병에 빠져 있고 우울해 하고 있구나,라고 생각해서는 안 됩니다. 그 우울한 감정을 뒤집고 들어오는 존재가 있다는 것을 아셔야 합니다. 이 우울한 감정을 통해서 우울한 생각을 통해서 나의 삶을 망가뜨리려고 하는 흑암의 존재가 있다는 걸 꼭 기억하시고, 자신의 마음의 짐을 벗어버리도록 노력해야 합니다. 제가 전인 치유를 하면서 의외로 뭔가에 눌려 있는 분들이 있습니다. 몸이 눌린 것이 아니라, 마음이 눌려 움직이지 못하는 사람들을 많이 보았습니다. 그런데 의외로 이런 사람들이 교회 안에도 많이 있습니다. 교회 밖에만 우울정신신경 질병에 걸린 사람들이 있는 것이 아니고, 교회 안에도 우울정신신경 질병에 걸려 고생하는 분들이 많이 있습니다. 심지어 직분자들 중에서도 이 우울정신신경 질병 때문에 고생하고, 예배의 기쁨과 하나님의 축복을 제대로 누리지 못하는 사람들도 많습니다. 우울정신신경질병에서 해방 받는 비결이라는 제목의 말씀을 통해서 정신질환에 걸리신 분들이 있다면 치유 받으시기 바랍니다.

1. 의사들이 말하는 우울정신신경질병의 원인.

우울정신신경 질병에 걸리는 이유는 화학적 불균형에 의해서 걸린다고 했습니다. 이 말을 조금 풀어서 전달하면 우리 뇌에는 정보 전달자가 있습니다. 이 두뇌에 있는 정보 전달자가 정보를 충분히 전달해 주지 못할 때 우울증이 일어나는 것입니다. 그래서 이 신경전달 물질이 충분히 전달되어지면 기분이 좋은데, 이 정보를 전달하는 신경 전달 물질이 충분히 전달되어지지 못하면 이 사람의 감정이 낮아져서 우울정신신경 질병에 걸린다고 합니다. 의사들이 우울정신신경 질병을 치유할 때 약물 투여의 이유는 정보 전달물질이 충분히 전달되어지지 않았으므로 그 뇌에 활발한 운동이 일어날 수 있도록 약물을 투여하는 것입니다.

아드레날린은 호르몬으로 흥분상태, 그러니깐 교감신경이 활성화 된 상태에서 분비가 잘되는데, 특별히 심박수를 늘리고 혈압을 낮추는 작용을 합니다. 이름은 아드레날린 말고도 에피네프린이라고도 합니다. 신체가 긴장했거나 흥분했을 때 분비되는 만큼, 잘 활동할 수 있도록 심박수가 늘어나는 것입니다. 그리고 혈당을 높이는 작용도 작지만 한다고 합니다.

그리고 세로토닌과 도파민은 신경 전달물질로서 호르몬은 아닙니다. 호르몬은 내분비계통에 분비되어야 하는 것입니다. 그러니까 혈액을 통해서 온 신체로 가야하는 것입니다. 아드레날린은 혈액으로도 분비됩니다. 신경말단에서도 분비가 됩니다. 그러니까 아드레날린은 신경 전달물질이면서도, 호르몬의 역할도 하지만, 도파민이나 세로토닌은 호르몬의 역할보다는 신경 전달 물질로서의 기능이 강합니다. 둘 다 대뇌에서 신경 전달 물질로 쓰인다고 밖에 더 설명 못하겠습니다. 세로토닌은 수면 주기나 우울증과 관련이 있다고 합니다. 도파민은 정신분열증이나 사랑에 빠졌을 때 그 농도가 정상과는 상당히 달라진다고 합니다.

① 도파민이란 신경말단에서 분비되는 신경호르몬입니다. 도파민 분자는 인간의 쾌감, 감정 등 마음을 창출시키는 중요한 물질이고, 인간의 뇌에서 작용하는 신경호르몬의 약 절반 정도가 도파민 관련분자들입니다. 도파민은 단백질의 성분인 티로신이라는 아미노산으로부터 유도되는 물질입니다. 티로신은 생체에서 합성되지 않고 단백질로 체내에 들어와 분해가 된 후 다른 관련분자로 유도되어 작용을 합니다.

그러나 도파민 분자는 독성이 있는 물질이며 특별한 곳에서 정해진 기능을 하면 문제가 없으나 그 양이 과다하거나 부족하게 되면 뇌기능에 영향을 미치게 됩니다. 이 도파민이 뇌 내에 부족해지면 감정은 둔감해지고 반대로 많아지면 감정은 풍부해집니다. 인간에게만 나타나는 정신 분열증도 도파민 과다에 의한 것이라고 알려져 있습니다.

② 세로토닌이 부족하면 이런 증상이 나타납니다. 우울장애로서 전반적인 슬픈 기분 및 무력감, 고립감, 허무감, 죄책감등을 느끼며 그로 인해 자살충동, 불면증, 체중감소, 식욕과 성욕 감퇴, 일상에서의 즐거움과 흥미 상실 등의 특성이 나타나는 장애입니다. 성격장애로서 인지능력이나 정서, 대인관계, 충동조절 등의 부분에서 각 개인이 속한 사회의 일반적인 사회문화적 기대에서 심하게 이탈된 행동이나 내적 경험이 지속적으로 나타나는 장애가 나타납니다.

섭식장애로서 음식을 먹는 데에 있어서 심한 장애를 보이는 장애입니다. 불안장애로서 뇌 전두엽의 이상으로 인해 세로토닌 기능이 저하되어 공황장애가 오는 것입니다.

그러니 사람들의 호르몬이 정상적으로 흐르지 않을 때 우울 정신신경 질병에 걸립니다. 우울증이 가을에 그리고 주부에게 심한 이유가 여기에 있습니다. 40대 중반의 주부 권모씨가 요즘 혼잣말로 자주 되뇌는 말입니다. 요즘 그녀는 모든 것이 슬프고 우울한 기분에 젖곤 합니다. 그러다보면 아등바등 사는 것이 무의미해 보이면서 만사 의욕을 잃고 무력감에 빠지기도 합니다. 시쳇말로 멍 때리는 일도 점점 늘어만 갑니다. 몸에만 감기가 오는 것이 아닙니다. 마음에도 감기가 걸립니다. 다름 아닌 우울증입니다. 특히 계절적으로 가을만 오면 계절성 우울증이 더 심해지기도 한다는 것이 전문가들의 설명입니다. 한 자료에 따르면 가을철에 우울증이 가장 많다고 합니다. 특히 주부 우울증은 더 심각합니다.

한 가정의 안방마님으로서의 막중한 역할과 비중이 매우 큰 주부가 우울증에 걸리면 한 가족에게 끼치는 영향도 막심할 뿐 아니라, 자칫 심할 경우 이혼과 자살 등 극단적인 상황을 초래할 수도 있습니다. 이 때문에 마음의 감기라고 불리는 우울증 증상이 있을 경우 비록 일시적이라 할지라도 자칫 방치해서 더 큰 병으로 키우기 보다는 적절한 시기에 전문적인 치료를 받는 것이 이롭다는 것이 전문가들의 공통된 지적입니다.

사실 가을만 되면 쓸쓸해지고 우울해지는 것은 그만한 이유가 있다고 합니다. 이것은 인체의 생체시계와 밀접한 관련성이 있다는 것입니다. 인간의 생체시계는 일조량과 밀접한 관련이 있는데 가을에는 특히 일조량이 적어짐에 따라 멜라토닌이라는 호르몬 양이 늘어나게 된다고 합니다. 멜라토닌은 수면 조절 호르몬으로 기분을 가라앉게 하는 우울증과 관련이 깊습니다. 또 뇌 신경전달물질인 세로토닌과 도파민, 노에피네프린 등의 불균형도 우울증 원인으로 꼽힙니다.

또 주부가 우울증에 쉽게 걸리는 이유는 여성이 성호르몬의 변화가 심한 까닭입니다. 주부들은 결혼 후 임신과 출산, 폐경기 등을 거치면서 심한 호르몬의 변동을 겪게 되는데 이 가운데 여성호르몬인 에스트로겐의 농도가 떨어지면 우울증에 빠지게 된다는 설명입니다. 갱년기에 즈음해 난소 호르몬이 급격히 감소하는 것도 우울증과 관련이 있기도 합니다.

더군다나 남성에 비해 여성이 더욱 감성적이어서 쉽게 정신적인 상처를 받을 수 있는데다 육아와 자녀교육, 끝없이 이어지는 집안 일로 주부 스트레스는 이만 저만 큰 것이 아닌 까닭입니다. 또 자신을 내세우기 보다는 누구의 아내, 또는 누구의 엄마로서 살다보면 정체성의 혼란을 겪는데다가 사회적으로 소외되기도 해 주부 우울증은 더 심해질 수 있다는 분석입니다. 한 조사에 따르면 우울증 환자는 전 국민의 5%정도지만, 30~40대가 전체 환자의 40%이며, 그 중 2/3가 여자라는 얘기도 들립니다. 왜 갱년기 우울증에 걸리는가? 호르몬에 이상이 왔기 때문입니다. 그래서 갱년기 우울증도 다 다릅니다. 어떤 분은 조금 빠르게 오시는 분들도 있고, 어떤 분들은 조금 느리게 오시는 분들도 있고. 어떤 분들은 지나 간 줄도 모르고 지나가시는 분들도 있습니다. 제일 큰 축복은 지나간 줄도 모르고 지나가는 것이 좋습니다.

　　또 갱년기 우울증에 걸리셔서 삶을 비관을 하고, 내가 괜히 저 남자를 만나서 내 삶이 이렇게 되었지 하면 골치 아픕니다. 가능하면 주님 안에서 늘 기뻐하시면서 살다 우울증이 있었는지 없었는지도 모르게 지나가는 것이 제일 좋습니다.

　　우울증에는 두 가지가 있습니다. 하나는 양성 우울증이 있습니다. 또 하나는 양극성 우울증이 있습니다. 양성 우울증은 무엇인가 하면, 한 가지 증세가 계속 되는 것을 양성 우울증이라고 합니다. 다 슬픈 감정만 계속 되는 것 이것이 양성 우울증이라고 하는 것입니다.

그럼 양극성 우울증이란 쉽게 말하면 조울증이란 말을 들어보셨습니까? 두 가지 증세가 반복되는 것을 말합니다. 조금 전에는 울더니, 1분 후에는 웃는 것입니다. 또 1분 후에는 막 웃더니 또 1분 후에는 우는 것입니다. 어제까지만 해도 너무 기분이 좋아 웃다가 오늘 만나면 기분이 완전히 내려가 있습니다. 이것이 두 가지 증세를 보이는 양극성 우울증인 것입니다. 한 가지가 계속 되는 것을 양성 우울증이라고 합니다.

그리고 사람이 질병으로 인하여 오랫동안 고생을 하면 우울증이 걸린다고 의사들이 말합니다. 그럴 것입니다. 오랫동안 질병으로 고생을 하면 즐거움이 많이 없을 수도 있고. 질병으로 인하여 슬프고 또 왜 나만 이렇게 고생을 해야 하는가 하는 생각도 들 수 있을 것입니다. 그러다 보니 우울증에 걸릴 수 있다는 것입니다. 그런가 하면 그 사람의 뇌에 문제가 있었기 때문에 우울증에 걸린다고 말씀하시는 분들도 있습니다. 제가 볼 때는 저희가 참고해야 할 말씀이고 많이 배워야할 말씀입니다.

2.심리학자들과 상담사들이 주장하는 우울정신신경질병의 원인.

많은 심리학자들이나 일반 상담을 하시는 분들은 우울정신신경 질병에 원인에 대해 조금 더 구체적으로 말을 하고 있습니다. 이 사람이 과거에 어떤 상처가 있었다. 이 치욕스런 상처의 경험을 잊어버리지 못하고 있기 때문에 우울증에 걸린다. 이런 말들을 합니다. 그렇겠지요. 분명히 이 사람이 기분이 나쁠 때에는 기분 나쁜 이유가 있을 것입니다. 우울정신신경 질병에 걸렸을 때에는 우울정신신경 질병에 걸릴 만한 이유가 있었을 것입니다. 전부 다 과거의 사건과 관련이 있는 것입니다. 그래서 우울한 사건이 있었다든지… 또한 치욕스러운 경험이라든지… 이런 것들을 치유하지 못하고 치욕스런 경험으로 가지고 있다 보니까, 우울정신신경 질병에 걸려 다운이 되는 것입니다. 그런가 하면 이 치욕스러운 상처, 경험으로 인해 이 사람의 사고가 너무 부정적인 그런 사고로 가득하기에 우울정신신경 질병에 걸릴 수밖에 없는 것입니다.

이 사람이 이 상처를 드러내고 누군가에게 이야기를 하면 치유될 수 있는 길도 있을 것인데, 들어내지 않고 자꾸 혼자 마음의 벽을 쌓는 것입니다. 저는 이런 분들을 많이 보았습니다. 뭔가 말을 하면 도와줄 수 있는 길이 있겠고, 말을 하기만 하면 해결될 수 있는 길이 있겠는데, 말을 하지 않는 것입니다. 마음의 벽을 자꾸 쌓는 것입니다. 사람들을 향하여 마음의 벽을 쌓다보니 결국 자신 혼자만이 갇히게 되는 것입니다. 마음의 벽을 자꾸 쌓아 보세요. 자신 앞에 벽을 쌓아 보세요. 자신만 저 멀리 보지 못하고 다른 사람은 다 보게 됩니다.

우울정신신경 질병에 걸리신 분들이 복음 안에서 치유 받기

원하는 마음을 가지고 목사님이나 내면치유 사역자에게 말을 하면 충분히 치유 될 수 있는데, 말을 너무 안 하는 것입니다. 입을 다물고 마음의 벽을 그대로 쌓고 있다 보니 치유될 수 있는 길이 없어지는 것입니다. 이런 것은 굉장히 위험한 것입니다. 그러다가 우울정신신경 질병에 걸린다고 말을 하고 있습니다. 우리들은 이런 것들을 잘 참고해야 하겠습니다. 맞는 말이기에 치유에 참고해야 합니다.

그러나 정신과 의사들이나 심리학자들이 모르고 있는 것이 무엇이냐 하면 영적인 배경을 모르고 있는 것입니다. 다시 말해서 영적인 문제를 모르는 것입니다. 모든 사람에게는 상처가 있을 수 있고, 모든 사람에게는 부정적인 생각이 있을 수 있고, 모든 사람에게는 마음의 벽을 쌓아 둘 수 있는 가능성이 다 있으나, 이런 것들을 통하여 배후에서, 사단이 이 사람을 정복하려 하는 엄청난 영적인 존재가 사람을 공격하는 무엇인가가 있다는 것을 의사들이 모르고 있다는 말입니다.

그러니 약물 치유를 하고 심리 치유를 하는 이유는 이 부분에 대해서 모르기 때문에 자기가 아는 분야에서만 치료하는 대책을 세우다 보니 약물 치료를 하고 심리 치료를 하는 것입니다. 그러나 저희들은 이 두 가지를 충분히 참고하여야 합니다. 이 의사들의 말이나 심리학자들의 말을 충분히 참고하면서, 우리가 조금 관심을 가지고, 이 사람에 대해서 도와줘야 할 부분이 있다면 영적인 문제에 대해서 영적인 배경에 대해서 자신에게 이러한 생각을 자꾸 넣어주는 존재에 대해서 영적으로 말해 줄 필요가 있다는 것입니다. 그러니 정신과의사나 심리의사들이 하는 사역은 서로 보완하면서 사역하면 참 좋습니다. 너무 한 쪽만을 주장하면 고립될 수가 있기 때문입니다. 저는 이런 부분을 심리학자들의 말도 조금 참고하는 것도 괜찮다고 봅니다.

3.성령치유 사역자들이 주장하는 우울정신신경 질병원인

어떠한 형태의 죄이든지 적은 것이 씨앗이 되어 누룩과 같이 우리들의 정신과 마음과 육체를 파괴해 나가는 것입니다. 표면적인 생각이 잠재의식까지 진행되어 신경 세포가 파괴되고 자율 신경이 파괴되어 자신의 생각이나 의지대로 조절이 되지 아니합니다. 말초신경의 자극은 내장기관의 파괴를 가져오고 뿐만 아니라, 인체의 호르몬 기능이 조화를 잃게 됩니다. 이로 인하여 체액과 혈액이 산성화되거나 혼탁해져서 인체의 여러 가지 질병에 대한 면역력이 상실됩니다. 그래서 특별한 부위의 세포가 비정상적인 세포로 파괴되면서 육체의 병으로까지 진행되어 갑니다. 영의 병과 원인이나 결과가 유사합니다. 그러나 외적인 악한 영의 영향이나 침투로 인하여 질병이 발생하는 것이 아니라, 내적인 자신의 성품이나 인격(혼)이 조화를 이루지 못한 마음인 "병든 영혼"의 죄로 말미암아 일어나는 질병입니다. 주로 특별한 신체적 장애가 없음에도 불구하고 신체적 통증을 동반하는 질병으로 대개 자율신경의 부조화를 통하여 병으로 진행됩니다.

자율 신경은 교감신경과 부교감신경으로 나뉘는데 좌절, 낙심, 분노, 미워하는 마음, 질투하는 마음, 원망하거나 불평하는 마음, 불안이나 염려나 낙심 등은 교감신경과에 속합니다. 반대로 기쁜 마음, 평안한 마음, 사랑의 마음이나 용서의 마음, 온유한 마음 등은 주로 부교감 신경에 속합니다. 이 자율신경의 균형이 조화가 깨어질 때 각종 장기의 혈관 근육 등에 퍼져 있는 세포에 영향을 주므로 신체에 이상을 일으키게 됩니다. 자율신경을 자극하는 것이 바로 인간의 감정이나 화나 정신적 혹은 심적 스트레스를 받게 되어 평안함이 깨뜨려지고 하나님과의 불화가 시작됩니다. 이 스트레스는 하나님의 뜻대로 살지 못하거나 믿음으로 살지 못한 죄의 결과입니다. 그래서 하나님은 우리에게 주 안에서 항상 기뻐하라고 하시는 것입니다.

(빌 4:4-7)"주 안에서 항상 기뻐하라 내가 다시 말하노니 기뻐하라. 너희 관용을 모든 사람에게 알게 하라 주께서 가까우시니라. 아무 것도 염려하지 말고 오직 모든 일에 기도와 간구로, 너희 구할 것을 감사함으로 하나님께 아뢰라. 그리하면 모든 지각에 뛰어난 하나님의 평강이 그리스도 예수 안에서 너희 마음과 생각을 지키시리라."

감정적인 충격을 받으면 사고기능은 저하되고 합리적인 판단이 흐려져서 앞뒤를 생각할 겨를이 없이 공격적이 됩니다. 이로 인하여 심령이 상하게 되어 본성인 육성이 드러나게 됩니다. 이러한 화가 분노로 격한 심령으로 확산됩니다. 이러한 화병이 통제되지 못하면 빈발하게 되어 병적이 되고 질병으로 진행됩니다. 충격이나 신경성 원인에 의한 모든 질병은 모두 이 혼에 속한 병인데 영적인 질병과 정신적인 질병과 육체적인 질병의 3가지 형태로 진행됩니다.

화나 분노가 내적으로 스며들거나 발산되지 않은 상태로 속으로 심령이 상하게 됩니다. 정신적인 손상이 계속되어 뇌신경세포의 파괴가 진행되면 노이로제나 우울증 및 정신병으로 발전하게 됩니다. 그렇지 않고 내장기관의 신경세포가 손상이나 자극이 계속되면 육체적인 질병으로 발전하게 되어 심신 상관병으로 발전하게 됩니다. 심신 상관병이란 육체의 이상 현상으로 발전된 혼(마음)의 병을 의학적으로 심신 상관병이라 말합니다. 질병의 발생은 대략 이렇게 진행이 됩니다.

① 제 1 단계 환경의 위기: 사업이나 직장 가정 및 인간관계의 파탄이나 다른 사람으로부터 영향이나 자극이나 충격을 받게 됩니다.

② 제 2 단계 자아의 위기: 이를 자신의 인격이나 믿음으로 소화하지 못하면 내적인 갈등이나 불안, 염려, 의심, 초조, 미

움, 원망, 불평 등이 발동하며 육성이 발동 됩니다.

③ 제 3 단계 영적 위기: 갈등이나 불안이나 미움이나 원망이 심화되어 말로 불평을 나타내거나 행동으로 표현하게 되고, 심령이 메말라오며 보복하려는 심령이 되거나 기도가 막히거나 여러 가지 육체의 일로 외적으로 나타납니다. 다른 사람의 말을 들으려고 하지 않고 무조건 혈기를 내고 짜증이 많아집니다.

④ 제 4 단계 신체적 위기: 정신적 혹은 육체적 이상 현상들이 외적으로 나타나기 시작하여 분명한 질병의 형태로 나타납니다. 정신이상 우울증 불면증으로 나타납니다. 장기의 질병으로 나타납니다.

⑤ 제 5 단계 파멸의 위기: 질병이 악화되어 영혼의 파멸을 가져오거나 나아가서는 육신의 사망으로 연결되기도 합니다. 혹은 신경적으로 파멸이 오면 돌이키기 어려운 정신적인 이상을 가져오거나 영적으로 악화되면 악한 영의 침입으로 파멸의 위기를 맞게 됩니다.

보편적으로 마음의 병이란 여기서는 혼의 병으로 분류했습니다. 신경성 원인에 의한 질병으로 육체의 질병으로 외부적인 형태로 심하게 발전되어지지 않은 상태의 질병을 말합니다. 특별히 내분비 계통과 신경 계통과 자율신경 계통에 발병되어진 경우를 말합니다. 그러나 이 혼(마음)의 병 가운데 육체의 이상 현상으로 발전된 혼(마음)의 병은 의학적으로 심신 상관병이라 말합니다. 흔히 병의 원인을 의사들이 신경성 질병이라고 말하는 질병들로서 육체의 질병과 같은 증세와 형태를 갖추고 있습니다. 이에 대한 치유 사역은 혼(마음)의 내적치유사역의 방법과 함께 육체의 질병에 준하는 치유 사역을 겸하면 효과적입니다. 우울증이나 또한 정신병과 같은 경우라도 육체적 손상으로 인한 정신병이나 약물중독에 의한 육체의 병에 준하여 치유해야 합니다. 우울정신신경 질병의 발생은 유전적 영향이 큽니다. 부모가 모두 정신분열병이면 자녀가 정신분열병에 걸릴 가능성은 39.2%이고, 형제들 인 경우 14.2%, 사촌인 경우 3.9%, 손자 손녀인 경우 4.3%로서 대상자와의 혈연관계가 가까울수록 발병 가능성이 높아진다고 합니다.

우울정신질병의 영향에 의한 성격이상은 혼적인 병이 상당히 진행된 상태입니다. 병든 마음이 여러 가지 영의 질병으로 나타나거나 영적으로 파멸되어 가는 영적 현상이요, 이상 인격이며 병든 영혼입니다. 건전한 마음과 건전한 인격은 단순한 마음에서 나오며 어린아이와 같은 순전한 마음에서 나오게 됩니다. 그러나 교만한 마음이나 복잡하고 혼란한 마음이나 정신 상태는 비정상인 인격 현상을 일으킵니다. 성격이상이나 괴팍한 성격 등이나 지나친 의심, 지나친 이기주의, 지나친 고집, 지나친 질투, 지나치게 자주 발하는 혈기, 지나친 결벽성, 지나치게 말이 많거나, 지나치게 말이 적거나, 지나치게 불결함, 지나치게 게으르거나, 지나치게 인색하거나 등은 병적이랄 수 있는 상태이며, 이는 혼(마음)의 병이 상당히 진행된 상태입니다.

이러한 혼의 질병들은 하나님의 축복의 선물이요, 성령의 열매인 평안을 잃어버린 너무나 복잡한 인간의 육신적인 마음에서 나오게 됩니다. 믿음으로 살지 않고 영으로 살지 않는 육신적인 생활 태도는 신경력의 지나친 소모를 가져오거나 혼적인 병의 열매로 나타납니다. 영적으로는 육체의 일로 나타나며, 육신적으로는 사망의 삯인 육신의 질병으로 나타나며, 혼적으로는 영혼의 질병으로 나타나는 성격(인격)이상으로 발전하거나 좀 더 심해지면 정신이상으로까지 발전되기도 합니다.

선천적인 유전적 요인도 있지만 후천적인 환경과 교육이나 신앙과의 영향을 받는 것이 바로 영혼의 질병이요, 인격(성격)이상입니다. 과학자나 의사나 불신자는 혼의 병을 윤리 도덕이나 심리적이나 의학적 혹은 과학적으로만 고치려고 합니다. 이 성격이상은 고착되어 굳어 있고 자신의 존재 자체로 되어 있기 때문에 인간의 어떠한 가르침이나 수양(修養)으로는 근본적인 치료는 불가능합니다. 영혼의 질병은 단순한 혼의 기능 이상만이 아니라, 영의 기능 이상과 문제이기 때문입니다. 영의 변화는 오직 예수의 생명 즉 하나님의 성령만이 변화 시킬 수 있습니다. 영의 변화는 영의 깨달음이 있어야 하는데 이 영의 깨달음은 하나님의 은혜요 성령의 선물입니다. 말씀과 더불어 성령이 역사하는 기름부음이 있어야 하며 성령의 나타남이 있어야 합니다.

이러한 성령의 기름부음과 나타남은 영적 지각 기능이 살아나서 지각되는 영적 감각이 있는 사람이라야 합니다. 성령의 역사에 민감하게 반응할 수 있는 사람이라야 하는데, 하나님의 성령은 예수의 피로 씻어진 심령(거듭난 심령)이 아니고는 역사하지 않기 때문에 현재의 의학으로는 거의 불가능합니다. 우울정신신경 질병은 심리학적이나 교육적으로는 어느 정도 호전될 수 있지만 근본적으로는 고쳐지지 않는 것입니다. 믿음의 사람들도 성령의 도우심을 받지 않고서는 불가능하다는 사실을 인지하고 성령의 사역에 민감하게 반응하는 영성이 필요한 것입니다. 예수를 십년을 믿어도 변화되지 않는 것은 이러한 이유에서입니다. 또한 성령의 은사자라고 자랑하는 사람이나 기도를 하루에 몇 시간씩 하는 영적이라는 사람들도 인격이 변화되지 않는 것은 이러한 영적 원리를 적용하지 않고 살기 때문입니다.

이러한 영적 원리를 적용하고 사는 삶의 태도가 하나님의 영으로 인도함을 받는 삶입니다.

성령은 ① 말씀 속에 있으며, ② 심령 속에 있으며, ③ 우리들 가운데 역사하고 있습니다. 그래서 마음을 열고 영으로 기도를 해야 성령이 충만한 것입니다. 그래야 영의 사람으로 성령으로 인도를 받을 수 있는 것입니다.

(요6:63)"살리는 것은 영이니 육은 무익하니라 내가 너희에게 이른 말이 영이요 생명이라."

(고전3:16)"너희가 하나님의 성전인 것과 하나님의 성령이 너희 안에 거하시는 것을 알지 못하느뇨."

이러한 영적 원리를 잘 활용하여 영혼을 인도하는 사역자가 눈을 뜬 인도자입니다. 이러한 영적 원리를 적용하고 사는 것이 신앙생활입니다. 소경이 소경을 인도하면 다 같이 멸망할 뿐입니다. 그러므로 성령 사역을 잘 이해하고 성령의 나타나는 영적 현상과 그 원인을 이해함이 영적 눈을 뜨는데 지름길입니다.

4. 우울정신신경질병의 원인을 종합하면

1) 죄로 말미암아 온 질병

① 누룩 같이 번지는 죄의 삯으로 영혼이 잘못되어져 나타나는 원인으로 죄를 깨닫지 못하거나 무지로 인한 영혼의 멸망으로 일어나는 인격파탄과 같은 내적인 원인이나 ② 사업상의 거래나 친한 사람과의 원한 관계의 발생이나 이혼이나 죽음과 같은 물리적인 인간관계의 파탄이나 이와 같은 여러 가지 사회적 문화적 환경적인 외적인 원인입니다.

2) 몸에 범한 죄(육체의 단순한 이상)로 오는 질병

① 유전적인 원인이나 ② 정신적 정서적인 돌발적인 충격으로 인간의 신경계통에 이상을 일으키고 말초신경과 내장과 호르몬을 관장하는 교감신경과 부교감신경의 부조화나 장애로 인체의 기관이나 기능에 일어난 질병입니다. ③ 그러나 정신병이나 성격이상과 같이 혼의 질병과 같은 증상으로 나타나는 질병

이지만 교통사고나 뇌의 물리적인 충격이나 목뼈나 기타 육체적인 손상에 의한 원인이 있습니다.

이는 육신의 질병으로 다스리는 것이 좋으나 마음의 병인 혼의 질병과 전혀 상관없는 것이 아니라, 치료나 나타나는 증상이 혼의 질병과 깊은 관계가 있기에 혼(마음)의 질병에서 다루게 됩니다. 이러한 분별은 사단에 의한 정신 질병이나 단순한 정신질환과의 구별이 어렵듯이 어렵지만 의학적인 진단의 도움을 입거나 나타나는 영적 상태를 보아서 분별이 가능합니다. 역시 귀신들림의 형태로 나타나지 않는 영의 질병과도 분별의 어려움이 있습니다.

지금까지 우울 정신신경 질병과 육체의 질병발생과 진행과정을 설명했습니다. 우리는 우울 정신신경 질병을 두려워하지 말아야 합니다. 단지 말씀과 성령으로 충만한 믿음생활을 하면 예방되는 것입니다. 기독교의 신앙은 예방 신앙입니다. 내가 이 글을 쓰는 것도 우리 예수를 믿는 자들이 영육이 건강하여 하나님의 나라 군사가 되게 하기 위한 목적에서 글을 쓰는 것입니다. 계속 이어지는 말씀을 마음에 기록하셔서 모두 우울 정신신경질병의 권위자들이 되시기를 바랍니다.

그리하여 교회에 들어와서도 우울 정신신경질병으로 고생하는 사람들을 치유합시다.

2장 우울정신신경 질병의 치유 체험

(행10:38)"하나님이 나사렛 예수에게 성령과 능력을 기름 붓듯 하셨으매 그가 두루 다니시며 선한 일을 행하시고 마귀에게 눌린 모든 사람을 고치셨으니 이는 하나님이 함께 하셨음이라"

하나님은 만병의 의사 이십니다. 하나님은 인간을 지으셨습니다. 인간을 지으셨기 때문에 누구보다도 인간에 대하여 잘 아십니다. 저는 지난 십 년이 넘도록 성령치유 사역을 하고 있습니다. 그동안 수많은 우울정신신경의 질병으로 고생하는 환자를 치유하여 왔습니다. 그런데 대부분의 환자가 치유가 되었습니다. 모두 치유가 된 것이 아닙니다. 의지가 있는 환자는 모두 치유가 되었습니다. 의지가 부족한 환자는 치유되지 않은 환자도 있습니다.

그래서 저는 환자가 하나님의 은혜로 꼭 치유된다는 의지를 가지고 치유가 될 때까지 말씀을 듣고 기도를 하며 치유를 받는다면 모두 치유가 된다고 생각합니다. 의사들은 그럽니다. 정신신경과 약을 평생 먹으며 살아야 하는 불치의 병이라고 합니다. 그러나 하나님의 말씀에는 불치병이 없습니다. 누구든지 예수를 믿고 하나님에게 나와서 끝까지 매어 달리며 치유를 받을 때 모두 치유가 된다고 저는 확신합니다. 지난 세월동안 의지를 가지고 다니면서 치유를 받은 환자는 모두 완치가 되었기 때문입니다. 제가 이번에 이 책을 쓰게 된 동기는 지금 예수를 믿으면서도 우울정신신경질병으로 고통을 당하면서 불필요한 시간을 낭비하는 성도들이 많아서 그분들에게 조금이나마 조언을 드리고자 책을 쓰게 된 것입니다.

1.실어증과 우울증의 치유

저는 실어증과 우울증이 심하고 영적인 문제에 시달리다가 충만한 교회에 오게 되었습니다. 영적인 문제는 다름이 아니고 자꾸 눈에 악한 영들이 보이고, 밤에는 아예 잠을 자지 못할 정도로 불면증과 악한영의 괴롭힘에 일 년 반을 시달렸습니다. 그리고 심한 우울증과 실어증으로 일 년을 고생 하였습니다. 이분의 아버지가 필자에게 하는 말이 "아파트 문을 열고 들어가면 아빠 여기 귀신이 있어요, 하고 놀라고, 또 저기도 귀신이 있어요, 하며 놀라고, 자다가도 귀신이 나타났다고 소리를 질렀다는 것입니다. 그러면서 나에게 하는 말이 목사님 한번 생각해 보세요. 잘 길러서 미국 유학을 7년이나 다녀와 영어를 그렇게 잘하던 딸이 연속적으로 스트레스를 많이 받다가 그만 스트레스가 쌓여서 저렇게 순간적으로 변해 버리니 아버지의 마음이 찢어집니다. 지난 일 년 반 동안 안 해본 것 없이 다 해보았습니다. 목사님 저희 딸을 예수 이름으로 치유하여 종전같이 회복 되도록 도와주세요." 그래서 내가 이렇게 대답 했습니다. "예수님은 못하시는 것이 없습니다. 의지를 가지고 제가 하라는 대로 순종하고 연속적으로 집회에 참석하여 말씀 듣고 불같은 성령을 체험하고 안수기도 받으면 정상으로 회복이 될 것입니다." 하고 안심을 시켰습니다. 본인의 말로는 무당 옷을 입은 귀신은 밤에 많이 나타나고, 흉측하게 생긴 귀신은 낮에도 아파트 문을 열면 나타나 놀라게 했다는 것입니다.

그래서 이곳저곳을 돌아다니면서 치유 받으려고 하다가 도저히 해결 받지 못하고 국민일보 광고와 어느 분의 소개를 받고 우리 교회를 알고 왔다는 것입니다. 그래서 매일 다니면서 치유를 받게 되었습니다. 우리 교회에 아버지와 어머니 모두 등록을 하고, 매주 마다 영적인 말씀을 듣고 영성 훈련을 했습니다. 이 자매가 치유를 받고 이렇게 간증했습니다. "매시간 목사님의 안수를 받으면서 악한 영들이 때로는 울면서 떠나가고, 어떤 때는 악을 쓰면서 떠나가고, 어떤 때는 얼굴과 몸이 뒤틀리다가 떠나가고, 그리고 떠나가면서 각각 형상으로 보여주면서 떠나갔습니다. 그렇게 한 달 정도 치유를 받으니까, 눈에 그렇게 보여서 나를 놀라게 하고 괴롭히던 악한 영들이 서서히 보이지 않았습니다. 영적인 깊은 말씀을 듣는 중에도 하품을 통해서 말도 못하게 떠나갔습니다. 하루에 화장지 한통이 들어갈 정도로 많은 더러운 것들과 상처들이 치유되었습니다. 한 두 달이 지나니까, 잠이 잘 오고 불면증도 서서히 사라졌습니다. 그리고 악한 것들도 보이지 않고 밤에도 조용하게 잠을 잘 수 있었습니다. 그러나 우울증의 현상은 완전히 없어지지 아니하고 여전히 남아서 저를 괴롭혔습니다. 그래서 끝까지 치유 받아 정상적인 생활을 한다고 생각하고 계속 다녔습니다. 4개월이 지나고 5개월 중간쯤 되니까, 마음이 상쾌해지고 삶에 생기가 돌고 우울증이 사라졌습니다. 그리고 목사님의 말씀이 꿀같이 달게 들려졌습니다. 성경을 읽으면 옛날에는 하나도 보이지 않았는데, 눈에 쏙쏙 들어오는 것을 보니 영안도 열린 것이 분명했습니다. 그래서 저는 이렇게 생각합니다. 하나님이 못 고칠 질병이 없고 못 떠나보낼 악한 영이 없다는 것입니다. 그리고 눈에 악한 영이 보인다고 자랑하는 사람들은 정신적으로 영적으로 조금 문제가 있는 사람입니다. 이렇게 체험적으로 알게 되었습니다. 왜냐하면 그렇게 낮이나 밤이나 눈에 보이면서 괴롭히던 귀신들이 이제 봄 햇살에 하얀 눈이 녹아 없어지듯이 없어졌기 때문입니다." 서울 김성도.

2.우울증과 불면증에서 해방.

저는 한 오 년 전부터 우울증에다가 불면증으로 고생을 많이 했습니다. 한방치료를 해도 치유되지 않았습니다. 그래서 서울에 내적치유를 전문으로 하는 ○○박사가 운영하는 ○○○목회

연구원에 2년을 다녀도 치유되지를 않았습니다. 그래서 담임목사님의 권유로 신학대학원에 가게 되었습니다. 담임목사님이 하시는 말씀이 신학대학원에서 공부하면 우울증이 치유 된다는 것입니다. 그래서 우울증을 치유받기 위하여 신학대학원에 간 것입니다. 너무 잠을 자지 못하고 고통스러워 그 말을 믿고 신학대학원에 입교하게 되었습니다. 그런데 이제 더 잠이 오지 않는 것입니다. 그래서 능력이 있다는 ○○○순복음교회에도 일 년을 다녔습니다. 그래도 아무 소용이 없었습니다. 수면제를 먹어도 소용이 없는 것입니다. 너무 고통스러워 신학대학원 동료에게 이야기를 했더니 충만한 교회를 가보자는 것입니다. 충만한 교회 목사님이 말씀과 성령으로 내적치유를 하시는데 우울증이나 불치의 질병이 잘 낫는 다는 것입니다. 그래서 함께 충만한 교회에 와서 목사님의 말씀을 듣고 안수기도를 받으니 성령의 역사가 강하게 일어났습니다. 생전처음 체험하여 보는 것 이었습니다. 그런데 몇 주를 다니니까, 잠이 잘 오고 마음이 편안해지는 것입니다. 우울한 증상이 사라져갔습니다. 그래서 너무 좋아서 계속 다니니까, 완전히 치유가 되었습니다. 우울증을 이렇게 심하게 앓다가 제가 느낀 것은 말만 가지고 치유가 되는 것이 아니라는 것을 깨달은 것입니다. 살아있는 성령의 역사가 있어야 치유된다는 것을 깨닫게 되었습니다. 좌우지간 그렇게 오랜 세월동안 고통을 당하던 우울증을 성령의 역사로 치유받으니 감사합니다. 앞으로 치유의 능력을 받아서 나와 같이 몰라서 쓸데없는 고통을 당하는 성도들을 치유하는 사역자가 되려고 합니다. 서울 박집사.

3. 불면증에서 치유

제가 내적치유 하다가 어려서 물에 두 번 빠져서 사경을 헤매다가 구출되었고, 불속에서 한 번 구출된 경험이 있는 60세 된 목사님을 치유한 경험이 있습니다. 이 목사님이 불면증으로 2년을 고생하시다가 저의 충만한 교회 내적치유집회에 참석했습니다. 여러 곳을 다니면서 치유를 받으려고 했지만 불면증을 치유 받지 못하다가 국민일보 광고를 보고 참석하기 시작했습니다. 몇 개월 동안 열심히 다니면서 능력과 치유를 받았습니다. 그런데 어느날 아마 밖의 날씨가 영하 8도 정도 내려갈 때인데 집회를 마치고 집으로 가시려고 하는데 필자가 보니까 땀을 비가 내리듯이 흘리면서 몸을 가누지를 못하는 것이었습니다. 그래서 필자가 그냥 가시면 안 된다고 잠시 안정을 취하고 가시라고 의자에 앉게 했습니다. 그리고 머리에 손을 얹고 기도 했습니다. 그러니까, 성령께서 이렇게 감동을 하시는 것이었습니다. 어려서 심하게 놀란 일이 있다. 본인에게 한번 물어보아라. 그래서 본인보고 어렸을 때 놀란 일이 있는지 생각하여 보라고 했습니다. 그랬더니 한참을 눈을 감고 생각을 하더니 목사님 이제 생각이 났습니다. 제가 물에 두 번 빠져서 죽을 뻔 했는데 하나님의 은혜로 살아나왔습니다. 그리고 불에도 한번 들어가서 타죽을 뻔 했습니다. 그래서 제가 안수를 시작했습니다. 성령이여 임하소서. 성령이여 사로잡으소서. 불속에 집어넣고 물속에 집어넣어 죽이려고 했던 귀신아 내가 예수 이름으로 명하노니 정체를 밝히고 나와라. 정체를 밝히고 나와라. 하니까 막 벌벌 떨다가 발작을 하다가 울면서 귀신이 떠나갔습니다. 귀신을 쫓아내고 나서 2년 동안 고통당하던 불면증을 치유 받았습니다. 그런데 여기서 우리가 바르게 알아야 할 것은 이 목사님이 집회에 처음 참석하여 치유를 체험한 것이 아닙니다. 저희 교회 집회에 한 5개월 정도 다녀서 성령이 완전하게 장악을 하니 불면증을 일으키던 실체가 정체를 드러낸 것입니다. 많은 분들이 능력 있는 목사님에게 안수 한번 받고 치유 받으려는 생각을 합니다. 그러나 그런 생각을 가지고 있으면 치유 되지를 않습니다. 말씀과 성령으로 자신이 없어져서 성령이 장악을 해야 치유가 되는 것입니다. 이점을 이해하고 치유를 받으려고 해야 할 것입니다.

4.우울증으로 이혼직전의 상태에서 회복.

저는 남편에게 시달리다가 오랜 기간 우울증과 부부불화, 어깨 결림, 두통 등으로 고생을 하며 지냈습니다. 그러다가 국민일보 광고를 보고 충만한 교회 치유집회에 참석하게 되었습니다. 그 당시 저의 부부는 이혼을 결정하고 치유집회에 참석을 했습니다. 내가 다 죽게 생겼으니 남편이 나를 충만한 교회에 데려다 주었습니다. 가서 첫날부터 예수님의 사랑과 성령의 역사로 내 안의 상처가 치유되기 시작했습니다. 나를 데려다 주기 위하여 온 남편도 성령을 체험하고 속에서 역사하던 귀신들이 괴상 망측한 행동을 하면서 떠나갔습니다. 남편이 이런 성령의 역사를 체험하니 달라지기 시작했습니다. 처음에는 나만 데려다 주고 온다고 했습니다. 그러던 남편이 은혜를 받더니 계속해서 시간을 내서 치유를 받는 것입니다. 그래서 부부가 같이 다니면서 치유를 받았습니다. 우울증이 떠났습니다. 남편이 변하니 우리 부부가 이혼을 포기 했습니다. 왜냐하면 서로 자신에게 문제가 있었다는 것을 깨달았기 때문입니다. 그래서 충만한 교회에 열심히 다니면서 치유를 받았습니다. 그런데 제가 치유를 받으면서 느낀 것은 나에게 우울증이 찾아오게 한 것은 남편이 아니었다는 것입니다. 어린 시절의 상처가 나를 그렇게 만들었습니다. 이것은 저의 자존심이 있기 때문에 지면에 쓰고 말하기는 좀 그렇습니다. 이해하시기를 바랍니다. 저는 어린 시절에 좋지 못한 경험들이 있었습니다. 그 경험들 때문에 남편과의 관계에 문제가 발생한 것입니다. 남편 역시 어린 시절의 문제로 인하여 나를 그렇게도 못살게 굴었던 것입니다. 남편도 자신을 보고 회개하고 저도 저를 보고 회개 했습니다. 서로 손을 잡고 기도하며 화해를 했습니다. 그렇게도 힘들던 부부관계가 회복이 되었습니다. 그래서 이혼하려다가 사랑의 예수님을 만나 영적인 세계를 알고 치유를 경험한 것입니다. 우리가 충만한 교회를 오지 않았다면 아마 지금 이혼 했을 것입니다. 이제 정말 우리 부부는 그 누구보다도 행복합니다. 이렇게 은혜를 체험하게 인도하신 성령하나님에게 감사와 찬양을 올립니다. 그리고 지속적으로 관심을 가지고 안수기도를 해주신 강요섭 목사님에게도 감사를 드립니다. 또 헌금 사역을 통하여 나 자신을 정확하게 보게 해주신 진인순 사모님에게도 감사를 드립니다. 예수님은 어제나 오늘이나 동일하십니다. 예수님 정말 감사합니다. 과천 김집사.

5.부부불화와 우울증에서 해방.

저는 우울증이 심하여 사람구실을 못하고 살았습니다. 그러다가 서울 모처에 있는 치유상담센터에서 하는 내적치유 세미나에 참석했습니다. 거기서 충만한 교회에서 치유 받고 부부의 첫 사랑이 회복된 성도를 만나게 되었습니다. 그 성도를 보니 얼굴이 너무나 평안해 보였습니다. 그래서 나는 사역자 인줄로 착각을 했습니다. 서로 대화가 되어 이야기하다 보니 나하고 처지가 같았다가 치유를 받은 것이었습니다. 그래서 여기는 어떻게 왔느냐고 물어보았습니다. 그랬더니 이곳은 어떻게 치유 사역을 하고 있는지 보기 위해서 왔다는 것입니다. 그러면서 저에게 이렇게 말하는 것입니다. 당신은 이런 곳에서 치유할 수가 없다는 것입니다. 좀 더 집중적으로 치유를 받아야 한다는 것입니다. 제가 그분에게 집중적으로 치유 받을 수 있는 곳이 어디냐고 물었습니다. 그분이 알려준 곳이 바로 충만한 교회입니다. 그러면서 가지고 있던 국민일보 광고를 주는 것입니다. 그래서 잘 간직한다고 치유 센터에서 준 봉투에 넣어 두었습니다. 치유를 마치고 그곳에서 대절한 관광버스를 타고 서울로 왔습니다. 그런데 그만 내리면서 봉투를 관광버스에 놓고 내린 것입니다. 집에 가서 봉투를 찾으니 없는 것입니다. 그래서 서울에 있는 치유센터에 전화를 해서 혹시 차안에서 놓고 내린 물건이 있는지를 알아보았습니다. 대답은 없다는 것입니다. 그래서 제가 서울로 올라갔습니다. 가서 등록된 이름을 보고 그 집사님을 찾았습니다. 전화를 해서 충만한 교회 위치와 전화번호를 알아 냈습니다. 그리고 다음 주에 아는 전도사님과 함께 충만한 교회를 갔습니다. 첫날부터 성령의 체험을 했습니다. 나의 무의식의 상처가 드러나기 시작했습니다. 서러움이 올라와서 엉엉 울기를 며칠을 했습니다. 나는 그때까지 나에게 우울증이 찾아 온 것은 남편 때문이라고 생각하고 있었습니다. 그런데 치유를 받으면 받을수록 어린 시절에 받은 상처가 생각 났습니다. 강요셉 목사님이 안수를 집중적으로 해주셔서 서서히 상처가 치유되기 시작했습니다. 나중에 깨닫고 보니 어려서 아버지에게 받은 상처로 인하여 내가 지금 남편이 조금만 섭섭하게 하면 상처를 받은 것이라는 것을 깨달았습니다. 내가 차츰 변하니 남편이 시간을 내어 함께 치유를 받았습니다. 남편도 영안으로 자신을 보고 자신에게 문제가 있다는 것을 인정하면서 변하기 시작했습니다. 평소에는 조그마한 소리도 못하게 하던 남편이 성격이 너그러워지는 것입니다. 이렇게 되니 우리 가정은 점점 행복한 가정이 되었습니다. 제가 치유 받으면서 느낀 것을 잠깐 말씀드립니다. 치유기도 시간에 기도하면 성령께서 상처를 치유하여 주셨습니다. 치유하실 때 가슴에서 집게로 상처를 끄집어내십니다. 얼마나 고통이 심했는지 모릅니다. 그래서 강 목사님에게 문의를 했습니다. 그랬더니 이렇게 대답을 해 주셨습니다. 원래 하나님은 자신이 상처 때문에 지금까지 고생했다는 것을 인정하게 하십니다. 그리고 상처 받을 당시의 고통을 느끼게 하면서 치유 해주십니다. 그러니까 본인들이 치유 받으면서 고통을 당하는 것입니다. 이는 하나님이 치유 해준다는 것을 본인들이 깨닫게 하기 위해서입니다. 그래서 내가 치유를 받으면서 그렇게 고통을 당한 것입니다. 좌우지간 며칠을 치유 받고 나니 마음이 날아갈 것만 같은 시원함과 평안함이 나를 감싸 주었습니다. 우울증도 다 떠나가 버렸습니다. 어느날은 잠을 자다가 오 이 기쁨이라는 찬양을 부르기도 해서 남편을 웃기기도 했습니다. 봄날에 눈이 녹는 것같이 나의 마음의 상처가 치유된 것입니다. 그러니 자연히 부부가 화목해지고 가정이 평안해졌습니다. 무엇보다도 남편이 변했습니다. 나도 변했습니다. 그렇게 남편

하는 꼴이 보기 싫다가 남편이 사랑스러워졌습니다. 지금 생각
나는데 나같이 상처가 많은 사람은 한주 씩 하는 집회에 몇 십
만원 주고 내적치유 세미나에 참석 한다고 치유되지 않는다는
것입니다. 충만한 교회 같이 집중 치유를 해야 한다는 것입니
다. 그래야 깊은 곳의 상처가 치유된다는 것을 알았습니다. 정
말 예수님의 사랑으로 저는 오십이 넘어 새로운 삶을 살게 되었
습니다. 사랑의 예수님 감사합니다. 평촌 이집사.

6.부부 불화와 악성 두통에서 해방.

저는 몇 년 전부터 악성두통으로 사람구실을 제대로 못하면
서 살아왔습니다. 119 구급차도 세 번이나 탔습니다. 그래서
서울대 병원에 가서 M.R.I 도 두 번이나 찍었는데 아무런 이상
이 없었습니다. 그리고 그렇게 두통이 심해서 사모 노릇을 거의
하지 못하면서 지냈습니다. 그러니 남편 목사님이 저를 치유 받
게 하려고 별별 곳을 다 데리고 다녔습니다. 그러나 치유 되지
않았습니다. 그러다가 어느 기도원 목회자 치유 세미나에 참석
하여 강요셉 목사님을 만났습니다. 목사님을 만나서 저의 남편
목사님도 내적치유를 받아야 한다는 것을 알게 되었습니다. 저
도 남편 목사님도 그때까지 내적치유가 무엇인지 몰랐습니다.
강요셉 목사님이 기도원에서 제가 고생하는 것을 보시고 남편
목사님과 저를 안수하여 주시면서 내적치유에 대하여 알려주

셔서 알게 되었습니다. 알고 보니 저뿐만이 아니고 남편에게도 상처가 말도 못하게 많다는 것을 알았습니다. 솔직하게 말씀드리면 저는 남편과 결혼한 이후로 한 번도 마음이 편안하게 살아본 경험이 없습니다. 율법주의 목사님이라 이것저것 행위를 가지고 저를 힘들게 했습니다. 개척교회를 하는데 성도가 주일날 오지 않으면 저에게 화풀이를 다 합니다. 왜 오지 않았는지 전화해 보았느냐, 무슨 일이 있느냐, 오늘은 왜 이렇게 성도들이 오지를 않았느냐 하면서 그렇게 저를 힘들게 하고 상처를 받게 했습니다. 그 스트레스가 쌓이고 쌓이다 보니까, 저에게 우울증이 왔습니다. 악성 두통이 생겼습니다. 밤에 잠을 제대로 자지 못했습니다. 그래서 치유 받으러 갔다가 강요셉 목사님을 만난 것입니다. 강요셉 목사님의 이야기를 듣고 매주 충만한 교회에 가서 치유를 받았습니다. 치유를 받다 보니까, 저도 저인데 남편 목사님이 영적으로 변하는 것입니다. 저의 교회 성도들이 저보고 하는 말이 목사님의 찬송소리가 달라졌다는 것입니다. 너무나 은혜로워졌다는 것입니다. 말씀도 너무나 은혜롭고 정말 옛날하고는 딴판으로 목사님이 달라지는 것입니다. 그러면서 제가 자꾸 마음에 평안이 찾아오는 것입니다. 머리 아픈 것이 사라졌습니다. 우울증이 사라졌습니다. 이제 잠도 잘 잡니다. 그래서 참 평안을 찾았습니다. 이제 마음에 여유가 생겼습니다. 목사님도 많이 변해서 부부 사랑이 회복 되었습니다. 기도도 몇 시간을 할 수 있게 되었습니다. 사람을 보면 심령이 읽어집니다. 지금 생각하면 목사님이 상처가 정말 많았습니다. 부교역자를 가면 일 년을 채우지 못하고 나옵니다. 그래서 여덟 곳을 다니면서 부교역자를 했습니다. 그러니 마음에 얼마나 많은 분노가 쌓여 있었겠습니까? 그 분노 때문에 그렇게 저를 힘들게 하고 다른 사람에게 은혜를 전하지 못한 것입니다. 먼저 강요셉 목사님을 만나게 하신 성령님에게 감사를 드립니다. 그리고 치유하여 주신 성령하나님에게도 감사를 드립니다. 제가 지금 치유 받고 생각 하니 목회자는 내적치유와 내면세계를 알아야 합니다. 말씀, 말씀하지 말고 영적인 눈을 열어 내면세계에도 관심을 가지시기를 바랍니다. 저의 남편 목사님은 총신대학과 총신대 대학원을 나온 합동 측의 목사님입니다. 그런데 저로 인하여 치유에 관심을 갖다가 지금은 너무도 많이 영적으로 변했습니다. 하나님에게 영광을 돌립니다. 서울 박사모.

7.우울증과 부부불화가 치유.

저는 남편과의 불화가 너무 심하여 우울증으로 고생 했습니다. 저의 남편이 평소에 술은 드시지만 술주정을 하거나 다른 실수를 하는 분도 아닙니다. 그런데 남편이 술을 드시는 모습을 보기만 하면 참지 못하고 온갖 혈기를 다 부리는 것입니다. 남편이 술을 많이 먹는 분도 아닌데 술 냄새만 났다하면 남편을 집에 들어오지 못하게 하면서 혈기를 부렸습니다. 저는 저의 혈기 때문에 남편과의 불화가 끊이지를 않았습니다. 남편도 정말 힘이 들었을 것입니다. 그래서 오랜 세월동안 울며 기도하고 금식기도도 했지만 전혀 나아지지 않았습니다. 이 문제로 인하여 오랜 세월 고통하며 지내던 중 충만한 교회 내적치유세미나에 참석하게 되었습니다. 그 세미나에서 이 모든 문제의 근원이 저에게 있음을 깨닫게 되었습니다. 기도하던 중 갑자기 나의 기억 속에 떠오르는 것이 있었습니다. 이것은 내가 초등학교 저학년 시절에 집의 마루에서 공부를 하고 있었을 때 갑자기 아버지가 술에 취해 집으로 들어오셔서 손에 삽을 들고 저를 죽이겠다고 소리치며 달려들었습니다. 놀라서 집 뒤로 도망가서 보리밭으로 달려가 그 속에 엎드려 숨어 있었습니다. 멀리서 아버지가 소리치며 악을 쓰는 소리에 오랜 시간 공포에 떨었습니다. 얼마나 이 때 큰 상처를 입었는지 모릅니다. 시간이 흐르고 점차 기억 속에서 사라져 갔습니다. 그러나 나의 삶 가운데 나타나게 된 것이 바로 남편이 술만 마시면 아무 실수를 저지르지도 않았건만, 지나치게 과민반응을 보이고 혈기를 부린 것입니다. 이것이 바로 이때의 아픈 기억 때문인 것을 비로소 깨닫게 되었습니다. 그래서 치유받고 집에 돌아가 남편하고 화해를 했습니다. 그러니 남편이 너무나 좋아했습니다. 그런데 중요한 것은 남편이 술을 마시고 들어와도 전과 같은 혈기가 나지 않는다는 것입니다. 정말 내적치유는 좋은 것입니다. 내가 왜 진작 내적치유를 알지 못했나, 후회도 됩니다. 예수님의 사랑으로 저는 내적치유 받고 그렇게 험난하던 부부생활의 문제를 회복하고 지금은 아주 평안하고 행복한 생활을 하고 있습니다. 치유하여 주신 성령 하나님에게 감사를 드립니다. 그리고 매시간 안수하여 주신 강요섭 목사님에게도 감사를 드립니다. 원주 김집사.

8. 우상숭배를 통한 정신질병 치유

2006년에 한 청년이 치유 받으러 와서 저에게 상담을 요청했습니다. 이유인즉 자신이 지금 정신적인 문제가 있어 정상적인 생활을 하지 못한다는 것입니다. 정신이 아찔해지고 저녁이면 잠이 오지 않고 늘 불안 초조해서 직장 생활하다가 그만두고 놀고 있다는 것입니다. 예수는 언제 믿었느냐고 했더니 25세 때 부터 친구따라 교회를 다니기 시작했다는 것입니다. 그러니까 이 청년은 8년째 믿음생활을 하고 있었던 것입니다. 그런데 작년부터 정신적인 문제의 증상이 심하게 나타나 정상적인 생활을 못하고 있다는 것입니다. 그래서 제가 가정 상황을 물어보았습니다. 집안에서 제사를 빠짐없이 지내고 있고 어머니가 무당을 집에 데려다가 굿도 몇 차례 했다는 것입니다. 그래서 이 청년에게 회개하라고 했습니다. 그리고 예수 이름으로 이 가정에 우상 숭배 영의 줄을 끊노라. 우상숭배를 통해 들어온 귀신의 줄은 예수 이름으로 끊어질 지어다. 그리고 무당에게 복을 빌고 무당에게 기도 받을 때 들어와 고통을 주고 있는 귀신은 예수 이름으로 물러갈지어다. 떠나갈지어다. 하니 엉엉 한 참을 울더니만 기침을 막 하면서 귀신들이 떠나갔습니다. 그리고 청년에게 부모님과 같이 치유받는 것이 좋겠다고 했더니, 어머니와 함께 한 육 개월 동안 치유 받고 정상으로 회복되어 고향으로 내려갔습니다. 그리고 명절 때마다 과일을 보내와서 잘 먹고 있습니다. 저는 이런 것을 보고 항상 느끼는 것이 있습니다. 영적인 면도 무식하면 쓸데 없는 고생을 하는 구나, 그래서 하나님은 (호세아 4:6)"내 백성이 지식이 없으므로 망하는도다 네가 지식을 버렸으니 나도 너를 버려 내 제사장이 되지 못하게 할 것이요 네가 네 하나님의 율법을 잊었으니 나도 네 자녀들을 잊어버리리라." 고 말씀하신 것입니다. 지금 책을 읽는 당신도 예외는 아닙니다. 만약에 조상 중에 사술에 종사하거나 우상을 숭배했다면 치유를 받아야 합니다. 우리 미리 예방합시다. 우리나라는 전통적으로 우상숭배를 했던 나라입니다. 너나, 나나 할 것 없이 모두 치유의 대상입니다. 문제만 일으키지 않으면 그냥 지나면 되지 않느냐 하시는 분도 있을 것입니다. 그러나 이런 영적인 문제가 있으면 믿음이 자라지를 않습니다. 악한영이 성령의 깊은 임재에 들어가지 못하도록 방해를 하기 때문입니다. 머리에 잡념을 집어넣고 자녀들이나 부부, 이웃을 이용하여 스트레스를 받게 하고 여러 가지 문제를 일으켜서 물질이 새나가게 하고 좌우지간 보이지 않는 영적인 세계에서 별일이 다 일어나는 것입니다. 악한 마귀는 어찌하든지 자신의 종을 만들려고 호시탐탐 노리는 것입니다. 그래서 갈라디아서 5장 1절에 보면 "그리스도께서 우리를 자유롭게 하려고 자유를 주셨으니 그러므로 굳건하게 서서 다시는 종의 멍에를 메지 말라" 예수 그리스도의 나라에는 자유와 해방이 있는 것입니다. 마귀와 악의 종노릇하지 않습니다. 습관에 종노릇하지 않는 것입니다.

자유를 얻고 영혼이 잘되고 범사에 잘되며 강건하고 의와 평강과 희락 가운데 행복을 누리고 살 수 있게 되는 것이 예수님 나라에 들어와서 사는 것입니다. 이러므로 세상 나라와 예수님의 나라가 이 땅에 동시에 임하여 있는 것을 우리가 알아야 되는 것입니다. 예수 나라에 들어오면 우리는 근본적으로 변화를 받고 사는 것입니다. 우리는 이처럼 두 세상에 살고 있는 것입니다. 세상이 주는 쾌락을 따라 노예의 생활을 하는가, 그리스도의 은혜를 깨닫고 하나님을 섬기며 하나님이 주시는 복을 받으며 자유와 해방 속의 삶으로 살 것인가. 이 두 가지 세계를 우리가 선택해야 되는 것입니다. 예수 안에는 하나님이 우리를 돌보시고 자유와 해방이 있고 성령의 역사가 있는 영광과 기쁨의 삶을 살수가 있게 되는 것입니다. 눈에 안 보이는 두 나라가 우리를 서로 빼앗으려고 투쟁을 하고 있는 것입니다. 마귀의 나라가 여러분과 나를 시시각각으로 도둑질하고 죽이고 멸망시키려고 하고 하나님의 나라에는 성령이 당신을 지키고 보호하고 은총과 사랑과 역사를 베풀기를 원하시고 계신 것입니다. 악한 영의 저주로 인한 정신문제를 치유 받으시고, 성령으로 자신을 보호하시고 믿음을 지키는 우리가 되시기를 바랍니다.

9. 우울증을 치유.

저의 가계는 외할머니도 우울증으로 젊은 나이에서부터 고생하시며 사셨습니다. 그렇게 지내시다가 늙으셔서는 치매가 걸려 10여 년간 고통당하시다가 돌아가셨습니다. 저희 어머니도 지금 우울증으로 고생을 하며 지내고 계십니다. 저 역시 나이 스물에 우울증이 생겨서 7년 동안 정신 신경과 약을 먹었습니다. 그래서 정신이 멍하고 사람 노릇을 못하고 지냈습니다. 정신신경과 의사 선생님의 말로는 평생 정신신경과 약을 먹으며 살아야 한다고 했습니다. 결혼해도 결혼 생활도 힘이 들것이고 아이 출산도 어려울 것이라고 했습니다.

그러다가 국민일보 광고를 보고 충만한 교회를 알게 되었습니다. 광고에 우울증이 치유가 되었다는 간증을 보고 충만한 교회를 찾게 되었습니다. 어머니와 함께 찾아가서 치유집회에 참석했습니다. 처음에는 정신 신경과 약의 영향으로 목사님의 말씀에 집중하지 못했습니다. 설교 말씀이 하나도 들리지 않았습니다. 잡념이 많이 생기고 졸려서 도저히 말씀이 들리지를 않았습니다. 그러나 강 목사님은 저에게 꼭 치유된다는 의지를 가지고 계속 다니라고 하시면서, 기도 시간에는 숨을 들이쉬고 내쉬면서 주여! 주여! 주여! 하며 소리를 내라고 하셨습니다. 기도 시간에 자주 저에게 오셔서 주여! 를 하는지 확인을 자주 하셨습니다.

그러면서 저에게 목사님을 따라서 주여! 를 하라고 주여! 를 계속하게 하셨습니다. 그래서 저도 의지를 가지고 주여! 를 계속 했습니다. 그러기를 한 4주 동안 했습니다. 처음에는 주여! 소리가 잘 나오지 않았습니다. 그런데 자꾸 의지를 가지고 주여! 를 하니까 잘되었습니다. 그러다가 성령 체험을 했습니다. 막 기침이 나오고 몸이 흔들리고 온 몸이 뜨겁고 방언이 터지는 성령을 체험했습니다. 그 뒤로는 기도가 잘되고 말씀도 잘 들렸습니다. 머리도 많이 맑아 졌습니다. 그래서 주일날도 충만한 교회에 가서 예배를 드리고 치유를 받았습니다. 3개월 정도 지난 것 같습니다.

목사님이 이제 약을 반으로 줄여 먹어보라고 하셨습니다. 그래서 반으로 약을 줄였습니다. 일주일이 지나도 생활하는데 아무런 불편이 없고 잠도 잘 오고 문제가 없었습니다. 그래서 의사 선생님에게 상황을 말씀드렸더니 약을 약하게 지어주셨습니다. 그 약을 이틀에 한 번씩 약 한달 정도 먹었습니다. 아무런 문제가 없었습니다. 그래서 의사 선생님에게 가서 말씀을 드렸더니 약을 일주일동안 먹지 말라고 하셨습니다. 그래서 약을 먹지 않고 일주일을 아주 기분 좋게 지냈습니다. 병원에 갔더니 의사 선생님이 약을 먹지 않고 한 달 지나서 오라고 하셨습니다. 만약 중간에 증상이 좋지 못하면 바로 오라고 하셨습니다.

한 달을 잘 지냈습니다. 이상이 없었습니다. 그리고 의사 선생님에게 갔더니 이제 완전히 우울증이 치유가 되었다는 진단을 받았습니다. 충만한 교회 와서 5개월이 지난 후의 결과입니다. 하나님 정말 감사합니다. 제 우울증을 치유하신 주님 감사합니다. 여러분 대물림은 무섭습니다. 그러나 성령의 역사를 체험하면 완전 치유가 됩니다. 지금 대물림되는 우울증으로 고생하는 여러분 희망을 가지고 대물림의 치유를 받으시기 바랍니다. 그리하여 저같이 평안을 찾으시기 바랍니다. 예수님은 살아 역사하고 계십니다. 믿으면 치유를 받습니다. 그동안 기도를 열심히 해주시며 돌보아 주신 강요셉 목사님에게도 감사를 드립니다. 경북 김OO자매

10.우상숭배로 인한 간질병의 치유

2005년도에 만난 어느 청년의 간질병 치유사례입니다. 이 청년은 나이가 당시 34살이었습니다. 그런데 전년도에 직장 생활하다가 직장에서 스트레스를 많이 받아, 직장에서 일하다가 간질 발작증세가 일어나 직장생활을 못하고 이곳저곳 치유 받으러 다니다가 치유 받지 못하고, 저에게 찾아온 것입니다. 몇 주 동안 혼자 다니며 치유를 받다가 한 주 동안 보이지를 않았

습니다. 그래서 어찌된 일인가, 하고 생각하고 있는데 금요일 날 어머니하고, 형님 부부하고, 청년하고 왔습니다. 다행히 제가 교회에 일하러 갔었는데, 왔다고 전화가 와서 교회에 들어와 치유를 받게 되었습니다. 저는 치유사역하면서 한 가지 규정을 정하고 사역을 합니다. 절대로 집회 시간외에는 사역을 하지 않는다. 그래서 집회시간이외에는 환자를 만나지 않는데 그날은 교회 앞에 왔다고 사정하여 상담과 치유를 하게 되었습니다. 참고로 그 청년의 가족상황을 말씀드리면 아버지 어머니는 모두 모 교회 집사로서 성실하게 신앙생활을 잘하고 있었습니다. 형님 부부는 형님은 모 교회의 성가대 지휘자로 봉사하고, 형수는 피아노 반주자로 봉사를 한다고 했습니다. 그런데 이 형님 부부에게도 문제가 하나가 있었습니다. 결혼 한지 15년이 지났는데도 아기가 임신이 되지를 않는다는 것입니다. 제가 청년을 치유하려고 머리에 손을 얹고 기도했습니다.

그리고 성령님에게 물었습니다. 성령님 이 청년이 이렇게 된 원인이 무엇입니까? 그랬더니 성령께서 이렇게 응답을 주셨습니다. 이 가족 중에 지독하게 이방신을 숭배하는 사람이 있다. 그래서 어머니에게 물었습니다. 혹시 가족 중에 무당이나 절의 중이나 다른 우상을 숭배하는 사람이 없느냐고 물었습니다. 그랬더니, 어머니가 없습니다! 우리는 모두 예수를 믿습니다! 그렇게 딱 잡아떼고 대답을 하는 것입니다. 그래서 제가 그럴리가 없습니다. 잘 생각해 보세요. 그랬더니 그 정신병으로 고통하는 형제의 형님이 하는 말, 목사님 우리 외삼촌이 절의 중입니다. 그러니까 어머니의 얼굴색이 그만 변하는 것이었습니다. 그래서 축사를 시작했습니다. 외삼촌이 중을 하므로 들어와서 고통을 주는 악한 귀신의 줄을 끊으려면 먼저 회개가 있어야 하므로 어머니와 형을 보고 회개하라고 했습니다.

회개를 시키고 내가 예수이름으로 명하노니 우상숭배로 인한 저주의 줄은 끊어질지어다. 하고 몇 번을 기도하고, 이제 내가 예수 이름으로 명령한다, 조상의 우상숭배를 타고 들어와 고통을 주고 있는 원수 귀신은 정체를 밝히고 떠나갈지어다, 하니 청년이 벌벌 떨었습니다. 한참을 그러다가 기침을 막하면서 귀신들이 쫓겨 나갔습니다. 한참을 축사했습니다.

안수 기도후 현재 기분이 어떠냐고 청년에게 물었습니다. 청년이 가슴이 시원하고 머리가 맑아졌다고 대답 했습니다. 그래서 제가 완전히 치유가 되려면 몇 개월 동안 다니면서 은혜를 받아야 된다고 했습니다. 그 후 한 육 개월 동안 계속 다니면서 치유 받고 완전하게 회복 되었습니다.

이와 같이 이유 없는 마귀의 역사는 없습니다. 만약에 가족 중에 중이나 무당이나 일본에서 건너온 남묘호랑객쿄나 통일교나 여호와 증인이 있다면 분명히 악한 영의 역사가 있을 수 있습니다. 미리미리 말씀과 성령으로 분별하여 치유 받으시기를 바랍니다. 우리 기독교 신앙은 예방 신앙이 되어야 합니다. 이 청년도 아무런 문제없이 33살까지 살다가 갑자기 문제가 노출된 것입니다. 만약에 이런 사실을 미리알고 치유를 했더라면 직장생활과 결혼생활을 잘하며 지냈을 것입니다. 방심은 금물입니다. 미리 예방하시기를 부탁드립니다.

이런 우울증과 정신적인 질병은 영의 만족을 누리지 못하여 일어나는 현상입니다. 한마디로 기도를 영으로 하지 못하여 영의 통로가 막혀서 생기는 현상입니다. 영의 만족을 누리도록 영적인 치유를 해야 합니다. 먼저 하나님과 막힌 영의통로를 뚫는 것입니다. 문제는 혼자서 막힌 영의통로가 뚫리지를 않습니다. 반드시 전문사역자의 도움을 받아야 빨리 뚫리게 됩니다. 일반적인 기도로는 시간이 많이 걸리는 일입니다. 그래서 우리 충만한 교회에서는 이런 분들을 대상으로 매주 토요일날 개별집중치유시간(10:00-12:30)을 갖고 있습니다. 2시간 30분 동안 기도와 안수를 하면서 성령의 역사를 체험합니다.

이렇게 기도와 안수를 하면 아무리 강하게 막힌 영의 통로라도 2-3번만 참석하면 대부분 뚫립니다. 이 방법이 최고로 빨리 치유할 수 있는 방법입니다. 영의 통로가 뚫리면서 우울증이나 정신적인 질병의 치유는 물론이고, 상처가 치유되고, 불면증이 치유되고, 귀신이 축사되고, 마음에 참 평안을 찾게 됨과 동시에 성령의 은사와 능력이 나타납니다. 일석이조가 되는 것입니다. 아주 좋은 사역입니다. 반드시 정한 선교헌금을 입금하고 1주전에 예약을 해야 합니다. 많은 분들이 이 집중치유를 통하여 영의 통로를 뚫고 영적인 만족을 누리고 있습니다.

3장 직접 체험한 정신질병 치유 비밀

(행8:5-8)"빌립이 사마리아 성에 내려가 그리스도를 백성
에게 전파하니 무리가 빌립의 말도 듣고 행하는 표적도 보고
한마음으로 그가 하는 말을 따르더라. 많은 사람에게 붙었던
더러운 귀신들이 크게 소리를 지르며 나가고 또 많은 중풍병
자와 못 걷는 사람이 나으니 그 성에 큰 기쁨이 있더라"

하나님께서는 예수를 믿는 자녀들이 영적으로 정신적으로 건
강하게 지내기를 원하십니다. 필자가 성령치유 사역을 하면서
안타까운 경우를 많이 겪습니다. 다름 아닌 영적이고, 정신적
인 문제로 고통을 당하는 분들입니다. 바른 복음을 받지 못하
고 바른 치유를 알지 못하고, 바른 치유를 받지 못해서 불필요
한 시간과 정력과 물질을 낭비하고 있기 때문입니다. 너무나 많
은 성도들이 영적인 면에 무지하여 불필요한 고통을 당하고 있
습니다. 복음을 바르게 알고 누리면 아무것도 아닌 것입니다.

1. 영적, 정신적인 문제 발생

이렇게 영적이고 정신적인 문제로 고통을 당하는 분들은 이
미 자신의 내면에 잠재하여 있던 요소들이 드러난 것입니다. 이

런 유형의 사람들의 가계력을 조사해 보면 조상 중에 무당이 있다든지, 남묘호랭객교를 믿었든지, 절에 스님이 있다든지, 우상을 지독하게 섬겼다든지, 절에 재물을 많이 시주 했다든지, 영적이고 정신적인 질병으로 고생하다가 돌아간 사람이 있다든지, 등등의 원인이 반드시 있었습니다. 이런 사람들은 태아시절에 귀신이 침입을 하기도 합니다. 유아시기에도 침입을 합니다. 그러니까, 영적정신적인 문제 보균자들입니다.

이렇게 잠재하여 있던 영적정신적인 문제들이 사업 파산, 결혼실패, 직장해고, 학교공부 스트레스, 충격적인 상처, 놀람 등 자신이 감당할 수없는 충격을 받거나 장기간 스트레스를 받아 체력이 급속이 저하되었을 때 밖으로 나타납니다. 그래서 저는 균형 잡힌 영성이 되어야 한다는 말을 많이 합니다. 영-혼-육이 균형이 잡혀야 정상적인 생활을 할 수가 있다는 말입니다.

우리가 스트레스를 받으면 체력의 소모가 많이 됩니다. 체력이 떨어지니 자신 속에 잠재하여 있던 영육의 문제가 드러나는 것입니다. 정상적으로 지내던 사람이 갑자기 불안하고, 초조하고, 두려워서 잠을 자지 못하고, 가위눌림을 당하고, 헛것이 보이기도 하고, 간질을 하고 발작을 하면서 괴성을 지릅니다. 머리가 깨질 것과 같이 아프기도 합니다. 정상적인 생활을 할 수 없는 지경에 이르게 됩니다. 그래서 영적인 문제라고 단정하고 축사만 받으려고 합니다. 유명하다는 목사를 찾아가 안수를 받습니다. 한번에 쉽게 해결을 받기 위해서 돌아다닙니다. 이렇게 이

리저리 돌아다니다가 치유의 시기를 놓치는 경우가 허다합니다.

　그러다가 영적인 분야를 잘 알지 못하는 사역자를 만나 금식도 합니다. 그러나 금식은 금물입니다. 체력이 소진되어 문제가 발생했는데 금식을 하면은 기름 탱크에 불을 붙이는 것과 마찬가지입니다. 더 악화된다는 것입니다. 이때에는 당황하지 말고 환자를 안정을 시키고 우선 체력을 보강해야 합니다. 빠른 시간에 체력을 보강할 수 있는 보약이나 다른 보양 식품을 먹여야 합니다. 그래서 체력을 회복시켜야 합니다. 안정을 취하게 해야 합니다. 그러면서 정신적인 문제를 바르게 전문으로 치유하는 사역자에게 가서 말씀과 성령으로 치유를 받으면 바로 정상이 됩니다. 치유는 무조건 축귀만 한다고 치유가 절대로 되지 않습니다. 비전문가의 축귀는 오히려 더 악화될 수가 있습니다.

　주의해야 합니다. 영적, 정신적인 문제 치유가 그렇게 쉽고, 단순하지 않습니다. 환자 스스로 말씀 듣고 성령으로 기도를 하도록 해야 합니다. 본인의 심령에서 성령의 역사가 일어나야 합니다. 자신의 영의 힘으로 일어서게 해야 합니다. 환자가 영적 자립을 해야 하므로 시간이 걸립니다. 급하게 생각한다고 빨리 치유되는 것이 절대로 아닙니다. 축사만 하면 당시에는 치유가 된 것 같은데 시간이 지나면 재발을 합니다. 영적 자립능력이 없기 때문입니다. 그런데 이와 같은 전문적인 치유를 일반 성도들이나 목회자는 잘 이해하지 못합니다. 그래서 영적치유를 받겠다고 1년 이상 돌아다니면서 이 사람 저 사람에게 안수와 축귀만 받으면서 돌아다니게 됩니다. 이러다가 치유의 시기를 놓쳐서 환자가 사람 노릇을 못할 정도로 심각해 질수가 있으니 주의하지 않으면 안 됩니다. 제일 좋은 것은 사전에 예방하는 것입니다. 이런 가계력이 있다면 미리 성령이 충만한 교회에 가셔서 전문적인 치유사역자의 도움을 받아가며, 성령의 역사로 문제의 잠복된 요소들을 배출하는 것입니다. 아무 교회나 다닌다고 예방되는 것은 절대로 아닙니다. 살아계신 성령의 역사가 있고, 생명의 말씀이 증거 되는 교회라야 사전에 영적인 진단을 하여 치유될 수가 있습니다. 성령이 강하게 역사하는 교회라야 정체를 폭로합니다.

침입한 귀신은 나이에 상관없이 정체를 드러냅니다. 초등학교 1-2학년 17살(고1)에 제일 많이 드러냅니다. 학업에 스트레스가 심하기 때문입니다. 20살에 드러냅니다. 24살에 드러냅니다. 결혼하여 잦은 부부불화가 있을 때 드러냅니다. 27살, 32살, 36살, 38살 43상 등등 한번 침입한 귀신은 인내하며 기다리다가 취약한 시기가 되면 반드시 정체를 드러냅니다. 말씀과 성령의 역사로 정기적인 영적 진단과 내적치유와 축귀하는 예방신앙이 중요합니다. 상처가 있고 영적으로 깔끔하지 못한 가계력을 가진 분들은 교회를 잘 정해야 합니다. 성령의 역사가 강한 교회에서 신앙생활을 하면서 미리 영적 진단하여 치유해야 하기 때문입니다. 예방신앙이 중요합니다. 숨어있던 귀신은 자신들이 원하는 시기가 되면 반드시 정체를 드러내기 때문입니다.

2. 영적, 정신적인 문제 치유

그럼 영적, 정신적인 문제로 고생하는 분들이 어떻게 치유를 받느냐 입니다. 1년 이상 15년까지 영적, 정신적인 문제로 고생을 했다면 이미 귀신이 전인격을 장악한 상태입니다. 그러므로 능력이 있다는 사람에게 찾아가서 안수한번 받아서 해결하려는 생각을 아예 버리는 것이 좋습니다. 절대로 안수 한번 받아서 치유되지 않습니다.

저희 충만한 교회에서 치유하는 비결을 소개하면 이렇습니다. 먼저 환자가 치유 받고자하는 의지가 있어야 합니다. 보호자가 적극적이어야 합니다. 정기적인 집회(화-수-목)와 예배(주일)에 참석을 하여 말씀 듣고 기도를 하면서 안수를 받습니다. 이렇게 집중적인 치유를 하지 않으면 치유가 되지를 않습니다. 기도 시에는 제가 하라는 대로 순종(따라야)해야 합니다. 따라서 하지 못하면 자연스럽게 치유 기간이 길어집니다. 초기에는 모두 잘 따라하지 못합니다.

왜냐하면 귀신이 의지를 잡고 있어서 환자가 의지를 제대로 할 수 없기 때문입니다. 그러나 시간이 흐르면 따라하게 되어 있습니다. 필자가 직접 기도 시간마다 지속적으로 안수를 하면서 귀신의 묶임이 풀어지게 합니다. 그러면 제가 하라는 대로 환자가 따라합니다. 환자가 스스로 기도를 합니다. 그러면서 서서히 성령께서 장악을 하십니다. 성령께서 장악을 하기 시작하면 치유가 되기 시작하는 것입니다.

치유는 전적으로 성령께서 하시는 것입니다. 어찌하든지 필자는 환자를 성령께서 장악을 하실 수 있도록 합니다. 전문적인 기술이 필요합니다. 저는 이런 유형의 환자를 많이 치유해 보았기 때문에 제가 하라는 대로 순종만 하면 모두 100% 치유 받을 수 있습니다. 문제는 순종하지 않기 때문에 치유되지 않습니다. 치유하는데 시간이 많이 소요가 됩니다. 환자의 유형에 따라 3개월-6개월-1년-2년이 걸립니다. 3년 이상이 걸리는 경우도 있습니다.

마음을 느긋하게 먹어야 환자를 살릴 수가 있습니다. 절대로 순간 치유는 불가능합니다. 어떤 경우는 4-5년이 걸리기도 합니다. 이렇게 치유가 되더라도 치유 후에 관리가 중요합니다. 지속적으로 주일 마다 관리해야 합니다. 어쩌면 치유보다도 관리가 더 중요하다고 보아야 합니다. 성령하나님의 은혜가운데 머물러 있어야 하기 때문입니다. 이유는 환자가 육을 가지고 있기 때문입니다.

영적, 정신적인 문제로 고통당하는 환자와 보호자는 단번에 치유 받으려는 생각을 접어야 합니다. 전문적인 사역자를 만나 지속적이고 장기적인 치유를 받아야 합니다. 이런 마음 상태만 되면 영적, 정신적인 문제로 15년을 고생했더라도 치유는 됩니다. 환자나 보호자는 사전에 전문적인 사역자하고 상세한 상담을 한 후에 치유를 결정하고 시작하시기를 바랍니다.

3. 영적이고 정신적인 문제 집중치유

충만한 교회에서는 매주 토요일 오전 10:00-12:30분까지 사전 예약된 분들을 대상으로 개별집중치유 시간이 있습니다. 이때 세상 어디서도 치유 받지 못하는 불치병과 정신적인 문제들이 치유되어 참으로 중요한 사역이라고 자부합니다. 성령께서 강력하게 역사하시는 하나님께서 원하시는 특별한 사역입니다.

필자가 얼마 전에 이런 분의 문제를 성령의 음성을 듣고 해결할 수 있도록 조언한 일이 있습니다. 상황을 들어보니 이랬습니다. 이 분은 교사를 하다가 질병으로 인하여 휴직을 일 년을 했으나 질병을 치유 받지 못했습니다. 영적이고 정신적인 질병이 심하고 우울증이 심해서 도저히 교사를 할 수 없는 형편이라, 어떤 신령하다는 분에게 상담을 했습니다. 그랬더니 목회 사명이 있는데 목회를 하지 않아 질병이 왔다는 것입니다. 질병을 치유 받으려면 신학을 하여 목회를 해야 한다는 것입니다.

영적인 질병과 우울증이 너무 심해서 여기저기 돌아다니면서 별 방법을 다 동원해도 치유가 되지 않았습니다. 도저히 방법이 없었습니다. 그래서 교사를 사표내고 1년을 쉬다가 신대원에 다니기로 결정을 하고, 소문을 듣고 필자에게 집중치유를 받으러 온 것입니다. 남편은 이미 신학을 하여 신대원에 다니고 있다는 것입니다. 첫날 집중치유를 하면서 상태를 보니까, 영적으로 문제가 많았습니다. 성령의 역사에 의하여 귀신이 말로 표현 할 수 없을 전도로 정체를 폭로했습니다. 대화를 하다가 보니 어렸을 때부터 병약했다는 것입니다. 어렸을 때부터 병약했다는 것은 혈통의 문제나 태중에서 상황이 좋지 않았다는 것입니다. 아무 말을 하지 않고 치유를 해주었습니다. 다행하게도 필자가 몇 주 더 다니면서 치유 받으라고 권면했더니 순종하여 다니겠다는 것입니다.

첫주는 상처를 치유하고 다음 주에 집중치유를 하면서 "이 부부가 목회를 하는 것이 하나님의 뜻입니까?" 하고 성령님께 질문을 했습니다. 그랬더니 환상이 보이는데 부부가 어려움의 고통을 당하고 있는 모습이 보였습니다. 조금 있다가 성령께서 감동하시기를 "목회한다고 질병이 치유되는 것이 아니다. 지금과 같이 집중치유를 몇 번 더 받으면 질병은 치유된다. 질병은 혈통의 영적인 문제로 온 것이기 때문에 집중치유를 몇 번 더 받으면 건강하게 치유되어 교사하는데 문제가 없을 것이다. 이 여성은 교사를 하면서 복음을 전하도록 알려주어라"는 감동을 하시는 것입니다.

그렇게 응답을 받고 조금 기도를 하니까, 이 여성분이 하는 말이 "자기 할머니가 무당이었다"는 것입니다. 그래서 필자가 이렇게 말했습니다. "집사님! 집사님은 신대원가서 목회하는 것이 하나님의 뜻이 아니고, 교사를 하는 것입니다. 다시 복직을 하시든지 아니면 기간 제 교사라도 가십시오. 집사님은 지속적으로 몇 번 더 집중치유 받으면 깨끗하게 치유될 것입니다." 계속 기도를 하게 하자, 귀신들이 말로 표현할 수 없을 정도로 떠나갔습니다. 태중에서부터 들어와 인생을 파괴하려고 작정한 귀신들이었습니다. 이 귀신들이 영적인 질병과 정신적인 질병과 우울증을 발생하도록 조정한 것입니다.

두 번째 날을 끝나고, 세 번째 날 여 집사가 와서 무어라고 하느냐. "목사님! 문제가 완전하게 해결이 되었습니다. 몸도 치유되어 너무나 편안해졌습니다. 목사님의 권면대로 몇 번 더 치유받으면 건강해지겠다는 마음의 확신이 생깁니다. 지금 살고 있는 집이 나가야 하는데, 그렇게 나가지 않다가 3일전이 나갔습니다. 목사님께서 교사를 하면서 복음을 전하는 것이 하나님의 뜻이라고 하셔서, 기간 제 교사를 알아보았더니 집에서 가까운 곳에 자리가 나와서 서류를 제출했더니 합격되었다고 연락이 왔습니다. 감사합니다." 만약에 이분이 신령하다는 목사의 말을 듣고 신대원에 갔다면 하나님께서 환상으로 보여주신 것과 같이 부부가 생고생을 했을 것입니다.

그런데 하나님의 뜻대로 교사하려고 원서를 제출하니 바로 되어 교사할 수 있도록 역사하신 것입니다. 우리 하나님의 뜻을 바르게 알고 순종해야 합니다. 목회를 하면 영육의 질병이나 문제가 해결이 된다. 이것은 무당의 이론입니다. 샤머니즘의 신앙입니다. 무엇을 하면 치유되고 문제가 해결된다. 성경적인 근거가 없습니다. 헌금을 하면 문제가 해결된다. 이것도 무당의 이론입니다. 샤머니즘의 신앙입니다. 하나님께서 돈 받고 질병이나 문제를 해결하여 준다. 하나님을 돈 받고 문제 해결하여 주시는 분으로 명예 훼손하는 일이 더 이상 없어야 합니다. 천벌을 면치 못합니다. 신령하다는 목사님들 근거 없는 이론으로 성도님들을 속이는 일이 없어야 합니다. 성도님들은 근거 없는 말에 더 이상 속지 말아야 합니다.

반드시 하나님이 원하시는 영육의 상태가 되어야 질병이 치유되고 문제가 해결이 됩니다. 말씀과 성령으로 치유되어 하나님과 관계가 열리는 것이 급선무입니다. 하나님과 관계가 열리면 앞에서 설명한 여 집사님 같이 하나님께서 무엇을 하기를 원하시는지 알려주십니다. 하나님은 성도(자녀)가 잘되기를 원하십니다. 개인마다 하나님께서 원하시는 일이 있습니다.

그 일을 찾아야 합니다. 일을 찾으려면 말씀과 성령으로 땅의 것을 치유해서 하늘의 사람이 되어 하나님과 교통해야 알 수가 있습니다. 성경에 보면 야곱도, 요셉도, 모세도, 다윗도, 하나님의 훈련을 받아 하나님께서 원하시는 상태가 되니 하나님께서 원하시는 일을 하도록 인도하셨습니다. "무엇을 하면 질병이나 문제가 치유된다." 절대로 아닙니다. 속지마세요. 성령으로 세례를 받고 문제의 원인을 찾아 해결해야 치유가 됩니다.

우울증이나 정신적인 질병이나 영적인 질병이나 뼈와 신경 질병이나 근육통이나 소화기 계통의 질병으로 고생하시는 분은 토요일 집중치유에 예약하여 2-3번만 받으면 병원에서 치유되지 않는 어떤 질병이라고 치유가 됩니다. 필자는 자신합니다. 환자의 심령 안에서 성령의 강력한 역사로 상처와 질병의 근원적인 요소들이 떠나갑니다. 한번만 받으면 자신이 치유되었다는 것을 체험적으로 알 수가 있습니다. 깊은 상처나 우울증이나 정신적인 문제가 영적인 문제 등은 깊은 성령의 역사가 일어나야 치유가 됩니다. 치유의 비밀은 필자에게 역사하는 성령의 역사를 환자에게 전이시켜 환자의 심령에서 성령의 역사가 일어나 치유가 되게 하는 방법입니다.

물론 목회자가 성도가 치유를 받고 나면 성령의 권능이나 은사가 나타나는 것이 보통입니다. 무엇을 해도 되지 않는 분들은 누구에게 물어보고 자기 생각가지고 무조건 일을 하려고 하지 말고 성령으로 세례 받고 방해하는 세력을 제거해야 합니다.

무엇을 해도 되지 않게 하는 세력이 있습니다. 정확한 하나님의 뜻은 성령으로 방해하는 세력이 떠난 다음에 들리는 것이 보통입니다. 반드시 성령으로 세례를 받아 방해하는 세력을 한 동안 영적 전쟁하여 방해하는 세력이 떠나간 다음에 하나님께 질문하세요. 그때 들립니다. 필자가 집중 치유할 때 첫날은 정확한 하나님의 뜻을 알 수가 없습니다. 방해하는 세력이 역사하여…. 첫날은 방해하는 세력을 성령의 역사로 떠나보냅니다. 두 번째 날 기도하면서 어느 정도 성령께서 장악을 하면 성령의 감동이 오기 시작합니다.

영적이고 정신적인 질병과 우울증이나 공황장애나 조울증이나 할 것 없이 안수 한번 받는 다고 치유가 되지 않습니다. 의학적인 방법으로도 치유가 불가능합니다. 안수를 자주 받으면 좋아지기는 합니다. 그러나 완전하게 회복하려면 시간이 오래 걸립니다. 그렇기 때문에 미리 성령의 역사를 체험하고 무의식과 잠재의식의 문제를 치유하는 것이 좋습니다. 예방이 중요하다는 것입니다. 스트레스를 받아 체력이 떨어진 상태에서 밖으로 질병이 나타나면 쉽게 치유가 되지 않습니다. 그래서 필자가 기도하다가 성령께서 일러주신 대로 2시간 30분 동안 집중 치유를 하는 것입니다. 2시간 30분 동안 성령이 깊은 역사를 일으키면서 깊은 곳에 숨어있는 상처와 영적인 요소와 불안전 요소들의 정체를 폭로하게 하여 밖으로 배출해야 합니다.

그래서 잠깐 안수하여 치유하는 것은 무의식과 잠재의식 깊은 곳에 숨어있는 불안전 요소들이 들어나지 않습니다. 숨어서 꼼짝을 하지 않습니다. 이렇게 꼼짝하지 않던 불안전 요소들이 지속적으로 환자의 심령 안에서 성령의 역사를 일으키면서 2시간 30분정도 기도하면 정체를 폭로하기 시작을 합니다. 그래서 밖으로 배출하니 치유가 되는 것입니다. 배출된 곳에 말씀과 성령을 충만하게 채우니 완치가 되는 것입니다. 우울증이나 정신적인 문제가 있는 분들이 좀도 빨리 치유를 받으려면 지중치유를 하는 편이 쉽습니다.

4장 우울 정신질병의 치유 비밀

(막16:17-18)"믿는 자들에게는 이런 표적이 따르리니 곧 그들이 내 이름으로 귀신을 쫓아내며 새 방언을 말하며 뱀을 집어올리며 무슨 독을 마실지라도 해를 받지 아니하며 병든 사람에게 손을 얹은즉 나으리라 하시더라."

우울이나 정신신경질병의 치유 방법은 여러 가지가 있습니다. 우선 의학적인 요법인 약물요법이 있습니다. 그리고 심리치료법이 있습니다. 다음에 자세하게 설명이 되지만 제일 좋은 치유법은 영적인 치유법입니다. 말씀과 성령의 역사에 의한 영적인 치유만이 근본원인을 제거하며 치유할 수 있습니다. 그러나 굳이 영적인 치유만을 고집하는 것도 문제가 있을 수 있습니다. 의학적인 요법과 심리적인 요법을 병행하며 영적치유를 하는 것도 나쁘지는 않다고 봅니다. 제가 지금까지 정신신경의 질병을 치유한 사례를 종합해보면 의학적인 요법을 병행했을 때 무리가 없이 치유가 되었습니다. 그래서 저는 정신과 의사가 처방하여 주는 약을 복용하며 치유하든지 끊고 치유하든지 환자와 보호자와 의사가 결정할 문제라고 생각합니다. 절대로 성령치유 사역자가 약을 끊으라고 권유해서는 안 됩니다. 나중에 큰 문제가 발생할 소지가 다분하게 있기 때문입니다.

1. 마음과 정신의 질병 치유.

정신질병의 근본적인 원인은 "마음의 상처"와 "죄"이기 때문에 죄와 용서의 처리가 먼저 되어야 합니다. 죄의 개념이 율법을 범하는 차원에서만 생각하지 않기를 바랍니다. 죄란 바로 나 자신의 일부로서 육을 통하여 나타나는 생각이나 감정이나 의지가 다 죄입니다.

육신이 바로 죄이며 육신적으로 사는 것이 죄입니다. 영으로 살지 않는 사람은 육신적으로 사는 죄의 대가인 혼의 질병이 오게 됩니다. 그리고 자신의 죄가 아니더라도 조상의 죄악으로 오는 경우가 많습니다. 그리고 용서를 해야 합니다. 많은 경우 정신적인 질병이 있는 환자는 말못할 큰 충격을 받은 일이 있습니다. 나에게 이 충격을 일으킨 사람을 용서해야합니다. 하나님께서는 로마서 7장 19-20절에서 "내가 원하는 바 선은 행하지 아니하고 도리어 원하지 아니하는 바 악을 행하는도다. 만일 내가 원하지 아니하는 그것을 하면 이를 행하는 자는 내가 아니요 내 속에 거하는 죄니라"고 말씀하십니다.

1) 죄를 용서받고 치유를 받으려면 예수를 영접하여야 합니다. 예수를 영접하므로 성령의 역사로 치유가 이루어지기 시작합니다. 모든 치유는 성령의 능력으로 됩니다. 자신에 내재하는 인간의 영의 선한 힘(영력)이라 하고, 예수를 믿어 내면으로

들어오신 하나님의 영은 인간의 능력을 초월하여 나타나는 영적 능력으로 역사합니다. 성령의 능력이 이때부터 나타납니다.

그래서 사람은 할 수 없으나 할 수 있는 하나님의 영력(형상)이 나타나서 성령이 충만하게 됩니다. 영력은 나타나는 상태와 조건을 만들어야 나타납니다.

2) 성령의 역사가 나타나는 말씀을 듣고 성령의 세례를 받아야합니다. 그 조건과 상태는 여러 가지이지만 첫째 의지를 발동시켜야 합니다. 의지를 발동하게 하여 성령세례를 받는 것이 제1의 원리요, 그 다음은 말씀과 성령으로 내적 치유하는 것이 제2의 원리요, 귀신 추방이 제3 원리입니다.

그리하여 생각이 바뀌고, 마음이 감동되어, 믿음이 생겨서, 본인의 의지가 발동되어, 몸이 움직여지고, 행동으로 옮겨지는 과정을 거쳐야 합니다. 이 영적 원리는 모든 것에 적용됩니다.

성령 세례란 예수 그리스도께서 주시는 것입니다. 성령의 세례란 성령에 의해서가 아니라 주 예수에 의해 행해지는 그리스도의 사역입니다(행 11:15-18). 성령으로 세례 받을 때는 확실한 체험으로 경험이 있습니다. 성령으로 세례를 받을 때 성령이 예수 그리스도의 이름으로 임하므로 성령으로 세례 받는 것은 체험으로 느낄 수 있습니다. 성령 세례를 받으면 하나님의 능력이 임합니다. 성령으로 세례 받을 때 성령의 권능이 함께 임합니다.

권능은 하나님의 일을 행하는 데 적합한 사람으로 크리스천을 준비시킵니다. 성령 세례는 하나님께서 우리를 예수 그리스도의 몸의 일부분으로 택하셔서 맡기신 지체로서의 임무를 효과적으로 수행하게 합니다(행 9:17-20).

성령으로 세례 받음은 성령으로 사로잡히는 것입니다. 성령 세례는 성도의 마음을 그리스도에 대한 이해와 사랑과 신뢰로 가득 차게 하며, 성령이 삶의 주관자가 되게 하며, 하나님의 자녀로서 하나님의 부름에 적합하도록 권능을 부여받는 것입니다. 권능이 있어야 세상에서 역사하는 마귀와 싸워서 이길 수 있습니다. 성령으로 사로잡혀야 영육에 역사하는 문제를 스스로 치유할 수 있는 것입니다. 성령의 역사를 체험하시기를 바랍니다. 체험이라는 것은 내가 하나님의 역사하심을 감각으로 눈으로 보게 된다는 뜻입니다.

우울증이나 정신문제에 역사하는 귀신은 우리보다 강합니다. 반드시 성령의 역사로 장악이 되어야 떠나가는 것입니다. 그러므로 성령의 권능을 받아야 합니다. 성령의 권능을 받고 권능을 사용할 수 있는 담대함을 길러야 합니다. 성령의 권능을 받아 정신 문제에 역사하는 귀신을 몰아내려면 먼저 성령으로 세례를 받아야 합니다. 성령으로 세례를 받으려면 성령의 역사가 일어나는 장소에 가야 합니다. 성령의 역사가 일어나는 장소에 가서 뜨겁게 기도할 때 성령의 세례를 체험하게 됩니다.

성령의 세례는 이론이 아니고 실제로 체험하는 역사입니다. 자신이 직접 몸으로 감각으로 느껴야 합니다. 성령의 세례를 받게 되면 다음으로 성령의 불세례가 나타나기 시작합니다. 성령께서 불로 역사하면서 자신의 상처를 치유하고 자아를 부수십니다. 성령께서 심령에서 역사하시면서 혈통에 역사는 귀신을 축사합니다. 환자의 마음 안에서 역사하는 성령의 권능으로 귀신이 떠나가기 시작을 합니다. 귀신이 떠나가니 영이 깨어나 영안이 열리기 시작합니다. 영안이 열리니 자신이 이렇게 고통을 당하는 것은 악한 영의 역사라고 알게 됩니다. 악한 영의 역사가 떠나가야 치유가 된다는 것을 환자가 인정하면서 스스로 기도하기 시작을 하는 것입니다. 스스로 기도하니 치유가 되기 시작을 하는 것입니다. 모든 것이 성령의 권세로 되는 것입니다. 그래서 성령으로 세례를 받고 권능을 받아서 사용해야 비로소 우울증이나 정신 문제를 스스로 치유할 수 있는 것입니다.

3) 성령의 인도로 말씀을 잘 알아들을 수 있어야합니다.

성경에서는 내 뜻과 정성과 힘을 다하여 하나님을 섬기라 했고(신28장), 크게 사모하는 자에게 제일 좋은 길을 보여 준다고 했습니다(고전12:31). 네가 낫기를 원하느냐고 예수님은 말씀했습니다(요5:6), 영과 진리로 예배하는 자에게 찾아온다고 했습니다(요4:23). 모든 영적인 일에 진심으로 구하고 구하면 얻을 것이요, 찾고 찾으면 찾을 것이고 두드리면 열립니다. 강한 순종과 믿음과 승리의 의지를 발동시키고 행동으로 옮기십시오. 행동으로 옮기지 못하게 하는 장애요인(죄)이 자신에게 있습니다. 이것을 깨닫고 제거하십시오. 귀신의 병과 정신병의 구분을 잘 해야 합니다.

> (마 12:28)"그러나 내가 하나님의 성령을 힘입어 귀신을 쫓
> 아내는 것이면 하나님의 나라가 이미 너희에게 임하였느니라"
> (롬 14:17)"하나님의 나라는 먹는 것과 마시는 것이 아니요
> 오직 성령 안에 있는 의와 평강과 희락이라"(고전 4:20)"하나
> 님의 나라는 말에 있지 아니하고 오직 능력에 있음이라"

4) 앞의 과정을 거친 다음에 질병의 원인을 성령께 질문해야
합니다. 영적인 그림을 그리라는 말입니다. 전체의 그림을 보
면서 자신의 문제의 원인이 어디에 있는지를 찾아야합니다. 시
간이 많이 걸릴 수가 있습니다.

왜냐하면 성령께서 완전하게 장악을 한 다음 원인을 알 수 있
고 치유도 되기 때문에 하나님의 시간표를 따라 기다려야 합니
다. 급하다고 되는 일이 아닙니다.

5) 성령께서 알려주는 질병의 원인에 따라 조치를 해야 합니
다. 죄악은 회개하고, 상처를 준 사람은 용서하고, 가문의 유전
은 절단하고 원인을 제거해야 합니다. 악한 영의 역사라면 귀신
을 축사해야 합니다. 그리고 지속적인 치유를 받아야 합니다.

6) 이때부터 악한 영을 축사하고 내적치유를 합니다. 지속적
으로 해야합니다.

7) 하나님과 영적인 관계를 지속하며 감사합니다. 말씀과 성

령이 충만한 생활로 관리를 잘하라는 말입니다. 많은 우울증 환
자들이 치유되면 편안해지니 관리를 등한히 하여 재발합니다.

2. 정신질환의 질병에 대해 특별히 알고 유의해야 할 점.

① 질병으로 생각하지 않고 성격으로 생각하기 때문에 치유
하려고 하지 않습니다. ② 정상인과 같이 취급 되고 있기 때문
에 항상 문제와 사건을 일으킵니다. ③ 영의 질병이 잠복되어
있을 경우가 많으므로 진단이 중요합니다.

④ 정신박약은 인격적 이상보다도 육체적 이상 현상으로 일
어나는 현상이 대부분이며 영물의 장애가 있을 경우도 있습니
다. 이러한 질병과 장애의 치유는 말씀으로 생각이나 사고방식
이 영적 사고방식으로 바뀌어야하고 성령으로 말미암아 속사람
이 강건해져야 합니다.

3. 정신문제 치유기도의 방법과 요령.

우울증이나 정신문제를 치유하려면 기도가 바르게 되어야 합
니다. 그런데 소리를 내지 않는 마음의 기도나 묵상기도는 효과
가 없습니다. 환자가 의지적으로 소리를 내서 기도를 해야 합니
다. 호흡을 들이쉬고 내쉬면서 아랫배에서 나오는 소리로 주여!
를 지속적으로 해야 합니다. 묵상기도를 하면 잡념에 사로잡혀

서 기도를 할 수가 없습니다. 우울증이나 정신적인 문제가 있는 분들은 성경도 소리를 내어 읽어야 합니다. 주기도문도 소리를 내어 암송해야 합니다. 찬양도 소리를 내어 불러야 합니다. 소리를 내는 이유는 소리를 냄으로 마음의 문이 열리기 때문입니다. 마음의 문이 열리니 밖에서 역사하는 성령과 자신의 안에서 역사하는 성령이 자신을 장악하여 성령으로 세례를 받게 됩니다. 성령으로 세례를 받아 성령이 환자를 장악해야 그때부터 비로소 치유가 되기 시작하는 것입니다.

좌우지간 환자가 소리를 내어 기도 하도록 해야 합니다. 환자가 마음을 열고 기도하지 않으면 치유가 되지를 않습니다.

성령으로 세례를 받아 성령으로 기도가 되기 시작하면 이제 자신의 문제에 대한 원인을 찾아야 합니다. 문제의 원인은 성령님이 알고 계시니 성령님에게 지속적으로 문의를 하는 것입니다. 자꾸 내가 왜 이럽니까? 내가 왜 이럽니까? 하고 계속 묻는 기도를 하다가 보면 성령께서 문제의 원인을 알려주십니다. 원인을 알았으면 해결을 해야 합니다.

자신에게 일어나고 있는 문제의 원인에 따라 회개하고 용서하라는 말입니다. 자신의 인생에 문제를 일으키는 귀신은 법적인 권리를 가지고 들어와서 역사하는 것입니다. 이 법적인 권리는 죄입니다. 이 죄를 해결하기 전에는 인생의 문제에 역사하던 귀신은 떠나가지 않습니다. 반드시 성령의 깊은 임재 하에 회개와 용서가 있어야 떠나가는 것입니다.

성령의 깊은 임재 안에서 자신에게 일어나고 있는 영육의 문제들을 찾아내고 회개하고 끊어내고 귀신을 몰아내야 합니다. 머리로 외워서 입으로 하는 기도는 효과가 적습니다. 육적인 상태에서는 인생의 문제에 역사하는 귀신이 떠나가지 않습니다. 영적인 상태, 성령의 임재 하에서 예수 이름으로 명령할 때 인생에 고통을 주던 영들이 물러갑니다.

성령의 임재 하에 선조나 자신이 죄를 짓는 장면을 눈으로 직접 그리면서 깊은 차원의 기도를 해야 합니다. 깊은 차원의 기도를 하면서 회개할 것은 회개하고, 용서할 것은 용서해야 성령의 역사로 귀신이 떠나갈 수 있는 조건이 됩니다. 우리에게 역사하는 마귀는 우리보다 강한 영적인 존재입니다. 고로 성령의 깊은 임재 하에 예수 이름으로 회개도 하고 용서도해야 역사하던 마귀, 귀신이 성령의 권세로 떠나가는 것입니다. 성령이 자신을 완전하게 장악을 해야 역사하던 귀신이 떠나가는 것입니다.

4.정신문제 치유시 참고할 사항.

필자가 지금까지 성령치유 사역을 하다가 임상적으로 경험한 결과는 이렇습니다. 어렸을 때에 상처가 있던 사람들이 충격이나 스트레스를 많이 받으니까, 갑자기 간질증상이 나타나는 사람이 있습니다. 간질이 갑자기 발생하니까, 경험이 없는 사람들이 귀신의 영향으로 간질이 발생했다고 단정을 짓습니다. 그래서 이 목사님 저 목사님에게 귀신축사만 받으러 다닙니다. 이러다가 치유의 시기를 놓쳐서 심각한 상태로 진전이 되기도 합니다. 저는 이런 분들을 다수 치유한 경험이 있습니다. 우리가 스트레스를 받으면 체력의 소모가 많이 됩니다. 체력이 떨어지니 자신 속에 잠재하여 있던 영육의 문제가 드러나는 것입니다. 그래서 간질을 하기도 합니다. 어떤 분들은 가위눌림을 당하기도 합니다. 그래서 영적인 문제라고 단정하고 축사만 받으려고 합니다.

그러다가 영적인 분야를 잘 알지 못하는 사역자를 만나 금식도 합니다. 그러나 금식은 금물입니다. 체력이 소진되어 문제가 발생했는데 금식을 하면 기름 가마에 불을 붙이는 것과 마찬가지입니다. 더 악화된다는 것입니다. 이때에는 당황하지 말고 환자를 안정시키고 우선 체력을 보강해야 합니다. 빠른 시간에 체력을 보강할 수 있는 보약이나 다른 보양 식품을 먹여야 합니다. 그래서 체력을 회복시켜야 합니다. 안정을 취하게 해야 합니다. 그러면서 정신적인 문제를 바르게 전문으로 치유하는 사역자에게 가서 치유를 받으면 바로 정상이 됩니다.

그런데 이와 같은 전문적인 치유를 일반 성도들이나 목회자는 잘 이해하지 못합니다. 그래서 영적치유를 받겠다고 일 년 이상 돌아다니면서 이 사람 저 사람에게 안수만 받으면서 돌아다니게 됩니다. 이러다가 치유의 시기를 놓쳐서 환자가 사람 노릇을 못할 정도로 심각해 질수가 있으니 주의 하지 않으면 안 됩니다. 이와 같은 초기 간질 증상은 나이에 상관없이 발생할 수가 있습니다. 어떤 사람은 17세에 발생합니다. 어떤 사람은 20세에 발생합니다. 어떤 분은 26세에 발생하기도 합니다. 어떤 분은 34세에 발생할 수도 있습니다. 대략 이런 증상이 발생하는 사람의 유형을 보니 집안에 우상의 숭배가 심한 집안의 내력이 있는 가문에서 발생을 합니다. 그리고 태중에서나 유아시절에 상처를 많이 발생한 분들이 많이 발생이 됩니다. 대개 심장이 약하여 잘 발생합니다. 그러므로 제가 강조하는 것과 같이 불같은 성령을 체험하고 내적치유를 미리 받아야 합니다.

그러면 성령의 임재로 사전에 상처가 드러나서 치유가 됩니다. 한 번 더 강조한다면 이렇게 초기에 간질 증상 일어난다고 큰일이 나는 것이 아닙니다. 당황하지 말고 환자를 안정시키고 체력을 보강하면서 전문 사역자의 영적치유와 내적치유를 받으면 완치가 됩니다. 그리고 정신적인 문제를 치유할 때 주의해야 할 것은 다음과 같습니다.

1) 정신문제가 있으면 기도가 거의 불가능합니다. 왜냐하면, 마귀가 생각을 지배하여 잡념을 주니까? 그래서 기도하지 말고 소리를 지르게 하라. 주여, 주여, 찬송을 크게 부르게, 주기도문을 크게 외우게, 또, 성경을 큰 소리로 읽게 해야 합니다. 좌우지간 소리를 내도록 지도해야 합니다.

2) 자신이 정신에 문제가 있다는 것을 인정하게 해야 합니다. 많은 환자가 자신이 정신문제가 있다는 것을 모릅니다. 또 자신

이 정신병자인 줄을 모르고 다른 사람을 돕는다고 돌아다닙니다. 자신이 정신문제가 있다는 것을 인정만 하면 치유는 70%가 된 것입니다.

3) 가족, 보호자가 인정하고 협조를 해야 합니다. 가족 전원이 번제가 드려지고 환자를 치유하려는 의지로 하나가 되어야 가능합니다. 무엇보다 가족의 도움이 절실히 필요합니다. 우울증이나 정신적인 문제가 있는 분들이 사람을 의지하려고 합니다. 절대로 사람을 의지하려고 하지 말고 하나님을 찾게 해야 합니다. 하나님이 치유하는 것입니다. 사역자나 가족을 의지하게 되면 하나님과 관계가 점점 멀어져 치유되는 시간이 길어집니다. 그러므로 사람을 의지하지 않는 것이 치유에 도움이 됩니다.

4) 성령치유를 하기 시작하면 상태가 더 나빠질 수 있습니다. 그래서 환자들이 두려움으로 치유를 포기하는 경우가 있습니다. 그런데 영적치유를 시작하여 상태가 나빠지는 것은 일련의 치유과정이라고 생각해야 합니다. 치유되고 있기 때문에 상태가 나빠지는 것입니다. 그러다가 점점 상태가 호전되는 것이 보통입니다. 제가 지금까지 우울정신신경 질병의 환자를 치유할 때 상태가 더 나빠지다가 이를 견디고 집중적으로 치유를 받으면 금방 상태가 호전 되었습니다. 거의 모든 환자가 상태가 나빠지다가 치유되었습니다. 그러므로 절대로 상태가 나빠진다고 치유를 포기하면 우울정신신경 질병에서 자유 함을 받을 수가 없다는 것을 명심해야 할 것입니다. 보호자가 독려하여 치유

를 지속해야 합니다.

5.치유 간 특별히 주의해야할 사항.

1) 정신문제가 있어 육체의 힘으로 발버둥을 치면 치유(축사)가 불가능하게 됩니다. 억지로 팔을 잡는다든가, 누른 다든가 하면 수족을 묶어 놓는다든가 하면 더욱 강하게 반항을 합니다.

2) 이때는 정신신경과에 입원을 시켜서 약물치료를 한 후 어느 정도 안정을 찾은 다음에 데려다가 치유하는 것이 좋습니다. 이 기간에 부모가 영적치유를 받는 것이 좋습니다. 부모가 치유되면 자녀는 60%가 치유되는 것입니다. 부모가 치유받도록 권면하고 성령치유를 해야 합니다. 부모가 치유되지 않으면 절대로 환자가 치유되지 않습니다. 대부분 부모들은 자녀에게 문제가 있는줄 생각합니다. 그러나 부모에게 문제가 있어서 자녀가 고통을 당하는 것입니다. 영적인 법칙입니다.

3) 절대 폭력을 가하거나 묶어 놓거나 하면 더욱 강하게 묶일 수가 있습니다. 기도원 같은 곳에 가면 발버둥을 치고 폭력을 행사하니까, 수갑을 채우거나 묶어두는 경우가 있습니다. 이는 정말로 삼가야 합니다. 더 큰 상처를 받게 됩니다. 전문적으로 치유하는 정신병원에 입원 시키는 것이 좋습니다.

성령님의 능력으로 치유 받은 후에는 마음에 평안함을 느끼게 됩니다. 계속하여 이 평안을 유지하는 것은 자신의 책임입니다. 오래된 상처나 깊은 상처는 일회적인 치유보다 장기적이고 지속적인 치유를 해야 합니다. 성령님과 교제를 통하여 악한 생각이 나지 않도록 기도생활을 해야 합니다. 진정한 치유란 지속적인 성령 하나님과의 동행입니다. 늘 마음에 하나님을 느끼고, 하나님과 동행하고 하나님을 의지하여야 합니다. 그리함으로 늘, 점점 마음이 맑아지고, 자유해지고, 평안해지는 삶을 살아야 합니다.

충만한 교회는 말씀과 성령으로 성도들을 치유하여 성령의 인도를 받는 영적인 성도가 되도록 하는 목회를 합니다. 충만한 교회 목회 방향은 성도들을 목회자 그늘에서 믿음 생활을 하는 나약한 성도가 되지 않도록 하는 것입니다. 말씀과 성령으로 치유 받아 영의 통로를 열고 하나님과 직접 관계를 열어 교통하면서 세상 어디를 가더라도 자신 안에 임재하신 하나님께 기도하여 응답을 받으면서 세상을 살아가도록 합니다.

영적인 자립을 하는 것을 목표로 훈련합니다. 하나님께서 부여하신 권능을 사용하여 세상을 장악하게 합니다. 그래서 주일날도 강한 성령의 역사가 일어나는 예배를 드립니다. 영적인 눈이 열리고 사고가 영적으로 변하는 말씀을 준비하여 교재로 제공하고 설교를 합니다. 기도를 40분 이상 하면서 담임 목사가 일일이 안수하여 성령으로 충만 받도록 합니다. 필요한 성도는 토요일 날 개별집중치유를 하여 문제를 치유하고 영성을 깊게 합니다. 자신의 영을 자신이 지킬 수 있는 강한 성도가 되게 훈련하고 있습니다.

5장 우울증의 예방과 치유 비밀

(시 42:11)"내 영혼아 네가 어찌하여 낙심하며 어찌하여 내
속에서 불안해 하는가 너는 하나님께 소망을 두라 나는 그가 나
타나 도우심으로 말미암아 내 하나님을 여전히 찬송하리로다."

삶을 성공적으로 이끈 사람들은 모두 자신의 내면을 잘 관리
한 사람들입니다. 그래서 내면 관리가 중요한 것입니다. 자신의
마음밭을 잘 관리하여 풍성한 옥토로 만들지 못하면 어떤 시도,
도전, 노력을 하여도 수도관이 새는 것과 같은 결과를 얻게 됩니
다. 2015년 3월 24일 독일 여객기가 추락한 사고를 낸 부기장
이 우울증 환자였다는 것입니다. "독일 추락 여객기 부기장 안드
레아스 루비츠의 전 여자 친구 마리아(가명·26)는 한 독일 매
체와의 인터뷰에서 "그가 악몽에 시달렸으며 '떨어진다(We are
going down)'는 비명을 지르며 깨어난 적도 있었다"고 전했다."
우울증은 이렇게 다른 사람에게 큰 피해를 입게 하는 것입니다.
우울증은 개인의 문제를 넘어 사회적인 문제입니다.

우리는 성장 과정에서 많은 어려운 일을 겪고 많은 부정적이
며, 자신에게 상처 주는 말을 듣고, 보고, 경험했던 사건들이
내 안에 형성되어 있습니다. 돌, 가시덤불, 너는 못났다. 바보
다. 귀찮다. 저리 가라. 쓸모가 없다. 너는 아무 것도 못할 거

야. 너는 되는 일이 없어. 이번에도 실패 할 것이다. 차라리 죽어 버려라. 이러한 부정적이고 비관적인 언어가 우리의 마음에 깊이 심겨져 있습니다.

말은 단순히 말로 그치지 않고 마음에 깊이 남게 됩니다, 그리고 그 사람의 인생에 큰 영향을 주게 됩니다. 말은 자신과 가까운 상태의 사람의 말은 깊이 무의식에 심겨 집니다. 어머니, 아버지의 말은 아이는 그대로 믿고 그 말을 받아들입니다. 우울증과 그리스도인이란 두 단어는 서로가 성립되지 않는 말들이고 함께 어울릴 수 없는 말들입니다. 진정으로 성령님에 의해 거듭난 체험을 하고 확실히 성령의 충만함을 경험한 사람이라면 절대로 우울증에 빠지는 일이 있을 수 없습니다. 이 말이 맞습니까? 그렇지 않습니다. 그리스도인도 믿음이 떨어지는 순간 우울증이 찾아옵니다.

1.우울증이 발생하는 환경적인 원인

1) 생활환경이 갑자기 변할 때 충격으로 발생하기도 합니다.
2) 실직, 부도, 심한질병, 가정 문제, 직장에서의 은퇴 했을 경우에 발생하기도 합니다.
3) 심하게 놀라거나 죽음을 목격한 경우에 발생하기도 합니다.
4) 자녀들이 출가하여 다 떠났을 때(빈둥지) 발생합니다.
5) 인간은 삶에 순환, 사이클이 있어야 합니다.

밥을 먹고 소화를 시키고 일을 하고 휴식을 취하고(긴장-이완-긴장-이완)가 규칙적으로 일어나야 합니다. 그러나 긴장만 있어서도 안 되고, 이완만 있어서도 안 됩니다. 긴장이나 이완된 상태에서 계속될 때, 심리적인 문제가 생깁니다. 다음에 질병이 찾아오게 됩니다. 그러므로 항상 성령이 충만한 믿음 생활로 내면관리를 해야 하는 것입니다. 무엇보다도 예방 신앙이 중요합니다. 제가 치유사역을 하다 보면 막연하고 안일하게 신앙생활을 하다가 질병이 발생한 다음에 후회하는 분들이 있습니다.

2. 우울증의 대표적인 현상.

① 앞으로 아무런 희망도 없다고 느껴질 때 우울증을 의심해 보아야합니다. ② 차라리 죽는 것이 낫다고 생각될 때 우울증을 의심해 보아야합니다. ③ 세상에 나 혼자라고 느껴질 때 우울증을 의심해 보아야합니다. ④ 그대로 있으면 무슨 일을 저지를 것 같을 때 우울증을 의심해 보아야합니다. ⑤ 괴로움을 혼자 견디기 힘들 때 우울증을 의심해 보아야합니다. ⑥ 불면증에 시달릴 때 우울증을 의심해 보아야합니다. ⑦ 체중의 감소 혹은 증가가 심할 때 우울증을 의심해 보아야합니다. ⑧ 지나친 죄책감에 시달릴 때 우울증을 의심해 보아야합니다. ⑨ 병원에서 진찰을 받은 결과 몸에 이상이 없다고 하는데도 몸이 계속 아프거나 심각한 병이 있다는 생각에 빠져들 때 우울증을 의심해 보아

야합니다. ⑩ 누가 자신을 놀리거나 남들이 나에게 피해를 주고 있다는 생각 때문에 괴로울 때 우울증을 의심해 보아야합니다. ⑪ 주위에 아무도 없는데 사람의 목소리가 들리는 경험을 할 때 우울증을 의심해 보아야합니다. ⑫ 아무 일도 하기 싫어 주부가 집안일을 못하거나 직장인이 업무를 제대로 못하거나 학생이 공부를 할 수가 없어 성적이 떨어지는 경우에 우울증을 의심해 보아야합니다. ⑬ 말수가 줄어들거나 짜증이 늘어나는 등 성격이 변한 것 같은 경우에 우울증을 의심해 보아야합니다. ⑭ 술, 담배, 기타 여러 약물(진통제 등)을 상습적으로 복용 또는 남용하는 경우에 우울증을 의심해 보아야합니다. ⑮ 고혈압, 당뇨 등 신체적인 질환이 있는 사람이 우울해 할 때 우울증을 의심해 보아야합니다. 의사의 말을 믿을 수 없을 때 우울증을 의심해 보아야합니다. 자신의 상태를 누구에게 물어봐야 할 지 모를 때 우울증을 의심해 보아야합니다. 나는 이상이 없다고 생각하는데 남들이 병원에 가 보라고 권할 때 우울증을 의심해 보아야합니다. 병원에 가야 하는 것을 알면서도 병원에 가기 싫을 때 우울증을 의심해 보아야합니다.

여기에 추가적인 우울증의 증상은 이렇습니다. 우울증 환자 90%가 신체 통증을 호소한다는 것입니다. 대한우울·조울병학회에서는 여의도성모병원과 서울아산병원 등 13개 병원에서 치료중인 우울증 환자 393명을 대상으로 역학조사를 한 결과 우울증 환자 대부분이 가슴이 답답하거나 호흡이 곤란한 신체증상을 동반하는 것으로 나타났다고 2010년 3월 18일에 밝혔습니다. 조사결과에 따르면 응답자의 90%(340명)는 머리와 가슴, 목, 어깨 등의 부위에서 통증을 느끼고 있는 것으로 분석됐습니다. 부위별로는 두통을 호소하는 환자가 71.4%(275명)로 가장 많았으며, 목이나 어깨 통증 67.8%(262명)명, 근육통 48.9%(188명), 가슴 통증 46.9%(180명), 요통 46.1%(177명) 순으로 흔했습니다.

성별로 보면 남성이 여성보다 허리통증을 더 많이 느꼈으며, 우울증이 심하다고 응답한 사람일수록 신체 통증을 더 많이 느끼는 것으로 조사됐습니다. 응답자 중에는 자살을 생각해 본 적이 있는 응답이 40%에 달했으며, 이중 8% 정도는 실제 자살을 시도했던 것으로 집계됐습니다. 학회에서는 "우울증 환자에게 나타나는 통증은 우울증을 더욱 깊게 만들고, 이는 더욱 심각한 통증 및 다른 신체 증상으로 이어지는 악순환으로 작용한다"면서 "우울증 환자가 조속한 시간 내에 적절한 치료를 받을 수 있는 시스템과 교육이 필요하다"고 말했습니다.

그래서 우리 그리스도인에게 기쁨과 평안은 필수적입니다. 그러나 우리의 내면이 그렇지 못합니다. 요즈음 우리는 우울한 소식이 많이 들립니다. 그리스도인들도 우울해질 수 있습니다. 다윗은 지금 자신의 감정을 시로 표현합니다. 이는 믿음의 사람 다윗이 낙심하며 매우 불안해하고 있다는 증거이기도 합니다. 우울증은 특정한 사람이 걸리는 심리적인 병이 아닙니다. 여자,

마음이 약한 사람, 내성적인 사람, 믿음이 약한 사람, 특정한 사람이 걸리는 병이 아니라 누구든지 걸릴 수 있는 질환입니다. 심리적인 질환에서 가장 우리나라 사람에게 많이 있는 병입니다.

공통적인 질병은 감기입니다. 감기는 어린아이부터 성인에까지 걸리기 쉬운 병입니다. 병중에 가장 기본적인 병이나 모든 병을 일으키는 근원이 되며, 가장 치사율이 높은 병입니다. 감기처럼 우울증도 역시 모든 정신적인 질환에서의 기본적인 병입니다. 감기는 언제 잘 걸립니까? 환절기 기온의 차이가 많을 때, 몸의 상태가 나쁠 때, 과로할 때 많이 걸립니다.

우울증 역시 환절기에 많이 걸립니다. 기분의 차가 심할 때. 복잡한 일이 있을 때. 기온의 차이가 심할 때. 영적인 상태가 약할 때에 잘 나타납니다. 이러한 현상은 누구에게나 찾아올 수 있습니다. 환절기에 감기에 걸리는 것처럼 말입니다. 골리앗을 쓰러트린 담대한 다윗이 우울증에 빠졌던 경우가 있었습니다 (시57:1-2). 갈멜산에서 850명의 이방신 제사장들과 싸워 이긴 엘리야도 우울증에 시달렸습니다(왕상19:4). 요나와 같은 선지자들도 어려움에 빠져 심리가 불안정하게 되었던 경우가 있었습니다(욘4:3).

3.치유를 위한 노력과 태도.

성령으로 세례를 받고 내면을 치유하여 마음의 밭을 옥토로 만들어야 합니다. 어떻게 옥토로 만듭니까? 말씀과 성령의 역사로 만듭니다. 왜 마음을 옥토로 만들어야 합니까? 마음이 넓으면 상처를 덜 받으니까? 그래서 하나님은 우리에게 항상 기뻐하라. 쉬지 말고 기도하라. 범사에 감사하라고 하시는 것입니다. 성령 충만한 믿음생활을 하면 우울증은 나타나지 않습니다. 성경 말씀은 모두 우리를 위하여 하나님이 주신 것입니다. 우리는 성령으로 충만하여 항상 기뻐해야 합니다. 항상 기뻐하면 건강에도 좋습니다. 우리가 기뻐할 때 몸에서 엔돌핀이 나옵니다. 그래서 육체에 활력을 주어서 건강을 유지하게 됩니다. 그것뿐만이 아니라 마음이 열리게 되므로 성령으로 충만하게 되는 것입니다. 그러나 반대로 혈기를 내거나 분노할 때는 아드레날린이 분비됩니다. 그래서 우리의 뼈와 뼈 사이에 들어가 뼈로 마르게 합니다.

모든 질병은 자율신경의 계통의 흐름과 부조화로 생깁니다. 모든 질병의 대부분이 자율 신경의 부조화에서 나오는 경우가 많습니다. 그렇기 때문에 내 영이 무거운 죄 짐이나, 불평이나, 원망의 무서운 독소에서 자유 함이 있어야 합니다. 자율 신경의 조화는 주로 마음의 평안과 영의 기쁨을 항상 유지하게 됩니다. 자율 신경의 교감신경은 불안, 좌절, 분노 등의 결과를 유발합니다.

부교감 신경은 주로 기쁨, 화평, 감사, 용서, 사랑, 절제, 인내, 자비와 양선과 충성과 온유함을 주관합니다. 그래서 하나님은 (빌4:4)"주 안에서 항상 기뻐하라 내가 다시 말하노니 기뻐하라." 하시는 것입니다. 포도나무의 가지가 원줄기에 붙어 있어야 하듯이, 우리의 영적 생명과 성령의 역사는 생명의 근원 되시는 예수님에게 붙어 있어야 합니다. 그래서 영적 신령한 생명이 계속 공급을 받아서 끊임없이 흘러나오거나 솟아나야 합니다. 그런데 우리가 분노하거나 혈기를 내면 육성으로 돌아가기 때문에 이런 영적 생명이 공급되지 못하는 것입니다. 그래서 우리는 자신의 건강을 위해서라도 분노하거나 혈기를 내면 안 되는 것입니다. 성도는 마음에 보복의 칼을 품어서는 안 됩니다.

이는 자신의 영성관리와 정신건강을 위해서 삼가야 합니다. 그래서 우리는 항상 마음에 평안을 유지하려고 의지적인 노력을 해야 하는 것입니다. 그래야 내 안에 계신 성령으로부터 영적생명이 흘러나오는 것입니다. 이러한 생명의 흐름이나 성령의 흐름이 성경에서는 기름부음이라는 표현으로 설명되고 있습니다. 이러한 예수의 생명이 흘러넘치는 역사가 충만하기 위해서는 속사람(영)이 강건해야 합니다. 이 속사람은 자율신경의 부교감 신경에 주로 영향을 받게 됩니다. 자율 신경이 조화를 이루지 못하고, 분노나 불안이나 좌절 등을 일으키면 육성으로 돌아가 기도가 막히게 됩니다. 그래서 성령의 역사를 소멸하게 되는 것입니다.

성령을 소멸하게 되니 자신도 모르는 사이에 마귀가 틈을 타서 마귀가 역사하는 것입니다. 거기다가 건강에도 영향을 미쳐서 위장, 간, 심장, 폐, 등 오장육부의 혈관 정맥, 근육 등에 뻗어 있는 자율 신경에 자극을 주게 되어, 신체에 이상을 일으키고 정신적인 질병을 유발시키는 것입니다.

모든 쓰라림과 원한은 첫째 분노로부터 시작, 이것이 신체에 공급되는 아드레날린을 지나치게 분비시킵니다. 신체는 분비된 아드레날린의 초과량을 흡수할 수 없습니다. 결과적으로 그것은 신장으로 가지만 그러나 신장은 이 초과량을 수용할 수 없습니다. 그 결과로 그것은 신체의 관절에 모여 관절염을 일으킵니다. 또 근육통을 일으킵니다. 관절염을 앓는 사람은 자신의 삶을 성찰하고, 혹 다른 사람에 대한 쓴 뿌리와 용서하지 않는 마음을 품고 있는지 여부를 알아보라고 성심성의로 충고하시기 바랍니다.

그러므로 분노나 혈기는 성령을 소멸하게 됩니다. 성령을 소멸하니 자신의 영 안에서 생명이 올라오지 못하므로 자신의 영적인 생활에도 지대한 영향을 줍니다. 우리는 자신의 건강과 성령의 충만함을 위해서라도 혈기나 분노는 다스려야 합니다. 그래서 자신의 영을 자신이 지키는 것은 자신의 힘으로는 불가능하고 성령으로 충만하여 성령의 인도가 있어야 하는 것입니다.

성령으로 충만하고 성령의 인도를 받기 위해서 마음의 평안을 유지해야 합니다. 마음의 평안은 말씀과 성령으로 심령이 치유되어 안정한 심령이 될 때 가능한 것입니다. 우리 말씀과 성령으로 충만하여 마음을 평안하게 유지합시다. 그래서 항상 내 안에서 성령의 기름부음(생수)이 올라오게 해야 합니다. 제가 지금까지 성령치유 사역을 하면서 우울증이나 정신적인 문제가 있는 분들을 상담한 결과 모두 불안과 두려움으로 고생을 하고 있었습니다. 마귀는 우리가 성령의 깊은 임재 가운데 들어가지 못하게 하려고 두렵게 하는 것입니다. 그래서 성령을 소멸하게 하는 것입니다.

마귀는 어떻게 해서라도 우리가 성령으로 충만하지 못하게 하려고 기를 쓰는 것입니다. 이렇게 불안과 두려움과 우울증으로 고생하는 분들이 저의 교회에 오셔서 말씀과 성령으로 내적치유를 받으면 모두 말 못할 평안을 찾았다고 간증을 합니다. 그러므로 성령이 우리를 장악하면 평안해지는 것입니다. 성령의 속성은 평안이기 때문입니다. 반대로 불안하거나 두려움은 마귀가 주는 것입니다. 그래서 우리는 두려움을 성령의 역사로 몰아내야 합니다. 성령의 임재 가운데 두려움에게 명령해야 합니다.

4.우울증환자가 금해야 할 사항

1) 너무 자신을 격하시키는 생각을 하지 말아야 합니다. 너무 자신을 부정적으로 바라보는 분들도 많이 있습니다. 다시 말해 '나는 안돼'. 이런 생각들은 좋은 생각이 아닙니다. 부모님이 내가 성장할 때부터 나는 안된다고 말했어, 나는 안돼 이런 생각은 자신을 건강하게 만들지 못할 뿐 아니라, 자신의 삶을 축복하는 생각들이 아닙니다. 이런 부정적인 생각들 때문에 자신이

슬픈 감정들에 빠져있을 수밖에 없다는 것입니다. 그렇기 때문에 나는 안돼. 이 생각을 버리시기 바랍니다. 그런가 하면 나는 혼자다 이런 생각도 버려야 합니다. 당신은 혼자가 아닙니다. 배우자가 있을 수도 있고 가족들이 있을 수도 있습니다.

또 영적으로 말한다면 성령 하나님이 함께 하시지 않습니까? 이런 생각 자체가 잘못된 것입니다. 하나님이 당신과 함께 하시는데, 왜 혼자입니까? 전능하신 하나님이 당신의 주인이신 데, 당신이 어찌 혼자란 말입니까? 그렇기 때문에 우울증에 걸린 분들은 자신을 격하시키는 생각을 하시면 안 됩니다. 또 '세상에 믿을 사람 하나 없어.' 이런 생각 또한 건강한 생각은 아닙니다.

이런 생각으로 인해 모두를 불신하게 되고 불신함으로 인해 마음의 벽을 더욱 쌓게 되는 것입니다. 세상에는 좋은 사람도 많습니다. 세상에는 정말 아름다운 사람도 많습니다. 그런데 '믿을 사람은 없어' 이 말 자체가 그 사람의 상태가 어떤지도 알게 해주는 것이 되기도 하는 것입니다. 그렇기 때문에 가능하면 자신을 격하시키는 말들은 하지 않아야 합니다.

2) 일어나지도 않은 일에 대해 미리 예측하고 근심하는 일도 버려야 합니다. 일어나지도 않았습니다. 그런데 미리 혼자 생각하고 건물이 없는데, 혼자의 생각으로 완벽한 건물을 만들어 놓는 것입니다. 이런 생각들입니다. 누군가가 이렇게 할 꺼야. 또 그렇게 될 꺼야. 그렇게 안됐는데, 그렇게 될 꺼야 이렇게 되었으면 이런 생각들을 많이 합니다. 일어나지 않은 일에 대한

미리 예측과 미리 염려와 미리 근심하고, 앞 당겨 슬퍼하고 당겨서 불안에 떨고, 그러나 이런 생각들은 결코 당신에게 건강한 삶을 보장해 주지 않습니다. 가능하면 오늘 일에 충실하시기 바랍니다. 당신이 알고 있는 사실에 대해서 만족하시기 바랍니다. 듣지도 않은 말을 들은 것처럼 말한다거나 일어나지 않은 일에 대해서 일어날 것처럼 말한다거나 남이 나에게 욕도 하지 않았는데, 욕을 할 것이라고 생각하는 것이나 그런 생각들은 전부 다 자신으로 하여금 병들게 하는 생각이지 당신을 건강하게 만드는 생각이 아닙니다.

3) 그런가 하면 이 우울증에 걸리신 분들은 장래에 대한 희망이 없습니다. 가능하면 희망을 가지시기 바랍니다. 왜 자살합니까? 미래에 대한 희망이 없기에 그렇습니다. 왜 죽음을 생각합니까? 미래에 대한 소망이 없기 때문입니다. 죽음을 생각하는 것입니다. 이분들은 주로 하는 말이 '내 인생 끝났습니다.' 이런 말을 많이 합니다. 자기 인생이 끝났다는 것입니다. 하늘이 무너져도 솟아날 구멍이 있다. 이런 분들은 절대 우울증 안 걸립니다. 근데 무너지지도 않았는데, 무너진다. 무너진다. 하시는 분들은 무너집니다. 생각이 얼마나 중요한지 모릅니다. 그런가 하면 또 어떤 사람은 살면 뭐하나 하는 분들도 있습니다. 인생이 끝난 것이 아니라 희망이 있습니다. 소망의 하나님이 지금 역사하고 계심을 믿으시기 바랍니다. 인생은 소망이 있습니다. 세상은 어렵고 힘들어도 우리의 미래는 소망이 있습니

다. 그런데 살면 뭐하나 내 인생은 끝났어, 아주 자기를 비관하는 그런 분들이 아주 많습니다. 그런가 하면 기독교인들이 가장 많이 사용하는 말이 무엇인지 아십니까? 불신자들은 자살을 하지 않습니까? 그러나 우리 기독교인은 자살도 못합니다. 죽지도 못하지, 살려하니 힘들지, 그러니 태어난 것이 죄지 왜? 힘들지 죽지는 못하지 그러니 태어난 것이 죄라는 것입니다. 가능하면 당신은 너무 큰 절망가운데 있지 마세요. 가능하면 당신은 너무 큰 낙심 속에 있지 마세요. 가능하면 빨리 소망을 가지고 희망을 가지고 빠져 나오셔야 합니다.

4) 그런가 하면 우울증에 걸린 분들이 피해야 할 것이 있습니다. 가능하면 우울증에 걸리신 분들은 부정적인 생각을 가지고 계신 분들은 만나지 마세요. 지금 혼자만의 생각도 감당을 하지 못하는데, 또 누군가가 와서 전달 해준다는 말이 늘 어두운 말만 전달해준다면 그 사람은 정말 자살할 가능성이 많습니다. 죽으려고 하는 사람에게 우리가 할 말이 있습니다. 왜 죽으려고 하는가? 죽기 전에 해야 할 것이 있다. 예수 그리스도를 영접해라. 그리고 영접한 후에는 우리에게 소망이 있다. 예수님 믿기 전에는 너에게 소망이 없었지만, 예수 믿고 난 후에는 너에게 소망이 있다. 우울증에서 해방 받은 사람 가운데서 이런 사이트를 운영하시는 분들이 많이 나오시기 바랍니다. 그래서 자꾸 인터넷 세상에 그리스도의 깃발을 복음의 깃발을 계속하여 세워 나가야 합니다. 저는 할 일들이 많이 보이는 것입니다. 인터넷

을 통해서 전도할 수 있는 길들이 굉장히 많습니다. 그래서 저 혼자 하기는 너무 많고 무엇인가 컴퓨터에 대해서 잘 알고 치유의 마인드를 가지고 계시는 분들이 자살 방지 사이트를 만드세요. 그럼 정말 자살을 도와주는 사이트가 아니라. 자살을 방지하는 사이트. 무엇으로? 복음으로 답을 주고 자살을 방지하는 사이트인 것입니다.

5.우울증의 치유 방법

나의 마음이 상하고 분하게 한 상처를 성령님의 은혜로 기억하시기 바랍니다. 숨겨진 감정을 드러내는 것은 치유의 접근이지 치유의 방법은 아닙니다. 기억을 통하여 나를 불안(우울)하게 하는 상황에 가까이 가서 상처의 기억이 생생하여 질수록 치유가 더 강하게 일어납니다. 기억을 위하여 성령님께 도움을 요청하면 자신의 깊은 곳에 감추어져 있던 상처의 기억과 감정이 생생하게 살아나게 됩니다.   먼저 성령으로 세례를 받는 것은 필수입니다.

성령의 임재가 깊어지면 성령님의 도우심으로 특정한(분노, 불안, 두려움, 공포, 눌림, 혈기, 스트레스, 마음의 상처, 자존심의 상처 등) 사건의 현장으로 돌아가서, 그때 받았던 묻혀진 상처의 기억을 떠올리며, 상처와 함께 그때에 겪었던 당황함, 부끄러움을 회상하시기 바랍니다. 하나씩 앞으로 회상해 나가면서 떠오르는 상처를 주님에게 드려야 합니다. 주님은 항상 나와 함께하셨습니다. 주님은 내가 고통당할 때 함께 하시면서 나와 고통을 함께 하셨습니다. 지금도 그 주님은 나와 함께 하십니다. 억울함, 분노, 두려움, 상처, 눌림 등으로 내가 울 때 함께 하시면서 우신 분입니다. 특히 어린 시절의 작은 상처, 부모가 자신을 거부했다고 하는 상처가 오늘의 자신에게 많은 영향을 주게 됩니다.

자 이제 상처를 예수께 드립니다. 드러난 상처를 주님께 가져가야 합니다. 주님은 많은 상처를 입은 분이십니다. 그러기에 상처 입은 사람들의 고통의 삶을 누구보다 안타깝게 여기고 계십니다. 예수 그리스도에게 성령님의 치유의 능력을 간곡하게 부탁해야 합니다. 우리가 지울 수 없는 상처를 주님께 드려야 합니다. 주님에게 상처가 드려 질 때 보혈의 능력으로 상처가 치유 받게 됩니다. 상처의 자리에 주님의 위로와 은혜와 평안으로 채워야 합니다.

이렇게 깊은 차원의 치유를 스스로 하는 것입니다. 이렇게 지속적으로 순종하면 우울증은 반드시 치유가 됩니다. 절대로 불치병이다. 난치병이다 하는 세상 소리에 귀를 기울이지 말고 예수님에게 나와서 말씀과 성령으로 깊은 차원의 치유를 하시기 바랍니다. 그래서 치유 받고 간증하며 우울증으로 고생하는 분들에게 예수를 전하시기를 바랍니다.

6장 조울증의 예방과 치유 비밀

(시 42:11)"내 영혼아 네가 어찌하여 낙심하며 어찌하여 내 속에서 불안하여 하는가 너는 하나님께 소망을 두라 나는 그가 나타나 도우심으로 말미암아 내 하나님을 여전히 찬송하리로다."

조울증이란 개인의 기분에 있어 변화가 심하게 반복되는 것입니다. 물론 조울증 환자에서 정상적인 기분 상태로 있을 때도 있지만 기분이 들뜨기도 하고, 가라앉기도 하며, 주기적으로 기복을 보이게 됩니다. 조울증은 뇌에서 생화학 물질이 변화하는 것과 같은 생물학적 요인, 유전적인 요인, 스트레스 등과 같은 심리사회적 요인들이 서로 복합적으로 작용하여 나타나는 것으로 알려져 있습니다.

조울증 환자라 하더라도 아무런 증상이 없을 때가 있으나 별 문제없이 잘 지내다가도 조증이나 우울증 상태가 되면 그 상태에 따라 다양한 증상이 나타납니다. 조증 상태에서는 기분이 들뜨고 유쾌해지며 자신감에 넘칩니다. 말이 많고 빨라지며 목소리도 커집니다. 잠이 줄어들고 이것저것 여러 가지 일을 하느라 바빠지지만 제대로 끝내는 것이 없습니다. 더 나아가 과대사고, 피해사고 등이 생길 수 있습니다.

반대로 우울상태에서는 거의 매일 우울한 기분이 지속되고 매사에 재미가 없어지며 입맛도 없고 잠을 못자고 피곤하며 의욕도 없고 집중력도 떨어지며, 죄책감에 시달리고 심할 경우에는 죽고 싶은 생각까지 들게 됩니다. 조울증 치료는 기분을 일정하게 유지해 주는 여러 가지 약물이 개발되어 치료에 이용되고 있습니다. 이와 더불어 다양한 정신치료 기법중 환자 개개인에 따라 적절하게 선택되어 제공되어야 합니다.

1.동의어 : 조울증 = 조증 = 양극성 장애

조울증은 조증(mania)과 우울증(depression)이 반복되기 때문에 조울증이라고 부르며 조증(mania)과 우울증(depression)의 양극단의 감정 상태를 보이기 때문에 전문적 용어로 양극성 장애라고 부릅니다. 조증의 일반적 양상은 우울증에서 볼 수 있는 것과는 정반대입니다. 즉 들뜨고, 과대적이고, 또는 과민하고, 흥분하기 쉬운 기분이 조증의 전형적인 특징입니다. 들뜬 기분은 다행 감으로 나타나고, 또 흔히는 다른 사람도 같은 기분을 가지게끔 영향을 주기 때문에 종종 일반 사람들은 이런 상태가 병이 아닌 것으로 보는 경우도 있습니다. 일반적으로 조증을 조울증이라고도 합니다. 이것은 대체로 조증이라는 것이 우울증을 동반하는 경우가 많기 때문입니다. 10-20%의 환자는 우울증 없이 조증만을 경험하는 것으로 보고 있습니다.

조울증의 증상은 기분이 좋고 들뜨고 의기양양해집니다. 할 말이 많고 빨라지며 목소리도 우렁차고 자신감에 넘칩니다. 평상시와 달리 에너지가 넘쳐 할 일도 많고 계획도 너무 많으며 분주하지만 일을 마무리 짓지 못합니다. 대단한 일을 위해서 밤에 잠도 안자고 계획합니다. 밤에 잠을 안자고, 식사를 안 하고 지내도 에너지가 넘쳐 피곤하지 않고 거뜬합니다. 앞의 증상들로 인하여 다음과 같은 문제점들이 생깁니다. 이상야릇한 밝은 색깔의 옷이나 보석 등으로 별난 몸치장을 하기도 합니다. 물건도 많이 사고, 값비싼 차량을 사기도 하여 경제적 손실도 커집니다. 쉽게 바람도 피우고 미혼 여성이라도 이성들과 관계하여 지울 수 없는 상처를 얻기도 합니다. 지나치게 술을 과음하는 경우가 많고, 절제력의 상실로 인해 전화를 지나치게 사용합니다. 어떤 경우에는 상대방의 입장은 전혀 개의치 않고 쓸데없는 장거리 전화를 마구 걸기도 합니다. 이들 환자들은 우울증의 증상을 동반합니다.

1) 생물학적 원인: 중추신경계에서의 생화학 물질 변화가 원인이 될 수 있습니다. 호르몬 조절 기능의 변화가 조울증과 관련될 수 있습니다. 수면리듬의 이상이나 계절의 변화로 조울증이 생길 수 있습니다. 뇌의 구조물에 이상이 있어서 조울증이 생길 수 있습니다.

2) 유전적 원인: 일반인에게서 조울증이 나타날 가능성이

1% 이하로 보고 있으며, 유전적 요인은 우울증에 비해 조금 더 높게 관여될 수 있습니다. 조울증은 대부분 혈통으로 대물림이 되는 경우가 많습니다. 그러므로 조상이 조울증의 병력이 있는 후손들은 어렸을 때 말씀과 성령으로 치유하여 예방하는 것이 좋습니다. 평소에는 아무런 증상이 없다가도 스트레스를 많이 받는 취약시기에 발생하기 때문입니다. 반드시 예방 신앙을 해야 합니다.

3) 사회 심리적 원인: 기분의 변동이 심한 성격이나 늘 기분이 고양된 사람은 조울증에 잘 걸립니다. 정신분석적으로는 우울증이 있을 때 이것을 인정하지 않으려는 심리에서 조울증이 생긴다고 합니다. 즉 우울증을 부정하려는 반동에서 오히려 조증으로 되는 경우입니다. 그 외의 원인들은 우울증의 원인과 동일합니다.

2. 조울증의 진단

조울증(양극성장애)은 흔히 조증이 한번 심하게 발병되거나 혹은 여러번 발병되는 질병을 칭합니다. 조울증 환자 중 일부에서는 우울증이 먼저 나타나기도 하고, 조증 삽화(중간/사이) 사이에 우울증을 겪기도 합니다. 이는 우울증환자가 어느정도 시간이 지나면 조증으로 진전된다는 뜻입니다. 조울증 환자의 60% 내지 70%의 경우는 우울증부터 발병합니다. 그러나 일부는 우울증이 전혀 나타나지 않는 경우도 있으며 이런 경우도 병명은 같습니다. 이들 모든 경우에 일반적으로는 조울증 혹은 양극성 장애라고 부릅니다. 결국, 조울증이란 우울증과 조증이 반복해서 일어나는 주기성을 가지는 재발이 가능한 질병입니다.

조울증의 진단은 의사의 면담과 신체적 질환 검사, 심리 검사 등을 통해 이루어집니다. 우선 신체적 질병이나 약물에 의한 것인지를 감별하여 진단하여야 합니다. 조울증은 심각한 정도에 따라 경도, 중등도, 중증으로 나뉘며 그 치료법도 다양합니다. 그러므로 정확하게 진단을 한 후, 면담을 통한 원인 규명과 치료 전략을 수립하는 것이 매우 중요합니다.

조울증 환자의 경우 그들의 건강상태 및 신체질병의 유무를 정확히 진단하는 것이 매우 중요합니다. 갑상선기능항진증, 쿠싱증후군, 뇌졸중, 뇌암, 경련성 질환 등 여러 종류의 신체질환에 의해서 조울증이 발병할 수 있습니다. 이를 알아내기 위해서는 면밀한 검사 과정을 거쳐야 합니다. 일반혈액검사, 간기능검사, 신장검사, 당뇨검사, 전해질검사, 일반뇨검사, 심장기능검사, 갑상선기능검사, 간염검사, 매독반응검사, 흉부 X선 촬영, CT(두부 전산화 단층촬영) MRI(뇌자기공명촬영), 뇌 SPECT 촬영, 뇌파검사, 다원수면검사, 다면적인성검사, 종합심리검사, 신경인지검사, 우울증 척도 검사 등 많은 검사들을 함으로써 병의 실체를 밝혀내고 이에 따라 효과적인 치료를 할 수 있습니다.

1) 조울증의 조증 시기의 진단: 조증이라고 하려면 우선 비정상적으로 의기양양하거나, 과대하거나 과민한 기분이 적어도 1주간(만약 입원이 필요하다면 기간과 상관없이) 지속되는 분명한 기간이 있어야 합니다. 그리고 이 기간 동안 다음의 증상 가운데 4가지(이상)가 지속되며 심각한 정도로 나타나야 합니다.

첫째, 조증 시기

① 조용하고 차분하던 사람이 평소와는 달리 돈 씀씀이가 커져 자기 분수에 넘치는 값비싼 물건을 마구 사들이는 경우에 조울증을 의심해보아야 합니다. ② 무모한 사업 계획, 투자 계획을 세우고 실행에 옮기려고 하는 경우에 조울증을 의심해보아야 합니다. ③ 말도 많고 빨라지고 목소리도 커지며 자신감에 넘쳐 자기주장이 강해지는 경우에 조울증을 의심해보아야 합니다. ④ 쓸데없는 전화도 많이 하고 별로 잘 알지도 못하는 사람도 많이 만나며 활동적이 되는 경우에 조울증을 의심해보아야 합니다. ⑤ 자기가 세운 무모한 계획을 수행한다며 밤늦게까지 일하고 잠도 잘 안자는 경우는 조울증을 의심하여 보아야 합니다. ⑥ 성적으로 문란해지고 과음을 자주 하게 되는 경우에 조울증을 의심해보아야 합니다. ⑦ 자신에게 새로운 힘 또는 능력(초능력)이 생겼다거나 자신이 큰 힘 또는 권력을 가진 사람이

라는 과대적인 생각에 빠진 경우에 조울증을 의심해보아야 합니다. ⑧ 자신을 누군가가 감시하고 도청을 하며 괴롭히고 있다는 생각을 갖고 있는 경우에 조울증을 의심해보아야 합니다. ⑨ 아무도 없는 조용한 방에서 다른 사람이나 신의 목소리를 듣게 되는 경우에 조울증을 의심해보아야 합니다. ⑩ 과격한 행동, 난폭한 행동, 이상한 행동을 하는 경우에 조울증을 의심해보아야 합니다.

둘째, 우울증 시기: 앞 우울증의 진단과 치유를 참고하세요.

2)조울병 자살 위험'우울증 3배': 우울증이 자살을 부르는 원인이 된다는 건 비교적 잘 알려져 있습니다. 그렇지만 이보다 더 무서운 것이 조울병입니다.

3) 발병연령: 첫 번째 조증 증상이 나타나는 평균 연령은 20대 초반이지만 청소년기나 50세 이후 갱년기에 시작되기도 합니다. 조증 증상은 전형적으로 갑자기 시작되고 수일이내에 증상이 빠르게 악화되며, 심리사회적 스트레스에 뒤따라 자주 일어나는 것으로 알려져 있습니다. 조증의 기간은 보통 2-3주부터 5-6개월까지 지속되고 우울증의 기간보다 더 짧고 갑작스럽게 끝나지만 50-60%에서 우울증이 조증 증상 이전이나 이후로 정상 기분의 기간 없이 연속으로 나타날 수 있습니다. 만약 조증 증상이 산욕기에 나타난다면 그다음 산욕기에 재발될 위험성 또한 높습니다.

4) 재발빈도: 조울증에서 한번 조증 증상을 경험한 사람들의 90% 이상이 장차 조울증의 증상을 재경험하게 되는데 특히 40-50%가 첫발병 후 2년내 두 번째 발병이 있다고 합니다. 또 조증 증상을 보인 환자들 중 약 60-70%는 우울증 직전이나 직후에 발생하는데 개인마다 특징적인 양상으로 우울증에 선행하거나 뒤이어서 나타납니다. 조울증의 평생 빈도는 재발성 우울증에 비해 높은 경향이 있습니다. 여러 연구에서 리튬 치료를 받기 이전의 조울증의 경과를 보면 평균 10년 동안 네 번 조울증의 증상이 발생하며 조울증의 증상 사이의 시간 간격은 나이가 증가하면서 감소하는 경향을 보이고 있습니다.

조울증을 가진 사람들 가운데 약 5-15%는 1년 동안 여러번 (네 번 이상) 기분 증상(우울증, 조증, 혼재성, 또는 경조증)을 경험하며 만약 이러한 양상이 나타난다면 급속 순환성으로 진단됩니다. 급속 순환성은 예후가 보다 불량하다고 알려져 있습니다. 또 대다수의 환자는 우울증과 조증이 함께 있지만 10-20%는 단지 조증만 나타납니다.

5) 조울증의 예후: 조울증을 앓았던 대다수의 개인들은 증상 사이 기간에 완전히 정상으로 돌아오지만 일부(20-30%)는 불안정한 기분과 대인 관계에서의 장애 및 직업에서의 장애가 계속됩니다. 정신병 증상이 없는 조증이 생기고 난 후 며칠이나 몇 주가 지나서 환청이나 망상 등 정신병적 증상이 나타나기도 하는데, 이런 양상이 있는 조증을 경험한 환자는 그 다음의 조

증 증상에서도 정신병적 양상을 나타내는 경향이 있습니다.

또 현재의 조증 증상이 기분증상과 조화되지 않는 정신병적 양상을 동반할 때 불완전하게 회복되는 경우도 흔합니다. 조울증 증상이 있는 사람들의 자살 성공률은 10-15%이며. 아동 학대, 배우자 학대, 기타 폭력적인 행동은 환청, 망상 등 정신병적 증상과 함께 나타나며 또는 심한 조증 기간 중에도 나타날 수 있습니다. 연관되는 다른 문제로는 학교 무단결석, 학업 실패, 직업적 실패, 이혼, 또는 반사회적 행동 등을 포함하며 관련되는 다른 정신장애들은 신경성 식욕부진증, 신경성 폭식증, 주의력-결핍 및 과잉행동장애, 공황장애, 사회공포증, 물질 관련 장애 등이 있습니다.

특히 조증인 경우 무모한 투자를 하거나 싼 값에 부동산을 처분하는 등 회사일이나 재산상의 막대한 손실을 끼칠 수가 있으므로 법적인 조치까지 해야할 필요가 있습니다.

3.조울증의 치유

모든 정신장애의 치료가 그러하듯이 조울증의 치료도 크게 약물 치료와 정신치료와 영적치유로 나눌 수 있습니다. 조울증에서는 조증이나 우울증이 반복되므로 약물치료는 환자의 상태에 따라 달라질 수 있습니다. 현재 조증이나 우울증에서 이용되는 치료약물이 개발되어 있으며 이런 약물들은 증상의 치료 뿐 아니라 재발의 예방에도 효과가 있습니다. 대개 치료에 대한 반응이 좋으며 병의 경과 또한 양호한 편이므로 이 질환의 치료에 대해 크게 걱정하지 않아도 좋으나, 재발이 잦은 질환이므로 이 질환에 대한 이해를 높이는 것이 환자나 가족에게 도움이 될 수 있습니다.

1) **조증 시기의 치료**: 심한 조증의 경우 안전한 약물 치료와 조증에서 일어날 수 있는 행동문제를 최소화하기 위하여 입원치료를 하는 것이 좋습니다. 입원하여 어느 정도 안정이 된 다음에 영적치유를 해야 합니다. 질병이 심하면 영적치유가 불가능합니다. 병원에 입원을 하게 하여 어느정도 안정을 취한 다음에 말씀과 성령으로 영적치유를 해야합니다. 입원을 시킨 다음에 부모가 영적인 치유를 받게 하면 더욱 쉽게 환자를 치유할 수가 있습니다.

2) **조증의 치료 약물**: 리튬은 현재 조증의 치료에 가장 흔히 쓰입니다. 리튬은 뇌내 여러 신경전달물질들이 균형을 이루도록 조절해 줍니다. 리튬은 치료받은 환자의 70%에서 좋은 효과를 보이고, 20%는 완치를 기대할 수 있습니다. 그래서 의학적으로는 20%가 치유될 수 있다는 것입니다. 우울 장애의 가족력이 있거나, 조증기와 우울증기 사이에 상대적으로 정상적인 기분을 가지는 시기가 있는 환자들이 리튬에 가장 잘 반응합니다.

리튬은 조증에 효과적이며, 반복되는 우울증을 예방하기도 합니다. 부작용으로는 신장 효과(갈증, 다뇨증)가 있는데, 세뇨관 기능의 손상, 드물게 신증후군도 초래합니다. 그밖에 중추신경 효과(진전, 기억상실), 대사성 효과(체중 증가), 위장관계 효과(설사), 피부 효과(여드름, 건선), 갑상선 효과(갑상선 종, 점액부종) 등이 나타날 수 있습니다.

3) 영적치유: 먼저 환자와 보호자가 자신들의 상태를 인정해야 합니다. 그리고 예수님만이 자신의 병을 치유할 수 있다고 믿어야 합니다. 치유에 앞서 반드시 예수를 영접해야 합니다. 예수를 영접한 후에 집중적인 치유에 들어가야 합니다. 먼저 성령으로 세례를 받아야 합니다. 성령의 역사가 있어야 내면의 상처가 치유되면서 조울증의 증상들이 치유되기 시작을 합니다. 환자와 보호자가 의지를 가지고 지속적으로 말씀을 들으면서 성령의 역사에 순종하며 치유를 받아야 합니다. 성령의 역사를 체험하면 상태가 악화되는 경우도 있습니다. 상태가 악화되었다고 당황하지 말고 지속적으로 치유를 받으면 점점 평안해 지면서 자신이 치유되고 있다는 것을 체험적으로 알게 됩니다. 기도는 소리를 내서 기도를 해야 합니다. 주여! 주여! 주여! 하면서 소리를 내서 기도를 해야 잡념에 사로잡히지 않습니다. 이렇게 지속적으로 내적치유를 받다 보면 악한 영들이 축사 되기 시작 합니다. 축사 되기 시작하면 점점 상태는 호전 됩니다. 절대

로 단 시일에 치유를 받으려는 생각은 금물입니다. 자신이 말씀과 성령으로 장악되는 만큼씩 치유됩니다. 절대로 단시일에 치유되지 않습니다.

만약에 단시일에 치유가 되었다고 하더라고 얼마 지나지 않아서 다시 발생합니다. 그러므로 장기적인 치유를 받으려고 해야 합니다. 환자가 사역자가 전하는 말씀을 알아들으면서 아멘으로 화답하기 시작해야 치유가 시작되는 것입니다. 저의 경험으로 보아 환자가 의지를 가지고 집중적인 치유를 받았을 때 모두 치유가 되었습니다. 정신신경과 약을 복용하는 사람은 일정기간 약을 먹어 가면서 치유를 받아야 합니다. 상태가 호전 되었다고 담당의사의 지시 없이 약을 중단하면 안 됩니다. 약을 십년을 먹었어도 환자가 의지만 있으면 치유가 됩니다. 조울증으로 고생하는 분들은 희망을 가져야합니다. 죽은 자를 살리시는 예수님이 나의 병을 꼭 치유하여 주신다는 믿음을 가지고 치유에 응해야 합니다. 절대로 환자의 의지 정도에 의해서 치유가 되느냐 안 되느냐가 결정이 되는 것입니다. 좌우지간 성령의 역사가 일어나야 합니다. 성령의 역사 없이 말만 가지고는 치유되지 않습니다.

4.조울증의 예방

조울증을 예방하기 위해서는 이들 질환을 유발하는 요인을 밝혀내는 것이 중요합니다. 이들 유발요인으로는 유전적 요인들, 생물학적 요인들, 그리고 정신사회적 요인들이 서로 복잡하게 같이 작용하는 것으로 알려져 있습니다.

1) 유전적, 생물학적 요인에 대한 예방

유전적, 생물학적 요인들에 의해 발생하는 변화는 뇌에서의 신경전달물질이 불균형을 이루어 나타나는 것으로, 이는 약물의 복용에 의해 균형을 맞출 수 있습니다. 그러므로 이들 질환의 예방을 위해서는 정신과 의사와의 상담을 통한 약물 복용을 어느 시점까지 하는 것이 좋습니다. 심한 경우의 예입니다.

2) 정신사회적 요인에 대한 예방

정신사회적 요인으로는 직장의 상실이나 징계, 갑작스러운 사고와 같은 일상생활에서 일어나는 여러 가지 사건들, 소중한 사람들과의 이별, 가족의 죽음, 재산의 손실 등과 같은 생활사건, 환경적 스트레스 등이 있습니다. 현대 사회에서 발생하는 많은 스트레스와 긴장을 피할 수 있는 방법은 없지만, 이에 효과적으로 대응하여 적절하게 대처할 수는 있습니다. 조울증에 걸리는 사람들의 중요한 성격 특징은 사소한 일에 너무 많이 신경을 쓰는 것입니다. 교통체증에 걸려서 차가 꼼짝 못하고 있을 때에는 지나치게 눈앞의 상황에만 신경쓰지 않고 목적지에 도착한 후의 즐거운 만남을 상상해보는 것도 좋은 방법입니다. 스트레스를 받았을 때 자신이 취하는 사고방식과 행동, 그리고 그로 인한 결과들을 면밀히 검토한다면 유사한 상황에서 효과적으로 대처할 수 있는 방법들을 더 많이 찾아낼 수 있습니다.

또 이들의 특징 중 하나는 지나간 과거의 일에 지나치게 집착하는 것입니다. 이들은 자신들의 지난 과거가 다른 사람들보다 불행했었다고 생각합니다. 과거에 매달려 있는 사람들은 그 만큼 현재에 충실할 수 없습니다. 이러한 생각은 이들을 몹시 피곤하게 하고 무가치·무기력하게 만들며 절망감에 빠지게 합니다. 그러한 부정적인 사고나 감정은 이들로 하여금 모든 것을 포기하게 만들기도 하며, 상황을 정확하게 판단하지 못하게 합니다. 그러므로 긍정적인 사고를 가질 수 있도록 노력하는 것도 예방에 도움이 됩니다.

3) 스트레스에 대한 대처방안

이들은 스트레스를 받았을 때 어떻게 해야 할 바를 모르는 경우가 많습니다. 우선 자신들이 받고 있는 스트레스가 무엇인지를 파악해야 합니다. 예를 들어, 그 원인이 가족 구성원들과의 갈등 때문인지, 직장에서의 압력 때문인지, 자신에 대한 기대가 충족되지 않아서인지 등을 명확하게 파악해야 문제해결을 할 수 있게 됩니다. 또한 스트레스를 받았을 때 그들이 취하는 사고방식과 행동, 그로 인해 발생하는 결과들을 자세히 검토할 경우 유사한 상황에서 효과적으로 대응할 수 있게 됩니다.

4) 가족이나 친지, 친구들의 도움

이들은 우울한 느낌으로 인해 주변의 누구로부터도 도움을 받을 수 없다고 느낍니다. 하지만 그러한 생각으로 인해 고립되고 격리되어 생활하게 되면 점점 그 증상이 악화될 수 있습니다. 주변의 가까운 친지나 가족들과 함께 지내도록 노력하는 것이 조울증의 예방에 도움이 될 수 있습니다. 그러면서 기분을 좋아지게 할 수 있는 활동에 참가하는 것도 방법이 될 수 있습니다. 운동, 영화, 종교, 사회 활동 등 어떤 것도 좋으나 너무 무리하지 않는 것이 좋으며, 즉시 기분이 좋아지지 않는다고 초조해 할 필요는 없습니다. 이런 활동에 몰입하다보면 다른 각도에서 자신의 감정을 되돌아볼 수 있는 눈이 생기기도 합니다.

5) 가족을 위한 대책

일반적으로, 조울증 환자의 가족들도 역시 도움을 필요로 합니다. 조울증을 갖고 있는 환자들은 정신치료가 도움이 될 수 있습니다. 이 질환이 가정생활에 큰 장애를 가져올 뿐 아니라, 환자와 같이 생활함으로써 받는 스트레스가 크기 때문입니다. 가족들은 이러한 문제에 대해 대처하는 방법을 배우고, 치료에 능동적인 역할을 해야 함을 배워야 합니다. 뿐만 아니라 질병에 대한 교육도 받아야 합니다. 조울증의 원인과 증상, 치료, 예후 등에 대해 잘 알고 있어야 합니다. 특히 재발을 잘 하는 질병이므로 재발을 예방하는 것이 중요한데 이를 위해서는 가족이 먼저 이 질병에 대해 잘 알고 적절히 대처해야 하기 때문입니다.

즉 환자의 가족들이 만성적이고 재발을 되풀이하는 질병으로 인한 충격을 처리해 나가고 환자로 하여금 약물을 규칙적으로 복용하게 하고, 이런 약물치료를 계속해야 할 필요성을 받아들이고, 자녀에 대한 유전의 위험성에 대해 알고 있어야 합니다.

6) 성령 충만한 믿음생활

조울증을 예방하려면 제일 중요한 것은 내면을 하나님의 은혜로 채우는 일입니다. 어떤 치유보다도 영성이 중요합니다. 하나님 중심의 생활을 해야 합니다. 하나님 안에 건강과 축복이 있습니다. 성령이 충만한 교회에서 정기적인 예배를 빠지지 말고 드려야 합니다. 성령치유 집회를 한다면 열심히 참석하여 성령으로 충만하게 지내야 합니다. 사람을 사귀더라도 성령으로 충만하고 긍정적인 사람을 사귀어야 합니다. 지속적인 영성을 유지해야 합니다.

대략 조울증이 있던 사람들이 사람을 사귀는데 자신하고 처지가 같은 사람을 사귀는 경우가 많습니다. 그러나 그런 사람과는 멀리하고 하나님의 은혜로 영육이 강건한 사람과 사귀려고 노력을 해야 합니다. 대부분 조울증이 있던 분들은 아직 말씀과 성령으로 충만한 상태가 아니므로 다른 사람의 영육의 문제가 자신에게 전이되기 쉽습니다. 그러므로 믿음이 있는 축복 받는 사람과 가까이 지내기를 바랍니다. 자신을 영적으로 이끌어

주는 지도자를 잘 만나야 합니다. 영성이 있고 정신적인 문제를 치유할 수 있는 권능이 있는 지도자를 만나는 것이 좋습니다.

자신의 영육을 성령으로 장악하게 해야 합니다. 그래야 재발하지 않습니다. 절대로 성령으로 충만하게 지내면 재발하지 않습니다. 그러므로 무엇보다도 성령으로 장악되는 것이 중요합니다. 하나님도 성령으로 천지를 장악하고 천지 창조를 했습니다. 당신이 성령으로 장악만 된다면 다시는 조울증으로 고통당하지 않습니다. 주의 말씀 안에 거하려고 노력해야 합니다. 하나님의 말씀은 우리를 보호하는 울타리입니다. 성령의 임재 하에 말씀을 묵상하여 심령에 말씀을 새겨야 합니다.

될 수만 있으면 하나님에게 아낌없이 드리려고 하시기를 바랍니다. 물질이 있는 곳에 마음이 있습니다. 가정의 분위기를 영적으로 유지하면 좋습니다. 항상 보혈이 있고 성령 충만한 찬양이 은은하게 들려지는 분위기를 만드시기를 바랍니다. 될 수 있는 한 TV는 멀리하는 것이 좋습니다. 보더라도 치유에 도움이 되는 프로를 보아야 합니다. 절대로 슬프거나 이별하는 드라마는 금물입니다. 영적인 책을 가까이 두고 읽으시기를 바랍니다.

치유에 관한 책도 좋습니다. 성령이 충만하게 하는 책을 가까이 두고 읽으려고 하시기를 바랍니다. 그리고 성령치유 집회 실황 녹음 CD를 듣는 것이 좋습니다. 충만한 교회에 많이 준비되어 있습니다. 항상 꿈과 믿음을 가지고 착하고 선하게 살아가려고 하십시오. 꿈이 있는 사람과 가정, 나라는 망하지 않습니다. 나는 건강하다는 것을 자신의 무의식에 심으려고 해야 합니다. 우리 주변 사람들과 좋은 관계를 유지하는 것이 정신 건강에 좋습니다. 절대로 사람들과 앙금이 쌓이지 않게 하십시오. 땅에서 풀면 하늘에서 풀립니다. 계속 입술로 선포하며 명령하시기를 바랍니다. 나를 우울하게 하는 악한 영은 떠나가고 기쁨의 영이 임할지어다. 잡념을 주는 악한 영은 물러가고 머리가 맑아질 지어다. 머리에 산소가 잘 공급이 될지어다. 머리에 피가 잘 순환될지어다. 마귀의 유혹에 대적하여 싸우시기 바랍니다. 예수 이름으로 마귀와 싸워 이겨야 합니다.

환경이 어려워도 환경에 지지 말아야 합니다. 환경을 이기는 자가 되어야 조울증에서 해방을 받을 수가 있습니다. 아무리 어려워도 절망감을 가지지 말아야 합니다. 우리의 승리는 영적인 부분에서 시작됩니다. 우리를 둘러싼 환경은 실상이 아니라, 허상이라는 것을 알아야 합니다. 지나가는 스크린에 지나지 않습니다. 이러한 것들에게 충격을 받지 말아야 합니다. 환경을 두려워하지 말아야 합니다. 우리는 믿음으로 환경을 만들어가야 합니다.

이외에도 운동과 적당한 수면, 휴식을 통한 신체의 리듬과 건강의 유지, 긍정적인 사고, 효율적인 여가생활 등이 조울증의 예방에 도움이 됩니다. 조울증 시기에는 자살의 위험이 높고, 조증 시기에는 재산상의 손실 위험이 높습니다. 미혼 여성의 경우 분별없는 이성관계로 충격적인 상처를 당할 수도 있습니다. 이런 점에 특히 유념해야 합니다.

조울증은 안수한 번에 치유는 불가능합니다. 지속적으로 말씀을 듣고 기도하여 성령으로 충만해야 합니다. 충만한 교회에서는 매주 화-수-목요일 오전 11시부터 오후 4시 30분까지 성령능력 전문치유집회를 합니다.

매주 다른 과목을 가지고 집회하여 말씀의 비밀을 깨닫고, 성령으로 충만 받아 자기 영을 자신이 지킬 수 있도록 훈련합니다. 목회자들은 자신이 치유되면서 성령의 권능이 나타나 능력 있는 목회를 할 수 있게 됩니다.

성도는 자신의 영육이 치유되면서 영적인 자립을 하도록 사역을 합니다. 매주 무료집회로 회비는 없습니다. 단 매주 교재가 있어서 구입해야 입장이 가능합니다. 교재비는 2만원입니다. 우울증이 심한분은 토요일 날 개별집중치유에 예약하며 치유 받으면 좀 더 빨리 치유가 될 것입니다.

7장 불면증의 예방과 치유 비밀

(시127:2)"너희가 일찍이 일어나고 늦게 누우며 수고의 떡
을 먹음이 헛되도다 그러므로 여호와께서 그의 사랑하시는 자
에게는 잠을 주시는 도다."

불면증은 잠이 쉽게 들지 못하고 잠을 자도 자주 깨며 이른
아침에 깨는 특징을 갖는 증상을 일컫는 말입니다. 불면증은 밤
에 잠을 잘 이루지 못하는 불편뿐 아니라, 낮 시간의 활동에도
영향을 미쳐서 주의집중의 저하나 피로감으로 작업장에서 재해
의 원인이 되기도 하고, 졸리움으로 인한 교통사고의 위험이 증
대되기 때문에 이에 대한 사회적 관심이 증가되고 있는 추세입
니다. 국제수면협회의 자료에 의하면, 일 년 동안 인구의 27%
에서 일시적인 또는 간헐적인 불면증상을, 인구의 9%에서는
만성적인 불면증을 보인다고 하였습니다.

불면증은 편의상 6개월 이상 지속되는 만성 불면증과 4주 미
만동안 지속되는 급성 또는 단기불면증으로 나누고, 임상적으
로는 흔히 최소한 3-4주이상 지속적인 불면 증상을 보이는 경
우 치료 대상으로 삼습니다. 만약 불면증이 6개월 이상 지속이
되는 경우는 흔히 여러 가지 소인(예 : 불안증)과 촉발인자(예:
새로운 직업), 영구화시키는 인자(예: 술 혹은 수면제 남용)를

가지고 있기 때문에 아주 복잡한 양상을 띠게 됩니다. 이때는 수면제의 지속적인 복용, 불면과 수면제에 대한 두려움, 붕괴된 수면의 각성리듬과 아주 나빠진 수면 위생으로 치료가 더욱 어렵게 됩니다. 이러한 불면증은 반드시 원인에 대한 정확한 평가가 이루어져야 제대로 치료를 받을 수 있기 때문에 이런 경우 꼭 정신과 의사나 가정의를 찾아보길 권합니다.

1.불면증 증상

1) 불면증 증상과 불면증의 심각한 증상.
① 수주 이상 거의 밤마다 잠이 들기 어려울 경우는 불면증입니다. ② 잠이 들기 어렵기 때문에 불안하여 잠자리에 들기가 무서울 경우는 불면증입니다. ③ 낮 동안 몹시 피곤하고 제대로 집중하거나 활동할 수 없을 경우는 불면증입니다. ④ 잠을 자기 위해 술이나 약물에 의존할 경우는 불면증입니다.

2) 수면의 기능에 대해
수면의 기능은, 잠을 못 자게 했을 때 나타나는 현상을 보고 짐작할 수 있습니다. 사람에게 잠을 못 자게 하면 결국엔 자아 붕괴, 환각, 망상이 나타납니다.

동물실험에서 수면박탈은 음식섭취증가, 체중감소, 체온저하, 피부장애 그리고 사망까지 초래함을 보였습니다. 꿈을 못

꾸게 해도 과민성, 피로가 나타납니다.

질병, 과로, 임신, 스트레스, 정신기능 과다 등이 있을 때 수면요구가 많아집니다. 잠이 적은 사람이 잠이 많은 사람보다 능률적이고 야심적이며, 만족해한다고 합니다.

3) 수면은 크게 5가지 기능을 갖는다.

① 낮 동안 소모되고 손상된 부분(특히 중추신경계)을 회복시켜 주는 기능이 가장 중요한 수면기능중의 하나입니다.

② 발생학적 기능인데 그래서 급속안구운동수면(REM 수면)은 특히 성장이 활발한 신생아에서 더욱 활발합니다.

③ 인성학적 기능으로 수면은 낮 동안의 생존기능과 본능적 보존 기능을 잘 할 수 있도록 준비시키고 조절 연습하도록 합니다.

④ 인지적 기능으로 특히 급속안구운동수면이 낮 동안 학습된 정보를 재정리하여 불필요한 것은 버리고 재학습 및 기억시키는 기능을 합니다. 급속 안구운동, 수면 중 단백질 합성이 증가되는 것은 학습된 정보를 기억으로 저장시키는 과정이기도 합니다.

⑤ 감정조절기능입니다. 불쾌하고 불안한 감정들이 꿈과 정보 처리를 통해 정화되어 아침에는 상쾌한 기분을 갖도록 해줍니다. 특히 흥미로운 것은 우울감정과 수면의 관계입니다. 건강한 사람에서는 충분한 수면을 취하고 나면 우울한 감정이 감

소 되는 현상을 보이나 어떤 사람들에서는 수면이 우울감정을 악화시킵니다. 그래서 이런 환자들에게는 수면박탈을 통해 우울을 치료합니다.

4) 원인과 발생기전

불면증은 크게 3가지 원인이 있습니다.

① 정신과적 질환과 동반된 경우인데, 이 경우는 정신과 장애와 관계된 수면장애로 분류합니다.

② 신체장애가 그 원인인 경우는 신체장애와 관계된 수면 장애로 분류합니다.

③ 스트레스, 입원과 일상의 중대한 변화 등과 같은 환경적 변화로 생긴 불면증으로 흔히 억압이 많고 완벽주의 성향이 강한 강박적 성격의 사람들이 수면이 자기 뜻대로 조절되지 않을 때 쉽게 긴장하고 불안해 질 수 있습니다. 그런데 이런 사람은 낮에는 잘 지내다가 수면시간이 가까울수록 정신 생리학적 긴장과 각성이 높아지면서 불면증으로 이행될 수 있습니다.

내가 내적치유 하다가 어려서 물에 두 번 빠져서 사경을 헤매다가 구출되었고, 불속에서 한 번 구출된 경험이 있는 60세 된 목사님을 내적치유와 축귀를 통하여 치유한 경험이 있습니다. 이 목사님이 불면증으로 2년을 고생하시다가 저의 충만한 교회 성령치유 집회에 연속적으로 참석했습니다. 여러 곳을 다니면서 치유를 받으려고 했지만 불면증을 치유 받지 못하다가 국민일보 광고를 보고 참석하기 시작했습니다. 몇 개월 동안 열심히 다니면서 능력과 치유를 받았습니다. 그런데 어느날 아마 밖의 날씨가 영하 8도 정도 내려갈 때인데 집회를 마치고 집으로 가려고 하는데 내가 보니까 땀을 비가 내리듯이 흘리면서 몸을 가누지를 못하는 것이었습니다. 그래서 내가 그냥 가시면 안 된다고 잠시 안정을 취하고 가시라고 의자에 앉게 했습니다.

그리고 머리에 손을 얹고 안수하며 기도를 했습니다. 그러니까, 성령께서 이렇게 감동을 하시는 것입니다. "어려서 심하게 놀란 일이 있다. 본인에게 한번 물어보아라." 그래서 본인보고 어렸을 때 놀란 일이 있는지 생각하여 보라고 했습니다. 그랬더니 한참을 눈을 감고 생각하더니 "목사님 이제 생각이 났습니다. 제가 물에 두 번 빠져서 죽을 뻔 했는데 하나님의 은혜로 살아나왔습니다. 그리고 불에도 한번 들어가서 타죽을 뻔 했습니다."

그래서 제가 안수를 시작했습니다. 성령이여 임하소서. 성령이여 사로잡으소서. "불속에 집어넣고, 물속에 집어넣어 죽이려고 했던 귀신아 내가 예수 이름으로 명하노니 정체를 밝히고 나와라. 정체를 밝히고 나와라." 하니까 한참을 흐느끼다가 서서히 정체를 드러내기 시작했습니다. 온몸이 부르르하고 한참을 떨었습니다. 숨을 몰아쉬더니 기침을 한동안 사정없이 하다가 떠나갔습니다. 목사님 얼굴이 아주 평안한 상태가 되었습니다. 그렇게 줄 줄 줄 흐르던 땀이 싹 멈추었습니다. 축귀를 한후에도 계속 몇 개월 동안 다니면서 은혜를 받았습니다. 목사님이 저의 사모에게 축귀를 받고 2년 동안 고통당하던 불면증을 치유 받았다는 것입니다.

2.불면증의 치료

세상에서는 크게 세 가지 원칙에서 행해집니다.

첫째, 원인론적 치료입니다. 정확한 다원수면 검사를 통해 원인을 밝혀 그 원인을 제거하는 것이 가장 중요합니다.

둘째, 수면환경 요법입니다. 이는 불면증 치료뿐만 아니라 일반인의 수면건강을 위해서도 강조되어야 할 내용입니다. 건강한 수면을 위해서는 가능한 충분한 수면 시간을 취하고, 규칙적인 생활을 하는 것이 중요합니다.

① 규칙적인 기상시간을 지킬 것. ② 평소 수면시간만큼만 침상에 있을 것. ③ 불규칙한 낮잠을 피하고, 아무 때나 드러눕지 말 것. ④ 잠을 충분히 잠으로 일어났을 때 상쾌한 기분을 갖도록 할 것. ⑤ 안락하고 적절한, 소음이 차단된 그리고 따뜻한 수면환경을 조성할 것. ⑥ 적당한 운동량과 자극량을 유지할 것. ⑦ 저녁시간에 자극적인 것을 피할 것. ⑧ 잠자기 전 20분 정도 뜨거운 샤워(체온을 올리는)를 해볼 것. ⑨ 일정시간에 식사할 것, 수면 전 과식을 피할 것, 그러나 자기 전에 배고픔을 잊

기 위해 소량의 우유나 스낵등을 먹는 것은 도움이 될 수 있습니다. ⑩ 그리고 술(잠이 잘 오기는 하나 자주 깨게 한다)과 담배, 지나친 각성음료등 중추신경계 작용물질을 피할 것. ⑪ 정기적으로 저녁에 이완요법(근육이완, 명상)을 시행해 볼 것. ⑫ 자기 전에 물을 많이 마시지 말 것. ⑬ 잠이 안와 초조하거나 화가 날 때, 자꾸 자려고 하지말고 일어나 불을 켜고 침실을 나와 쇼파에 앉아 깊은 기도를 하는 것도 좋습니다. 호흡을 들이쉬면서 예수님! 내쉬면서 사랑합니다. ⑭ 그러나 아무리 적게 잤어도 다음 날 제시간에는 일어날 것. ⑮ 자꾸 시계를 보게 되면 시계를 감추어 버릴 것, 그리고 낮에 아무리 복잡한 일이 있고 나쁜 감정이 있었더라도 그날 자기 전에 정리하여 가능한 한 단순하고 편한 마음으로 잠자리에 들것 등입니다.

셋째, 행동 및 인지요법, 이완요법, 역설적 노력, 집중 및 범주화, 단순자극, 수면제한, 자극-조절치료. 깊은 영의기도 등의 적절한 사용이 있습니다. 깊은 영의기도는 수면위생과 함께 행동치료는 정신생리적 및 다른 불면증 치료에 도움이 될 수 있습니다. 행동치료요법으로는 깊은 영의기도, 이완요법, 수면제한 치료, 자극조절요법 등이 있는데 궁극적인 목표는 잠들기 전에 호흡을 깊게 하면서 깊은 영의기도 또는 근육의 이완을 통해 각성정도를 낮추고, 졸리울 때만 잠자리에 들도록 하여 수면의 질을 높이는 것입니다. 영적으로 깊어지면 마음이 평안해 지므로 잠을 잘자게 됩니다. 깊은 영성을 유지하는 방법은 이런 것이 있습니다.

1) 깊은 영의기도: 호흡을 깊게 들이쉬고 내쉬면서 깊은 기도를 하는 것입니다. 자세한 것은 "깊은 영의기도 숙달하는 비결"를 읽어 보세요.

2) 점진적 이완훈련: 점진적 이완훈련은 긴장이 물리적일 때 예를 들어 근육을 이완시키는데 어려움이 있을 때 효과적입니다. 점진적 이완, 명상, 심호흡, 숫자세기와 같은 이완요법이 있으며 이 훈련을 더 자주 하면 할수록 더 잘 이완될 수 있습니다. 마음으로 에수님을 찾는 방법도 있습니다.

3) 자극-조절치료: 자극-조절 치료의 목적은 침대에 있으면서 잠을 잘 수 없다는 부정적인 연상을 깨는 것입니다. 이것은 특히 수면 초기 불면과 수면 중기 각성 증상이 있는 환자에게 효과적으로 사용됩니다. 규칙은 간단합니다. 졸리울 때만 잠자리에 들고 15분 이내 잠이 오지 않으면 잠자리에서 나오고 다시 잠을 잘 수 있을 것 같다고 생각될 때까지 잠자리에 들지 않습니다. 이것을 수분 이내에 잠을 잘 수 있을 때까지 반복합니다.

4) 수면제한 요법: 수면제한 요법은 침대에서 더 많은 시간 있으면 있을수록 수면이 더 분절되고, 반대로 적은 시간동안 침

대에 있을수록 수면이 더 응축된다는 관찰에 근거한 방법입니다. 늘 잠자는 시간에 15분 정도를 더한 시간만을 침대에 머물도록 하고, 이 과정을 8시간 혹은 원하는 시간만큼 수면을 취할수 있을 때까지 반복하는 것입니다. 이 과정 또한 효과적이 되려면 3-4주 가량이 걸립니다.

수면제한 요법이나 자극-조절요법 모두에서 매일 같은 시간에 일어난다든가 낮잠을 자지 않는다든가 하는 규칙은 늘 지켜져야 하며, 이러한 방법은 낮동안 매우 졸리울 수 있으므로 운전할 때는 조심하는 것이 필요합니다.

3. 말씀과 성령에 의한 영적치유.

불면증을 치유하는 방법 중에 제일 좋은 방법은 말씀과 성령으로 영적치유를 하는 것입니다. 저는 불면증으로 몇 년씩 고생한 사람들을 말씀과 성령으로 내적치유를 통해서 완전 치유하여 자유하게 한 체험이 많습니다. 그래서 불면증 환자는 먼저자신의 불면증은 하나님만이 치유하실 수 있다는 강력한 믿음이 있어야 합니다. 말씀과 성령으로 영적치유를 받겠다고 찾아와야 합니다. 교회나 치유센터에 찾아 나와서 말씀을 듣고 기도하며 성령을 체험해야 합니다. 성령을 체험해야 불면증을 일으키던 어두움의 세력들이 떠나가기 시작하는 것입니다.

분명하게 불면증을 일으키는 어두움의 세력이 있습니다. 이

어두움의 세력은 초자연적으로 역사하는 성령의 역사가 일어나야 떠나가는 것입니다. 왜냐하면 성령의 역사는 불면증을 일으키는 세력보다 강하기 때문입니다. 그런데 우리가 바르게 알아야 할 것은 성령의 체험은 말이 아닙니다. 성령으로 체험하면 영적으로 육적으로 본인이 느끼게 됩니다. 성령체험을 할 때 일어나는 현상은 이렇습니다. 잘 이해하고 거부하거나 두려워하지 않도록 하시기 바랍니다. ① 호흡이 깊어지거나 빨라지고 손이 찌릿찌릿 하기도 합니다. 이는 악 영과 성령의 대립 현상이나 상처를 풀어주는 현상이기도 합니다. ② 주체 못하게 울음이 터지거나, 웃음이 터지는 경우도 있습니다. 방언이 나오게 됩니다. ③ 가슴을 찌르고 무엇이 빠져나오는 아픔을 느낄 수 있습니다. ④ 위장이나 아랫배 부근에서 어떤 뭉치 같은 것이 움직이는 것을 느낄 수도 있습니다. ⑤ 큰소리가 속에서 터져 나오기도 하고 온 몸에 불이 붙은 것 같이 뜨겁기도 합니다. ⑥ 가슴이 답답하고 기침이 나오고 손과 입에서 불이 나오는 것을 느끼기도 합니다. ⑦ 기침, 하품, 트림이 나오고, 토하기도 하고 메스꺼움을 느끼기도 합니다. ⑧ 멀미하는 것처럼 속이 울렁거리며 아랫배가 심히 아프기도 합니다. ⑨ 머리가 아프고 어지럽고 몸이 감당하지 못하게 흔들리기도 합니다. ⑩ 때로는 얼굴이나 몸 전체가 뒤틀리다가 풀어져 평안해지기도 합니다. ⑪ 때로는 상당한 시간 동안 심신의 괴로움(머리가 어지럽고, 몸이 떨리고, 몸에서 열이 나는 등)의 현상이 일어날 수 있습니다. 이것은 일종의 성령의 임재와 치유의 현상이니 두려워말고 조금 있으면 없어집니다. 많은 분들이 이런 체험이 있은 후 영안이 열리고 능력이 나타납니다.

그리고 내적치유를 해야 합니다. 말씀을 들으면서 사역자의 안수를 받으며 내적치유를 2-3개월 받게 되면 웬만한 불면증은 모두 치유됩니다. 지금까지 우리 교회에 오셔서 불면증을 치유 받지 못한 성도는 거의 없습니다. 본인이 의지를 가지고 다닌 분들은 모두 치유 받았습니다. 저는 항상 이렇게 말합니다. 불면증은 불치병이 아닙니다. 성령을 체험하고 뜨겁게 기도하면서 내면을 치유하고 귀신을 축사하면 치유가 됩니다. 믿음을 가지십시오. 인내력을 가지고 영성훈련에 참여해야 합니다. 그러면 어느날 불면증은 깨끗하게 사라지고 말 것입니다.

불면증을 치유 받았다고 성령 충만한 믿음생활을 중단하면 조금 있다가 다시 재발합니다. 그래서 지속적인 말씀과 성령 충만한 믿음생활을 하여 영성을 유지하면 절대로 재발하지 않습니다.

우리 주변에 불면증으로 고생하는 분이 있다면 잘 권면하여 치유 받게 하시기를 바랍니다.

4. 약물치료

제일 좋은 방법이 영적인 치유라고 했습니다. 그러나 영적인 치유 기간 동안 잠을 잘 수가 없을 경우 의사의 처방에 따라 약물을 복용해도 무방합니다. 약물을 투여하면서 치유를 받다가 증상이 호전되면 약을 끊으면 됩니다. 세상의술을 사용하는데 너무 거부반응을 하면 안 됩니다. 필요하면 세상의술을 사용하면서 영적치유를 하는 것입니다. 그러나 내면치유 사역자가 약을 복용하라는 지시는 삼가는 것이 좋습니다. 절대로 본인의 판단에 맡겨야 합니다. 본인이 의지로 약을 먹지 않고 치유를 받겠다면 그 것보다 더 좋은 것은 없을 것입니다. 그러나 본인이 견디기 힘이 들어서 세상의술을 사용하겠다고 하면 본인의 판단에 맡기는 것이 좋습니다. 절대로 본인이 결정할 요소입니다.

약물치료로는 수면제 이외에 항히스타민제와 진정작용이 있는 항우울제, 항불안제, 항정신병약물 등이 사용될 수 있습니다. 불면증의 양상이나 건강상태에 따라 종류나 용량이 결정되어야 합니다. 주치의의 적절한 진단이 이루어진 후에 처방이 되어야 하고, 경과에 따라 주치의와 상담이 꼭 필요합니다. 수면제의 사용에는 몇 가지 원칙이 있습니다. 급성불면증에서 주로 사용하여 3주 이상 사용하지 않도록 합니다. 간헐적으로 사용합니다. 효과를 볼 수 있는 가장 낮은 용량을 사용합니다.
반감기가 짧은 약제들은 갑작스런 투약중단에 의한 금단을 예방하기 위해 점차 줄여서 끊어야 합니다.

5. 적당한 운동을 통한 치유

유산소 운동이 좋습니다. 될 수 있으면 등산을 하는 것도 좋습니다. 낮에 잠을 잔다면 밤에 잠을 못자는 것은 당연한 것입니다. 낮에는 활동을 해야 합니다. 헬스장 같은 곳에 가서 지속적으로 운동을 하는 것도 불면증 치유에 도움이 될 것입니다. 좌우지간 본인이 불면증을 퇴치하려고 부단한 노력을 해야 합니다. 성령이 충만한 교회에서 하는 성령치유집회를 참석하여 근본적인 영적문제를 해결하는 방법도 좋습니다. 성령치유를 해야 불면증을 일으키는 근원을 제거할 수가 있습니다.

그리고 불면증 환자가 금해야 하는 것은 낮잠을 자는 것입니다. 낮잠을 자면 밤에 잠이 오지 않는 것은 당연한 것입니다.

불면증은 반드시 치유가 됩니다. 성령으로 세례를 받고 내면의 상처를 치유하여 안정된 심령이 되어야 합니다. 기간을 단축하여 치유를 받으려면 매주 토요일 날 실시되는 개별집중치유를 받으면 좀 더 빨리 불면증을 치유 받을 수 있습니다. 집중 치유를 받으면 불면증뿐만 아니라. 다른 질병과 상처가 치유됩니다. 귀신이 축사되어 마음에 참 평안을 찾게 됩니다. 물론 성령의 은사도 받게 됩니다. 일석이조가 됩니다. 1주전에 정해진 선교헌금을 한 후에 예약을 해야 합니다. 선교헌금은 지정된 계좌에 입금하면 됩니다. 전화를 주시면 자세하게 안내하여 드립니다.

8장 울화병의 예방과 치유 비밀

(엡4:26-27)"분을 내어도 죄를 짓지 말며 해가 지도록 분
을 품지 말고 마귀에게 틈을 주지 말라"

화병이란 고부간의 갈등이나 남편의 외도 등 강한 스트레스
를 적절하게 해소하지 못하는 한국여성에서 주로 발생하는 '문
화결함증후군'의 하나로 알려져 있으며 현대사회에서 직장인들
의 주요한 직업병 중 하나이기도 합니다. 한 온라인 취업포털
사이트의 2007년 남녀직장인 1315명이 설문조사를 실시한 결
과 직장인의 63%가 직장생활 질병을 앓는다는 것으로 나타났
고 이 중에서 '화병' 등과 같은 스트레스성 질환이 30.4%를 차
지했습니다. 요즘 사람들은 여러 가지 어려움으로 인한 마음의
상처로 고통스러워합니다. 교회는 이들을 치유해야 합니다.

또한 가정들도 40% 이상의 이혼율을 보인다고 합니다. 그래
서 우리나라가 세계에서 이혼율이 2위라고 합니다. 정말 문제
가 아닐 수 없습니다. 남자들은 실직, 은퇴로 재취업을 하는 과
정에서 받는 스트레스로 화병(火病)에 걸려 병원을 자주 찾는다
고 합니다. 회사의 부도로 실업자가 된 47세의 김모씨는 불면
증에 시달린다고 합니다. 사소한 일에도 화가 나 부인과 자주
싸우다 보니 부부 사이도 별로 좋지 않게 되었고, 직장을 겨우

구하기는 했지만 마음에 들지 않는 등 삶의 의욕조차 없어졌습니다. 할 수 없이 도움을 청하기 위해 병원을 찾아갔습니다. 병원에 가서 검사를 해보니 화병이라는 진단이 나왔다고 합니다.

중년남성들에게 점점 많이 확산되고 있는 화병은 공통적으로 다음과 같은 증상들이 나타나는데, 가슴이 답답하고, 속이 자꾸 더워져서 찬물을 많이 마시고, 잠을 잘 때 몸에 열이 나서 이불을 덮지 않고, 두통과 불면증에 시달린다고 합니다. 사람이 젊을 때에는 신체기능이 활발해서, 그때 그때 쌓인 스트레스에 잘 대처할 수 있지만 40대가 넘어 중년이 되면 해소되지 않는 스트레스가 누적돼 병으로 나타나는 것입니다. 스트레스가 자꾸 쌓이면 암, 성인병, 각종 현대병이 되기 때문에 의사들은 운동을 많이 하고 취미생활을 적극적으로 하라고 권유하고 있습니다. 하나님은 우리에게 쌓인 화와 분을 성령의 임재하에 풀어내라고 하십니다.

화병이란 생활 속에서 일어나는 억울한 감정이나 과중한 스트레스를 제 때 발산하지 못하고 억지로 참음으로써 오랫동안 누적되어 생기는 신경질적인 화가 원인이 되어 생기는 병입니다. 화병은 우울한 감정, 속상함 등의 스트레스가 수년간 쌓임으로써 발병하는데, 이러한 스트레스를 제때 풀지 못하여 가슴 부위가 답답하고 얼굴이 화끈거리는 느낌이 들면 이미 화병에 걸렸다고 볼 수 있겠습니다. 이 병은 우리나라에만 있는 고유한 형태의 병으로 호랑이 같은 시어머니와 남편의 외도에 시달려온 우리네 주부들의 한 맺힌 병으로서 "울화병"이라고도 부릅니다.

경희의료원 화병 크리닉 전문의인 김종우 박사의 말을 빌리면 "화병으로 병원을 찾는 환자들 대부분이 수년간 남편과 시어머니의 갈등을 겪어 온 공통점이 있다"는 것입니다. 가장 많은 원인은 남편의 바람기와 술을 마시는 버릇 때문에 화병에 걸리고, 그 다음으로는 시부모와의 갈등으로 인해 화병이 발병한다고 합니다.

1. 화병의 증상과 발병단계

화병은 화가 치밀어 오르는 불행한 현실을 벗어날 방법이 없는 사람에게서 발병합니다. 즉 경제적으로 독립할 여건도 안 되고, 교육수준이 낮은 계층에서 많이 생기는 병입니다. 남자들은 사업실패, 명예실추, 배신, 돈 떼임, 사기의 피해, 예상하지 못한 실직 등의 이유로 생기고 여자들은 시댁의 구박이나 가정문제로 발병합니다. 직장인들은 과도한 업무 스트레스로 발병이 되기도 합니다.

부부의 대화부족, 시어머니와의 갈등 또는 자녀교육 등의 과다한 스트레스나 정신적인 갈등의 화열(火熱), 큰 병을 앓고 난 후나 노약자 등의 허약(虛弱), 비만이나 수척한 체질적인 소인의 습담(濕痰), 병리적인 산물인 어혈(瘀血), 기후나 계절적인 요인인 풍(風) 등이 있습니다.

신체적 증상으로는 두통과 어지러움을 느끼고 얼굴에 열기가 느껴지며 가슴이 뛰고 답답하며 울화가 치밀어 오릅니다. 또 목이나 가슴에 덩어리가 느껴지기도 하고 소화 장애가 나타나기도 합니다. 가슴이 답답해 호흡을 하기가 힘이 드는 경우도 있습니다.

정신적 증상으로는 우울, 불안, 신경질, 짜증 등이 자주 나타나고 깜짝깜짝 자주 놀라며 쉽게 화를 폭발하기도 합니다. 그밖에 "사는 재미가 없고 의욕이 없다" "허무하다" "죽고싶다"는 생각이 들기도 합니다. 화병의 발생 빈도는 중년 이후의 여성에게 많이 나타나며 학력과 경제적 수준이 낮을수록 많이 발생합니다. 화병이 일반적 스트레스성 질병과 다른 점은 발병원인이 분명하며 발병기간이 10여 년에 걸친 만성적인 병이라는 점입니다.

2. 화병의 증상들

① 특정한 스트레스 사건으로 인해 생긴 억울한 감정이 누적되어 해소되지 않은 상태가 3개월 이상 지속됩니다. ② 가슴이 답답하거나 숨이 막히는 증상과 함께 뭔가 치밀어 오르는 증상을 나타냅니다. ③ 가슴이 두근거리고 뜁니다. ④ 가슴이나 목에 뭉친 덩어리가 느껴집니다. ⑤ 두통이나 어지러움이 자주 옵니다. ⑥ 몸이나 얼굴에 열감이 오르는 것을 느낍니다. ⑦ 잠을 잘자지 못합니다. 놀라서 잘 깹니다. ⑧ 갑작스런 화가 폭발하거나

혹은 분노감이 있습니다. ⑨ 우울 또는 허망한 기분이 자주 듭니다. ⑩ 불안 혹은 초조감을 많이 느낍니다. ⑪ 신경질이나 짜증이 심합니다. ⑫ 억울함을 자주 느낍니다. ⑬ 소변을 자주 보게됩니다. ⑭ 대응능력에 따라 고혈압 등 순환기계, 두통 등 신경계, 호흡기계, 소화기계 등 다양한 증세로 나타날 수 있습니다.

3.화병은 다음의 단계를 거친다.

1) 충격기 – 이것은 화가 나는 충격을 받아 갑자기 변하는 급성기를 말합니다. 상대에 대한 배신감과 증오심 등이 격하게 일어나 살의까지 품게되는 극한 상황이 연출됩니다.

2) 갈등기 – 분노를 품은 사람이 충격기를 지나 이성을 회복하기 시작하면 고민에 빠집니다. 만일 남편이 외도를 했다면 이혼을 생각합니다. 그러나 그 생각은 오래가지 못합니다. 체면을 중시하고 사회윤리의식이 강하기 때문에 이혼을 하지 못하는 것입니다. 자녀가 있는 경우라면 고민의 정도가 더욱 심하게됩니다.

3) 체념기 – 이 시기가 되면 사람들은 근본적인 치료방법보다는 자신의 불행을 그대로 받아들이는 자세가 됩니다. 운명이고 팔자소관일 뿐입니다. 그렇다고 상대방을 용서하는 관용은 볼수 없고 그저 상대방과 감정관계를 맺지 않으려는 성향을 보이며 우울증이 많이 나타납니다. 분방 등의 수단이 동원됩니다.

4) 증상기 – 그 동안 쌓여왔던 것이 한꺼번에 폭발해 우울증, 가슴앓이, 만성 스트레스 등 신체적인 병으로 나타납니다. 이렇게 화병은 몇 가지 단계로 나누어지는데, 전문의의 말에 의하면 화병의 패턴이 차츰 바뀐다고 합니다. 불과 얼마 전까지만 해도 시부모와 남편과의 갈등으로 인해 화병에 걸리는 경우가 대부분이었는데, 최근에는 자녀문제 때문에 화병에 걸리는 경우가 늘고 있다는 것입니다. 또 직장 문제로 화병에 걸리기도 합니다.

4. 치유는 가족의 이해와 도움이 가장 중요

화병은 어떻게 치료해야 하는가? 안타깝게도 근본적인 원인을 제거하기 전에는 치유방법이 없다는 것이 정설입니다. 남편과 시부모와의 갈등 때문에 화병이 발병했을 때는 다소 치료하기가 힘이 듭니다. 효과적인 치료를 위해서는 가족의 이해와 도움이 무엇보다 중요한데 이는 사실상 매우 어렵습니다. 왜냐하면 주부의 건강에는 가족들이 의외로 무관심하기 때문입니다. 남편의 바람기 때문에 화병에 걸린 주부환자의 경우는 남편에게 아내의 상태에 대해서 이야기하고 협조를 구하지만, 많은 남편들의 반응이 대체로 비슷합니다. "나는 그런 사실이 없다"또는 "여자가 성질이 못됐으니까 병에 걸렸지"라는 식입니다.

또 환자 본인의 마음가짐도 치료에 도움이 안 되는 일이 많습니다. "시어머님이 집에 계신데 어떻게 약을 먹어요? 그냥 병원에 와서 침만 맞으면 안 될까요?" 하고 말하는 환자도 적지 않다고 합니다. 반면에 자녀문제로 인해 화병에 걸린 경우에는 치료하기가 비교적 수월한 편입니다. 남편의 협조가 가능하고 취미나 운동 등으로 스트레스를 풀 수 있기 때문입니다. 화병을 치료하기 위해서는 여러 가지 치료법이 동원되지만 무엇보다 가족의 이해와 도움이 가장 중요합니다. 대부분은 한 달 가량 말씀과 성령으로 집중 치료하면 많이 좋아지지만, 심한 경우에는 3개월 이상 장기간 치료를 받아도 쉽게 낫지 않습니다. 또한 치료기간 동안 스트레스에서 벗어나 있으면 치료에 상당한 도움이 됩니다.

5.건설적으로 화를 내면 화병 예방

우리가 분명히 알아야 할 것은 화를 참았다고 해서 드러나지 않는다는 것은 아니라는 것입니다. 화는 여러 가지 방식으로 나타난다. 중요한 점은 얼마나 건설적으로 나타나느냐 입니다. 화가 건설적으로 나타나지 않을 경우 그 화는 그냥 없어지지 않습니다. 화를 억눌렀을 경우 그 화는 결국 자신과 남들에게 파괴적인 모습으로 나타나기 때문입니다. 그러므로 통성 기도를 해서 푸는 것이 좋습니다.

성령의 임재 가운데 주여! 주여! 주여! 주여! 하면서 심경을 하나님에게 토설하는 것입니다. 그렇기 때문에 우리는 화의 원인을 정확하게 알아내어 화를 직접적이고 건설적인 방법으로 표현해서 화병을 예방하고 우리자신과 상대방이 함께 성장할 수 있는 좋은 기회로 삼아야 할 것입니다.

상대방에게 안 보이는 곳에서 분을 푸세요. 어느 학력이 고졸인 여인이 인물이 잘생겨서 박사 남편을 만나 결혼을 했습니다. 그런데 남편이 툭하면 무식하다고 구박을 하는 것입니다. 그래서 화병이 생긴 것입니다. 그래서 제가 이렇게 조언을 했습니다. 남편이 없는 곳에서 남편이 베고 자는 베게를 가지고 남편을 욕하면서 발로 밟으라고 했습니다. 그래서 하루는 남편이 출근하고 난 다음에 침대 위에서 남편의 베게를 발로 밟으면서 있는 대로 분을 다 풀었습니다. "그래 나는 고등학교 밖에 나오지 못했다. 너는 대학원을 나오고 박사가 되어서 잘났다. 그래 잘났어, 그렇다고 나를 이렇게 무시 하냐" 하면서 막 발로 베게를 밟았다는 것입니다, 그런데 남편이 출근을 하다가 보니 서류를 놓고 간 것입니다. 서류를 가지러 왔다가 자기 부인이 하는 소리를 다 들은 것입니다. 그다음에는 말을 조심해서 치유가 되었다는 이야기입니다.

두 번째 방법은 기도로 하나님에게 자신의 감정을 속이지 말고 아뢰는 것입니다. 우리가 다윗이 쓴 시109:1-31절을 읽어보면 다윗의 심경을 알 수가 있습니다. 그리고 거기에서 교훈을 얻을 수가 있습니다. 하나님에게 다 일러바치세요. 속이 시원하게 하나님에게 말씀을 드려서 푸는 것입니다. 그런데 저의 교회에 치유 받으러 오시는 권사님들을 보면 많은 분들이 울화병으로 고생을 하십니다. 그래서 제가 안수를 해드리면서 하나님에게 모두 이야기해서 풀어가라고 조언을 합니다.

*임상 목회 교육의 지도자로서 국제적 명성을 떨치는 비논 비트너 박사의 화를 건설적으로 표현하는 여섯 단계는 이렇다.

첫째, 화를 인정하라. 자신이 화가 났음을 스스로 깨닫고 그것을 인정하려는 태도가 필요하다는 것입니다.

둘째, 대상을 확인하라. 화의 대상이 누구인지 알아야 합니다. 많은 사람들이 실수하는 것이 엉뚱한 사람에게 화풀이를 한다는 것입니다.

셋째, 순수한 동기를 가져라. 남에게 화내는 이유를 검토해볼 필요가 있습니다. 만약 우리가 화를 내는 근본목적이 사람에게 화풀이하는 것에 있다면 손해만 보는 것으로 끝날 것입니다.

넷째, 과거에 집착하지 마라. 직접 관련 있는 문제는 지금 당면한 것뿐입니다. 과거의 일을 끄집어냄으로써 문제의 핵심을 흐려선 안 됩니다. 그것은 문제를 더 복잡하게 만들어서 현재 상황을 파악하기 어렵게 만들뿐입니다.

다섯째, 실질적인 문제를 논하라. 우리는 화의 진짜 원인을 자백하기 난처할 때, 부차적인 문제를 원인인 양 말할 때가 있습니다. 그러나 중요한 것은 화가 난 실체가 무엇이냐를 찾아야 하는 것입니다.

여섯째, 화를 긍정적으로 표현하라. 화를 건설적으로 표현한다는 것은 원래 의도를 전달하는 것이고 상대방을 깎아내리지 않고도 싸우는 것입니다. 우리는 서로의 관계가 중요하고 또한 각자 서로에게 가치 있는 사람들이라는 것을 기억하여 화를 긍정적인 방법으로 풀 필요가 있습니다.

의사의 전달은 연습이 필요하듯 화도 건강한 방법으로 표현하려면 연습해야 합니다. 바라건대, 화내길 겁낼 것이 아니라, 화를 성장을 위한 기회로 생각해야 합니다.

만일 우리가 배우자나 다른 가족, 이웃 또는 동료에게 화가 난다면 그 사람을 직접 만나서 해가 지기 전에 가능하면 조심스럽고 부드럽게 우리의 감정을 표현해야 합니다. 그렇지 않으면 그 화는 우리의 몸과 영혼을 병들게 할 수 있습니다.

6.화병을 진단하는 방법

병리적인 화를 중심으로 화에 대하여 알아보면 다음과 같습니다. 인체의 화를 관장하는 장기는 심장이고, 또 심장은 감정을 관장한다고 한방의학 서적에는 기술되어 있는데, 스트레스에 대하여 직접적으로 반응을 하게 됩니다. 화는 오행 중에서 불의 성질을 가집니다.

그러므로 증상이 나타나게 되면 얼굴이나 가슴의 열기, 분노, 충혈 등이 나타나게 되는 것입니다. 화는 양(陽)의 특성을 가져 위로 올라가려는 속성을 가지고 있습니다.

그러므로 화병의 증상은 주로 가슴 위의 부분에서 나타납니다. 두통이나 어지럼증, 상열감, 가슴부위의 답답함이나 열기가 나타나게 됩니다. 화는 온몸의 진액을 손상시킵니다. 불은 물을 마르게 하고, 습기를 건조하게하는 작용을 가지고 있는 것처럼, 화병은 신체를 건조시키는 작용을 합니다. 입술이 타거나 목이 마르는 증상이 나타나는 것도 그 이유에서입니다.

다음과 같은 조건이 충족되어야 화병이라고 할 수 있습니다. 억울한 감정이 누적되고 해소되지않은 상태가 6개월 이상 지속되었다면 화병입니다. 단기적인 스트레스나 충격은 화병이라고 할 수 없습니다. 가슴이 답답하거나 숨이 막히는 증상과 무엇인가 치밀어 오르는 증상이 나타납니다. 이것은 화병의 필수 증상입니다. 가슴 정중앙 부위를 누르면 심한 통증이 나타납니다. 가슴의 정중앙은 전중이라는 침 자리로 감정의 기운이 많이 모이는 곳입니다. 그러므로 이 부위를 눌렀을 때 심한 통증이 있다면 정서적인 스트레스를 많이 받았다고 보아도 좋을 것입니다. 또한 이 자리는 화병을 진단하는 자리이면서 경과를 관찰할 수 있는 중요한 자리입니다. 치료에 따라 화병의 증상이 좋아지면 이곳의 통증도 완화가 됩니다.

특징적인 4가지 증상은, 즉 가슴의 답답함, 무엇인가 치밀어 오르는 증상, 몸이나 얼굴에 열이 오르는 느낌, 그리고 급작스러운 화의 폭발 혹은 분노 중에서 최소한 2가지 이상은 현저하게 나타나야 합니다.

7. 화병을 예방하는 법

화병은 치료도 필요하지만 예방하는 것이 더욱 중요합니다. 또한 화병을 앓고 나서 치료가 된 이후에도 병의 재발을 방지하기 위해서는 예방법은 필수적입니다. 다음과 같은 몇 가지 사항을 염두에 두고 생활을 하는 것이 좋습니다. 화가 난다고 화를 바로 폭발하지 말아야 합니다. 또 다른 화를 부를 수 있습니다. 화가 폭발한 경우는 전신을 이완시켜야 합니다. 이 경우 침묵기도나 묵상기도 등의 방법을 미리 익혀서 화로 인하여 발생되는 전신의 경직을 풀도록 하여야 합니다. 화를 참기만 하지 말고 표현할 줄 알아야 합니다. 기도로 풀라는 것입니다. 화를 계속해서 참는 것은 바람직하지 않습니다. 하나님에게 아뢰는 습관을 드리세요. 급작스런 화가 가라앉은 후에는 대화를 적극적으로 시도해야 합니다. 자신이 하는 일에 자부심을 가지고 있어야 합니다. 화병을 앓고 있는 사람이 가지기 쉬운 것이 자신이 다른 사람의 희생양이라는 생각입니다.

즉 자신은 어쩔 수 없다는 생각입니다. 우선 자신이 하고 있는 사소한 일부터 자부심과 자신감을 가져야 합니다. 화를 가지고 잠자리에 들지 않아야 합니다. 스트레스를 받은 경직된 상태에서 수면을 취하게 되면 스트레스가 체내에 쌓이게 되고, 다음 날까지도 그 스트레스는 연결이 됩니다. 되도록 그 날의 스트레스는 그날 풀도록 하십시오. 깊은 영의기도로 풀어버리고 주무시기 바랍니다. 영적인 생활을 열심히 해서 성령 충만하게 지내고 자신에 맞는 운동이나 취미를 지속적으로 해야 합니다. 화에 대한 저항력은 결국 건강한 육체와 정신에서 비롯되므로 미리 자신의 육체와 건강을 튼튼히 하는 것이 중요합니다.

8. 화병을 치유하는 법

화병치료에 있어서 가장 중요한 점은 나타나고 있는 증상을 없애는 것과 스트레스를 받고 있는 환경을 어떻게 개선해야 하느냐는 것입니다. 증상을 개선하기 위해서는 가슴에 뭉친 기를 풀어주는 방법, 열을 가라앉히는 방법, 위로 올라간 화와 아래로 내려간 한랭의 기를 순환시키는 방법, 날카로운 신경을 안정시키는 방법 등을 고려하여 치료에 임해야 합니다.

1) 병원에서 하는 치유

침 치료는 가슴에 뭉친 기운을 풀어주는데 가장 효과적인 방법입니다. 약물요법은 지속적으로 치밀어 오르는 열을 내려주는데 필요한 방법입니다. 그 외에 아로마요법(향기요법)은 마사지의 방법을 이용하여 뭉친 기를 풀어주는 작용과 향의 흡입을 통한 정신의 안정을 도모하는 방법입니다.

스트레스를 받는 환경에 대한 개선도 무척 중요합니다. 증상의 개선이 어느 정도 이루어지게 되면 스트레스를 주는 대상과 대화를 가지고 환경을 고치는 작업을 시작해야 합니다. 참고 지내는 생활이 결코 병을 낫게 해주지 않기 때문입니다.

2) 말씀과 성령으로 하는 영적치유

① 하나님에게 자신의 마음을 숨김없이 토하시기를 바랍니다(시62:8) "백성들아 시시로 그를 의지하고 그의 앞에 마음을 토하라 하나님은 우리의 피난처시로다."

② 감정의 입에서 이를 뽑으시기를 바랍니다(시58:6) "하나님이여 그들의 입에서 이를 꺾으소서 여호와여 젊은 사자의 어금니를 꺾어 내시며"

③ 하나님에게 지금 나보다 높은 곳으로 인도해 달라고 부르짖으시기를 바랍니다(시61:2)"내 마음이 약해 질 때에 땅 끝에서부터 주께 부르짖으오리니 나보다 높은 바위에 나를 인도하소서"

④ 계속 솔직한 심경을 주님께 간구하시기를 바랍니다(시55:9)"내가 성내에서 강포와 분쟁을 보았사오니 주여 그들을 멸하소서 그들의 혀를 잘라 버리소서." 나를 괴롭히는 자의 혀를 나누게 해달라고 기도하는 것처럼 솔직한 심경을 숨김없이 하나님께 고하시기를 바랍니다.

⑤ 성령 충만한 믿음생활입니다. 성령으로 체험하고 성령으로 내적치유하며 기도하는 것입니다. 그래서 말씀과 성령으로 하나님의 전신갑주를 입어야 합니다. 진리의 허리띠, 의의 흉배, 평안의 신, 믿음의 방패, 구원의 투구, 성령의 검, 성령 안에서의 기도를 해야 합니다. 부정적인 사고와 어두움의 생각을 버리고 마음을 밝히며 평온을 유지하시기를 바랍니다.

애써서 긍정적인 사고를 가지려고 노력해야 합니다. 새로운 성품과 습관을 가지려고 노력하시오. 항상 하나님께 가까이 나아가는 마음을 가지는 것이 화병의 치유에 좋습니다. 항상 말씀을 가까이 하여 말씀 안에 거하며 묵상하는 삶을 살아가는 것입니다. 성령으로 기도의 삶을 살아가려고 의지적인 노력을 하십시오. 사람을 사귀는 것도 성령 충만하고 영적인 사람과 사귀어야 합니다. 사람을 통하여 여러가지 좋지못한 요소들이 전이될 수 있기 때문입니다.

감사하는 마음, 찬양, 사랑을 고백하는 마음을 가지세요. 성령으로 충만한 상태에서 마귀를 대적해야 합니다. 말씀과 성령이 역사하는 장소에서 내적치유를 자주 받는 것이 좋습니다. 그리하여 성령의 역사에 순종하는 성령의 사람이 되면 화병은 치유되고 예방이 됩니다.

⑥ 성령의 이끌림을 받는 기도를 하십시오. 기억을 위하여 성령님께 도움을 요청하면 자신의 깊은 곳에 감추어져 있던 상처의 기억과 감정이 생생하게 살아납니다. 성령님의 도우심으로

특정한(분노, 불안, 두려움, 공포, 눌림, 혈기, 스트레스, 마음의 상처, 자존심의 상처 등) 사건의 현장으로 돌아가서, 그때 받았던 묻혀진 상처의 기억을 떠올리며, 상처와 함께 그때에 겪었던 당황함, 부끄러움을 회상하시기 바랍니다. 하나씩 앞으로 회상해 나가면서 떠오르는 상처를 주님에게 드려야 합니다.

주님은 항상 나와 함께하셨습니다. 주님은 내가 고통당할 때 함께하시면서 나와 고통을 함께 하셨습니다. 지금도 그 주님은 나와 함께하십니다. 억울함, 분노, 두려움, 상처, 눌림 등으로 내가 울 때 함께 하시면서 우신 분입니다. 특히 어린 시절의 작은 상처, 부모가 자신을 거부했다고 하는 상처가 오늘의 자신에게 많은 영향을 줍니다. 자 이제 상처를 예수께 드립니다. 드러난 상처를 주님께 가져가야 합니다. 주님은 많은 상처를 입은 분이십니다. 그러기에 상처 입은 사람들의 고통의 삶을 누구보다 안타깝게 여기고 계십니다. 예수 그리스도에게 성령님의 치유의 능력을 간곡하게 부탁해야 합니다.

이와 같은 영적인 치유는 스스로 하기는 힘이 듭니다. 충만한 교회 같이 성령 내적치유를 전문적으로 하는 곳에 가서서 전문 치유사역자의 도움을 받아 어느정도 영의 통로가 열리고 성령의 깊은 임재에 빠져 들어갈 줄 알아야 스스로 치유가 가능합니다. 빠른 시간내 전문적인 치유를 하는 곳을 찾아가서 성령을 체험하면서 치유를 받기를 바랍니다.

9장 영적 정신질병 예방과 치유 비밀

(막5:15)"예수께 이르러 그 귀신 들렸던 자 곧 군대 귀신 지
폈던 자가 옷을 입고 정신이 온전하여 앉은 것을 보고 두려워
하더라"

하나님은 하나님의 은혜로 정신 문제를 치유하라고 하십니
다. 하나님은 우리를 창조하셨습니다. 창조하신 하나님은 끊임
없이 우리 인간을 감찰하시면서 우리 인간의 병든 모양을 굽어
살펴 치료하시고자 원하십니다. 하나님은 인간을 창조하셨기
에, 인간의 문제에 깊은 관심을 가지시고 고통당하는 인간의 문
제를 해결하시고자 하시는 것입니다. 그래서 예수님께서 이 땅
에 계셨을 때 병든자를 치유하시는 사역은 예수님의 사역에 중
요한 부분을 차지하였습니다. 요즈음 어떤 기독교 지도자들은
치유는 오직 지나간 세대에만 있었던 것으로 우리에게 설명합
니다. 그러나 그렇지 않습니다.

　신유 즉 치유의 복음은 여전히 지금도 유효하며 치유와 건강
은 오늘날에도 우리의 생활과 사역에서 굉장히 중요한 하나님
의 계획의 한 부분입니다. 그래서 치유의 비결을 터득하는 것이
대단히 중요한 일입니다. 치유의 비결은 우리가 하나님이 주신
말씀의 생명력이 있으므로 가능한 것입니다. 우리는 영 혼 육이

건강하여 인간적인 삶을 살아야 합니다. 인간이기 때문에 동물적 삶이 아닌 인간적인 삶을 살아야 합니다.

1.어떤 삶을 살아야 인간적인 삶을 살 수 있나

1) 창조주를 기억하는 것입니다. (전12:1)"너는 청년의 때 곧 곤고한 날이 이르기 전, 나는 아무 낙이 없다고 할 해가 가깝기 전에 너의 창조자를 기억하라." 모든 사람은 하나님을 만나야 합니다. (사55:6)"너희는 여호와를 만날만한 때에 찾으라 가까이 계실 때에 그를 부르라." 하나님을 만나자 곧 죽게 된다면 누릴 필요가 없지만 우리가 육신을 가지고 있는 이상은 하나님을 누려야 합니다. 어떻게 누립니까? 기도응답을 받아야 합니다.

하나님의 평안을 소유해야 합니다. 어떻게 하면 하나님의 평안을 소유합니까? 우리자신이 말씀으로 날마다 치유 받고 변화되어 성령 충만해지면 됩니다.

우리가 성령으로 충만하여 하나님을 증거 하는 삶을 산다면 인간 중에서 최고의 삶을 사는 것입니다. 오늘 우리가 하루를 시작하면서 누구를 생각해야 하느냐면 창조주 하나님을 기억해야 합니다. 모든 일과를 마치기 전에 누구를 한 번쯤은 생각해야 합니까? 나를 보호하시고 나를 창조하신 하나님을 생각해야 합니다. 창조주를 기억하는 사람은 늘 감사할 수밖에 없습니다. 그러면 늘 임마누엘 할 수밖에 없습니다. 이것이 바로 인간적인 삶의 시작입니다.

2) 인간관계가 좋은 사람이어야 합니다. "예수께서 이르시되 네 마음을 다하고 목숨을 다하고 뜻을 다하여 주 너의 하나님을 사랑하라 하셨으니 이것이 크고 첫째 되는 계명이요. 둘째도 그와 같으니 네 이웃을 네 자신 같이 사랑하라 하셨으니"(마 22:37-39). 간혹 창조주 하나님과의 관계는 잘 되는데 인간과의 관계가 안 되는 사람은 인간적인 삶을 살아가는 것이라고 말하기는 힘들 것입니다. 친구와의 관계, 교인들과의 관계가 잘 되어야 합니다. "너희는 모든 사람과 더불어 화목하라" 하나님과의 관계가 바른 사람일수록 인간과의 관계가 잘돼야 합니다.

3) 영적인 문제와 정신적인 문제가 많은 사람일수록 창조주를 기억하지 못하고 대인관계가 잘 안 됩니다. 매일 한번쯤은 자기 자신을 점검하여 보아야 합니다. 나는 하나님을 사랑하는 사람인가? 또 대인관계가 잘되는 사람인가? 이 두 가지가 잘 되고 있는지를 점검하여 보아야 합니다. 우리는 자신을 바르게 볼 줄 아는 영안이 열리기를 사모해야 합니다.

2. 모든 사람은 영적인 문제를 피해갈 수 없다.

영적인 문제는 과학, 의학적으로 해결되지 않는 문제입니다. 모든 사람은 다 영적인 문제를 가지고 있고, 우리에게도 이미 영적인 문제가 있습니다. 여기에 아무도 자유 할 수 없습니다. 모두 아담의 혈통을 타고 이 땅에 태어났기 때문입니다.

1) 창1장과 2장에는 영적인 문제가 없었습니다. 왜? 하나님 안에서, 하나님과 함께 있었기 때문에 죄가 없었습니다. 사단과 함께 하지도 않았습니다.

2) 창3장에서 이 문제가 시작되었습니다. 창3:1-6 아담이 하나님을 떠난 후, 롬3:23 죄를 범한 후, 요8:44 사단과 함께 함으로 문제가 시작이 되었습니다. "모든 사람이 죄를 범하였으매 하나님의 영광에 이르지 못하더니"(롬3:23). "너희는 너희 아비 마귀에게서 났으니 너희 아비의 욕심을 너희도 행하고자 하느니라 저는 처음부터 살인한 자요 진리가 그 속에 없으므로 진리에 서지 못하고 거짓을 말할 때마다 제 것으로 말하나니 이는 저가 거짓말장이요 거짓의 아비가 되었음이니라."(요8:44).

3) 하나님 다음으로 강한 자가 사단입니다. 아담이 선악과를 먹기 전에는 온 천지만물을 주관하며 통제했습니다. 그러나 아담이 마귀의 미혹에 빠져서 선악과를 먹으므로 인간의 권위가 사단의 아래로 내려왔습니다. 사단이 가지고 있는 능력은 인간을 가지각색으로 영적인 문제를 가져다주는 능력이 있습니다. 그래서 사람의 힘으로 사단을 이길 수 없습니다.

아담과 하와만 넘어트린 사단이 아닙니다. 지금 우리를 공격하고 있습니다. 이 사단은 사람들로 하여금 하나님의 일에 대항하고(마16:23), 인간에게 우상을 섬기게 하고(마4:8-10), 복음을 방해하며(마13:19), 사로잡고 속이며, 악하고 함정에 빠뜨립니다(눅22:3). 그는 또한 하나님의 성도들을 괴롭히고, 하나님과 사람사이에 끼어서 하나님의 영광을 가로채는 악한 것입니다(욥1:12). 믿는 자를 시험하며(살전3:5), 이들은 사람보다 권세 있고(엡2:2), 사단은 악의가 있으며(욥2:4), 마귀는 간교하고(창3:1), 사납고 잔인합니다(벧전5:8). 이 더러운 영들은 ① 우상을 섬기게 하며, ② 하나님을 대적하게 하고, ③ 결국 사람들로 하여금 하나님을 거부하게 만듭니다.

많은 사람들이 이 사단의 속임수에 넘어갔습니다. 그러나 사단이 하나님보다는 약합니다. 우리에게 하나님이 함께 하신다면 이미 흑암을 결박할 수 있는 능력이 있다는 사실을 믿어야 합니다. 주 예수의 능력으로 사단은 떠나갑니다. 이 권세가 내 안에 있습니다. 내 안의 능력이 뭐냐? 예수 그리스도이십니다.

4) 영적인 문제가 인간의 정신에 영향을 줍니다. 그래서 다른 방법(의술과 심리치료 등)의 노력과 프로그램으로는 영적인 문제를 치유 할 수 없습니다. "요한이 예수께 여짜오되 선생님 우리를 따르지 않는 어떤 자가 주의 이름으로 귀신을 내쫓는 것을 우리가 보고 우리를 따르지 아니하므로 금하였나이다. 예수께서 이르시되 금하지 말라 내 이름을 의탁하여 능한 일을 행하고 즉시로 나를 비방할 자가 없느니라. 우리를 반대하지 않는 자는 우리를 위하는 자니라. 누구든지 너희가 그리스도에게 속한 자라 하여 물 한 그릇이라도 주면 내가 진실로 너희에게 이르노니

그가 결코 상을 잃지 않으리라. 또 누구든지 나를 믿는 이 작은 자들 중 하나라도 실족하게 하면 차라리 연자맷돌이 그 목에 매여 바다에 던져지는 것이 나으리라."(막9:38-42).

5) 이 영적인 문제를 해결할 수 있는 길은 오직 하나님의 말씀과 성령으로만 치유가 가능합니다. 성령으로 충만하여 영적인 문제로 발생한 정신적인 문제를 치유하시기를 바랍니다.

3. 이 영적인 문제와 대립하는 것이 정신적인 문제다.

1) 왜 사람이 정신적인 병에 걸리는가? 의사들은 사람의 뇌에 이상이 와서 그렇다고 말합니다. 뇌의 기능이 사람의 정신과 육신을 조정합니다. 그래서 뇌에 이상이 있다고 의사들은 말합니다.

2) 뇌에는 신경전달물질이 있는데 이것이 정상적으로 흐르지 않을 때 정신적인 문제가 옵니다.

도파민이 과잉 배출될 때: 이것은 사람의 생각에 영향을 줍니다. 잡념이 많게 됩니다. 세로토닌이 너무 적게 흐르거나 할 때: 사람의 감정에 영향을 줍니다. 우울. 불안. 두려움을 줍니다.

3) 정신분열증에는 세 가지 증상이 있습니다. 크게 두 가지로 나누어집니다.

양성증상: 표시가 나는 환자, 눈에 보이도록 이상한 행동을 합니다. 치유되기가 쉽다, 더 빨리 치유될 수 있습니다.

음성증상: 표시가 나지 않는 환자, 남들이 볼 때는 잘 드러나지 않습니다. 조용히 이상한 증세를 보입니다. 치유되기 어렵고 시한폭탄이기 때문에 관심을 가져야 합니다.

혼합증상: 왔다 갔다 하는 것입니다.

4) 의사들은 정신적인 문제가 생기는 원인을 모릅니다.

왜냐하면 의사들은 육적인 문제만 다루기 때문입니다. 영육의 영향으로 정신적인 문제가 발생하는 데 육적인 면만 가지고 원인을 알 수가 없는 것입니다.

5) 원인은 정확하게 모르면서 치료하는 방법이 약물치료입니다. 약물치료의 효과는 과잉 배출되는 도파민을 정상적으로 흐르도록 도와주는 것입니다. 그러므로 약물치료는 필요하기는 합니다. 그러나 약물치료는 한계가 있습니다. 평생 약을 먹어야 합니다. 그러므로 근본적인 치유는 하나님의 말씀과 성령으로 치유하는 것입니다.

4. 또 한 부류에서는[마음의 문제다]라고 주장한다.

1) 마음이 편하지 못하기 때문에 병이 든 것입니다.

(잠15:13)"마음의 즐거움은 얼굴을 빛나게 하여도 마음의
근심은 심령을 상하게 하느니라."

마음의 상처를 치유해 주면 정신병을 치료 할 수 있다고 상담자나 심리학자들은 말합니다. 그래서 하는 것이 상담입니다. 그러나 상담으로는 근본적인 치유의 한계가 있습니다.

2) 왜? 이 병이 들었을까요? 마음의 상처로 인해서 그렇습니다. 태아, 유아, 소년기, 사춘기, 청년기에 받은 상처로 인하여 질병이 찾아온 것입니다. 어릴 때 심한 충격을 받았을 때 발생합니다. 놀랐다든지, 혼자 지냈다든지. 물, 불. 차량사고로 놀랐을 경우 발생합니다.

과거의 발자취 중에서 굉장한 아픔을 느꼈거나 심한 갈등이 왔을 때 발생합니다. 부모, 자녀, 배우자가 갑자기 죽었다든지, 이성에게 배신을 당했다든지, 부모나 본인의 이혼으로 인하여 발생하기도 합니다.

3) 환경이 잘못 되어서 그렇다고 하는 경우도 있습니다. 어릴 때 환경이 너무 가난해서 정신적인 문제가 왔습니다. 충격을 많이 받았을 경우 발생합니다. 충격을 받았을 때 들어온 영적인 세력이 평상시에는 잠복하고 있다가 스트레스를 받을 경우 꼬리를 들고 일어나서 문제를 야기하는 것입니다. 꼭 지하 간첩과 같은 것입니다.

4) 여러 가지 마음의 병이 있고, 상처가 있으며, 환경의 문제가 있기 때문에 정신적인 문제가 오기도 합니다. 여기서 심리치료라는 말이 나왔고, 이 사람들은 이것을 주장합니다.

한쪽만 강요하다 보면 전문인들과 대화가 안 됩니다. 우리는 영적인 문제를 알고 있으면서 위의 두 가지를 인정하면서 잘 활용해야 합니다.

5) 이런 상처가 있는 사람은 산만한 성격으로 공부를 잘못합니다. 하나님의 말씀과 성령으로 내적치유를 하여 심령을 편안하게 다스리면 집중력이 향상되어 공부도 잘하게 됩니다. 결론을 잘 가지고 있어야 합니다. 어떤 결론을 가지고 있어야 하느냐? 모든 문제는 하나님의 말씀과 성령으로 치유가 됩니다. 이 믿음을 가지고 있으면서 정신문제를 분명하게 해결해 줘야 합니다. 말씀과 성령으로 영적치유가 되어져야 합니다. 영적 문제가 치유된 실 예가 성경에 나와 있습니다. 요일3:8에 "하나님의 아들이 오신 것은 마귀의 일을 멸하려 하심"이라고 했습니다. 히4:12 "하나님의 말씀은 살았고 운동력이 있어 좌우에 날선 어떤 검보다도 예리하여 혼과영과 및 관절과 골수를 찔러 쪼개기까지 하며 또 마음의 생각과 뜻을 감찰하나니." 우리의 영적인 문제를 치유할 수 있는 능력의 말씀입니다.

5. 영의질병으로 발생한 정신병은 치유된다.

본문에 나오는 사람에게는 분명히 정신적인 문제가 있습니다(막5:15). 예수님을 만나기 전까지만 해도 발작하며, 자기 몸을 돌로 해하며, 돌아다니던 사람인데 본문에 예수님이 그 사람을 치유하고 나니까 "정신이 온전하여 앉았다"라고 되어 있습니다. 즉, 귀신이 떠나가니 정상이 되었다는 것입니다. 세계 보건 기구인 WHO에서 정신 질환 등에 "영적 치료(말씀과 성령으로 치유하는 방법)"라는 단어를 삽입했을 만큼 귀신에게 눌리는 질병은 이제 전 세계적인 질환이 됐습니다.

이는 환자들의 몸속에 들어간 영체, 즉 귀신에게 눌리는 증상을 다스리는 데 현대의학이 한계를 느낀다는 점을 인정한 대목이기도 합니다. 실제로 귀신에게 눌리면서 고통을 당하던 환자가 깊은 차원의 내적 치유와 영적 치료와 병원 치료를 겸했을 때 병이 호전돼 정상인으로 돌아오는 경우가 많았습니다.

우리의 상한 마음이 예수 이름으로 치유되어야 합니다. 그래야 영적인 문제로 발생한 정신적인 질병이 치유가 되는 것입니다. 천하에 다른 무엇으로 영적인 문제로 발생한 정신적인 질병이 치유가 되지 않습니다. 말씀과 성령으로 마음의 상처를 치유하여 평안을 찾아야 합니다. "마음의 즐거움은 양약이라도 심령의 근심은 뼈로 마르게 하느니라."(잠17:22)."수고하고 무거운 짐진자들아 다 내게로 오라."(마11:28).

하나님이 마음에 쉼을 주겠다고 하십니다. 이런 확신을 가지고 말씀을 듣고, 말씀을 전하면 우리의 삶의 현장에 하나님의 역사가 있을 줄 믿어야 합니다. 정신과 의사들이 뇌에 이상이 있어 정신병이 생긴다는 말이 맞습니다. 그러나 한 가지 분명한 사실을 꼭 기억해야 할 것입니다. 천지를 창조하신 하나님은 뇌도 치유하실 수 있습니다.

(막16:17-18)"믿는 자들에게는 이런 표적이 따르리니 곧 그들이 내 이름으로 귀신을 쫓아내며 새 방언을 말하며, 뱀을 집어올리며 무슨 독을 마실지라도 해를 받지 아니하며 병든 사람에게 손을 얹은즉 나으리라 하시더라."

천지를 창조하시고 뇌를 창조하신 하나님인데 이것을 치유하지 못하시겠습니까?

우리가 하나님의 능력을 믿는다면 우리의 뇌에도 역사하신다는 사실을 믿어야 합니다. 저는 이런 기도제목으로 기도합니다. 뇌 건강을 위해 기도합니다. 생각이 항상 성령 충만 할 수 있도록 기도합니다. 잠재의식 안에 있는 상처와 불신앙, 여러 가지 비성경적인 것들이 성령의 능력으로 나도 모르게 치유되게 하옵소서하고 기도합니다.

성경적인 치유자들의 특징은 하나님의 말씀으로 답을 줍니다. 과학, 의학이 뭐라고 말하고 있든지 성경으로만 답을 줍니다. 정신과 의사들은 성경적인 사실을 믿지 않기 때문에 약물로 치유하고, 상담자들이나 심리사들은 사람의 심리를 연구해서 사람을 치유합니다. 우리는 성령으로 성경적인 답을 가지고 있으면서 두 부류의 의견을 참고하면서 영적, 정신, 마음 치유를 하여 하나님의 평안을 소유해야 합니다. 그리고 정신병도 성령의 역사로 치유된다는 것을 믿으시기를 바랍니다. 우리를 창조하신 하나님은 우리를 책임져 주십니다. 하나님은 병든 우리를 그대로 두시는 것이 아니라 건강하게 하십니다.

다만 하나님의 약속을 믿고, 그 약속의 신실성에 의지하여 믿음으로 나아오는 사람은 누구나 하나님은 치유하여 주십니다. 실로 하나님을 치료자로 알고 치유의 은혜를 체험할 때, 우리는 하나님을 전적으로 아는 것입니다. 치료하시는 하나님을 만나 건강하게 살 때 하나님은 영광을 받으시는 것입니다. 하나님의 치유를 우리와 우리 가족 그리고 이웃들이 누리도록 하는 것은 바로 생명을 위하여 대단히 중요한 일이 아닐 수 없습니다. 모두 영적이고 정신적인 문제를 치유 받고 주변의 고통 하는 여러 사람을 도우시기를 바랍니다. 하나님의 신실한 치유의 약속은 오늘날도 여전합니다. 믿음으로 나오신 당신의 생애가 하나님의 약속을 따라 강건하여지시기를 주의 이름으로 소원합니다.

6.영의질병은 집중치유를 해야 한다.

우울증이나 정신적인 문제로 고생하는 분들은 특별 집중치유를 해야 합니다. 왜냐하면 집회시에 잠간, 잠간 안수하고 기도하면 효과가 즉각 나타나지 않습니다. 저의 교회에서 매주 토요일 날 하는 집중 치유는 오전과 오후로 구분하여 2시간 30분을 합니다. 우울증이나 정신적인 문제를 치유하려면 성령으로 세례를 받아야 합니다. 마음의 상처를 내적치유해야 합니다.

우울의 영을 축귀해야 합니다. 우울의 영의 축귀는 시간이 길게 소요가 됩니다. 그래서 축사를 하려면 미리 알고 대비를 해야 합니다. 필자가 명절이면 악한 영들이 더 강하게 역사하기 때문에 2012년 추석집회를 놓고 기도를 했습니다. 성령님 추석집회를 어떻게 했으면 좋겠습니까? 성령께서 개별 집중치유를 해보라고 감동을 하시는 것입니다. 개별 집중치유는 한 번도 해보지 않은 것입니다. 그래서 특별 개별집중치유라고 제목을 정하고 집중치유 받을 분은 예약을 하라고 했습니다. 생각지도 않게 호응이 좋아 정원을 초과했습니다. 4명씩 개별로 2시간 30분씩 안수를 하는 것입니다.

이렇게 집중치유를 한 결과 효과가 대단하였습니다. 그 다음부터 토요일 날로 날짜를 정하여 집중치유를 계속적으로 하고 있습니다. 이때 우울증이나 정신적인 문제로 고생하시던 분들이 다시 치유를 받습니다. 우울증과 정신적인 문제와 영적인 문제를 치유 받으려고 이곳저곳을 다니다가 찾아오신 것입니다. 사모하고 오셨기 때문에 치유가 잘됩니다.

A집사의 경우 우울증과 정신적인 문제로 8년을 고생하면서 병원 치유도 받아보고 별별 방법을 다 동원하다가 치유 받지 못하여 결론은 하나님의 방법으로 밖에 치유할 수 없다고 깨닫고 영적치유를 시작했습니다. 질병을 치유 받으려고 이 교회 저 기도원 능력 있고 치유를 한다는 교회나 기도원을 다 다녀도 치유 받지 못하다가 결국 책을 읽고 충만한 교회에 왔다고 합니다.

화 수 목 집회에 참석하여 은혜 받고 토요일 집중 치유를 예약하여 치유를 받았습니다. 집중 치유를 하는데 영의 통로가 꽉 막혀서 한동안 씨름을 하다가 드디어 영의 통로가 열렸습니다. 기침을 사정없이 했습니다. 마음속에서 분노가 올라오니 욕설을 말로 표현할 수 없이 많이 했습니다. 그러다가 울기 시작했습니다. 한동안 울어서 마음이 열리니 깊은 속에서 귀신들이 정말로 많이 떠나갔습니다. 약 한 60분 동안 떠나갔습니다.

그렇게 집중 치유를 마치고 다음주 화요일 날 왔는데 완전하게 다른 사람으로 변해서 왔습니다. 지금 상태가 어떠냐고 물었습니다. 너무너무 편안하다는 것입니다. 세상을 다 얻은 것과 같이 기쁘다는 것입니다. 집중치유는 반드시 효과를 거둡니다.

B집사는 공황장애와 우울증으로 고생하다가 우리 충만한 교회를 알게 되어 치유받다가 집중 치유를 받게 되었습니다. 이분도 깊은 기도가 되고 성령으로 세례가 임하니 말로 표현할 수 없을 정도로 귀신들이 떠나갔습니다. 이렇게 귀신을 축귀하고 나니 마음이 그렇게 평안하다는 것입니다. 지신이 지금까지 영적으로 무지하여 고통을 당했다는 것입니다. 너무너무 평안하여 하나님의 은혜를 누리고 있다고 간증했습니다.

제가 이 사역을 하면서 깨달은 것은 나름대로 성령이 충만하다고 자부하는 사람들에게도 귀신이 역사하고 있었다는 것입니다. 이 귀신들이 떠나가는데 90-120분 정도의 시간이 걸린다는 것입니다. 집중 치유를 해야 된다는 것입니다. 그래서 성령께서 감동하신 2시간 30분이 맞아 떨어진다는 것입니다.

그러므로 축귀를 하려면 2시간 이상 깊은 임재기도를 해야한다는 것입니다. 한마디로 쉬운 사역이 아니라는 것입니다. 성령이 역사하여 성도를 장악하니 귀신들이 쉽게 떠나가더라는 것입니다. 그러므로 성령의 깊은 임재가 축사사역에서는 무엇보다도 중요하다는 것입니다.

충만한 교회는 지방에 계시는 분들을 위하여 성령치유 집회 CD와 교재를 33종류를 비치하고 있습니다. 과목별 CD는 12시간을 녹음하여 12개입니다. 가격은 2만원입니다. 교재는 과목당 만원입니다. 필요하시면 주문하여 영성을 깊게 하실 수가 있습니다. 교재를 보며 CD를 들으면 현장에서 집회를 참석한 것과 같은 효과가 있습니다. 1)깊은 상처 내적치유(CD/교). 2)성령의 기름부음(CD/교). 3)깊은 영의기도 숙달(CD/교). 4)보혈의 능력과 은혜(CD/교). 5)인생 열두 문제치유(CD/교). 6)예수님의 권세능력(CD/교). 7)가문의 대물림치유(CD/교). 8)행복한 가정 만들기(CD/교). 9)재정축복 영육치유(CD/교). 10)부부문제 내적치유(CD/교). 11)5차원의 영적세계(CD/교). 12)영적전쟁 축사사역(CD/교). 13)영들을 분별하라(CD/교). 14)능력 오는 영의기도(CD/교). 15)바른 성령의 은사(CD/교). 16)영의사람 육의 사람(CD/교). 17)5차원 영성을 삶에(CD/교). 18)꿈 해석과 내면치유(CD/교). 19)영적전이 성령역사(CD/교). 20)영육질병 신유사역(CD/교). 21)영안을 열어라(CD/교). 22)갑절 영감 영력(CD/교). 23)작은 교회 성장

(CD/교). 24)내적치유사역비결(CD/교). 25)예언은사기름부음(CD/교). 26)깊은 영성 깊은 치유(CD/교). 27)교회성장성령치유(CD/교). 28)영의통로 열어라(CD/교). 29)성령의 능력사역(CD/교). 30)하나님 음성듣기(CD/교). 31)성령치유종합사역(CD/교). 32)성령치유목회적용(CD/교). 33)전문신유사역기술(CD/교). 전화는 02-3474-0675. 신청은 번호를 알려주시면 됩니다. 메일주소는 kangms113@hanmail.net 를 이용하여 신청이 가능합니다(필요CD/교재번호. 주소. 전화전호. 우편번호).

*과목별 상세한 내용은 홈페이지 www. ka0675.com 에 들어 오셔서 확인 바랍니다. 홈피에 보시면 계좌번호와 과목별 상세목록을 확인하실 수 있습니다.

10장 정신분열증 예방과 치유 비밀

(시 38:8)"내가 피곤하고 심히 상하였으매 마음이 불안하여 신음하나이다"

정신분열증은 유전적인 경향성 뇌의 구조적인 이상이나 기능적인 이상으로 신경전달 물질의 불균형 등의 생물학적인 원인들이 밝혀지면서 하나의 뇌 질환으로 생각되고 있습니다. 임상의 경우는 정신분열증에 걸리게 될 취약성을 가진 환자가 환경으로부터 특별한 스트레스를 받을 때 발병하는 것으로 보고 치료를 하고 있습니다.

정신분열증 증상에는 양성증상과 음성증상이란 두 가지 증상이 있습니다. 양성증상은 환각, 망상, 흥분, 폭력행위, 자살행동 등 누가 보든 금세 이상하다는 점을 눈치 챌 수 있는 증상입니다. 음성증상은 아무것도 하지 않고 자기 보금자리 속에 틀어박히거나 감정이 둔해져 멍하니 시간을 보내는 등의 상태입니다.

1. 정신분열증 증상

정신분열증 증상 중 양성증상은 누가 보든 쉽사리 구별할 수 있을 만큼 증상이 뚜렷해 중증으로 생각하기 쉽지만, 이런 증상은 뜻밖에도 치료하기가 쉽습니다. 정신분열증 증상에 잘 듣는 항정신병 약들도 대부분 양성증상에 효과가 있는 약들입니다.

반면에 정신분열증 증상 중 음성증상이 많다면 환자는 온순해지고 아무것도 하지 않습니다. 매일같이 산송장처럼 빈둥대며 시간을 보내는 이런 상태를 고치기란 상당히 어려운 일이며 좋은 약도 개발되어 있지 않습니다. 치료를 통해 양성증상은 사라졌지만, 그때까지 보이지 않던 음성증상이 나타나 사회로 복귀하기가 무척 어려운 환자도 있습니다.

정신분열증 증상에 따라 세 가지 종류로 나누어 볼 수 있습니다.

첫 번째는 파괴형으로 사춘기에 발병해 완만히 진행되는 게 특징입니다. 음성증상인 감정의 둔화와 의욕이 없습니다, 능동성 감퇴가 주된 증상으로 긴장병 증상이나 환각, 망상은 별로 보이지 않습니다. 밥 먹기도 싫어하고 TV볼 때도 혼잣말을 중얼거리거나 딱히 재미있는 프로도 아닌데 혼자 웃거나 목욕도 싫어해 지저분하기 짝이 없습니다.

두 번째로 긴장형 정신분열증 증상은 20세 전후가 발병시기로 급성 혹은 아급성의 흥분이나 혼미증상으로 시작됩니다. 무언증, 거절증, 강경증(어떤 자세를 한번 만들면 시간이 아무리 흘러도 마치 밀랍인형처럼 그 자세 그대로 있음), 지리멸렬한 언어, 상동언어(같은 언어반복), 음송증(불경을 외듯 말에 가락을 붙여 반복함) 같은 증상이 차례로 일어납니다. 그러나 저절로 낫는 예도 있으며 심하게 흥분상태일 경우 드물지만 며칠 안에 사망하는 경우도 있습니다.

세 번째로 망상형 정신분열증 증상은 환각, 환청, 망상(관계망상이나 피해망상)이 많습니다. 발병 연령은 25살 정도가 많으며 만성으로 경과하는 경우가 많습니다. 예를 들면 병원에서 진찰을 받으려 해도 나는 병에 걸린 것이 아닌가? 누군가 명령을 내려 나를 죽이려 하고 있어 하고 주장하며 말을 듣지 않는 경우, 주변 사람들의 환청을 진짜로 믿어 경찰서에 달려가는 경우 등이 있습니다.

2. 정신분열증 원인

정신분열증이라는 말은 듣기만 해도 왠지 무섭고 부담스럽습니다. 그러나 한편으로는 가볍게 잘 이해할 필요가 있습니다. 정신분열증이라는 것은 말 그대로 정신이 하나로 통합되지 못하고 여러 개로 나누어지는 것을 말합니다. 쉽게 말하면 컵이 땅에 떨어져서 깨져버린 상태이기도 합니다.

이것을 컵이라고도 할 수 있지만 깨져버린 컵은 컵의 역할을 하지 못하기에 그냥 유리파편으로 남아 버리게 됩니다. 저는 이것을 정신분열증 상태라고 말을 하고 싶습니다. 우리는 완벽하게 하나로 통합된 상태는 아닙니다.

누구나 이러한 정신분열증증상을 어느 정도 갖고 있지만 그것이 이성적으로 어느 정도 통제되느냐? 그렇지 못하느냐 에서 크게 달라집니다. 우리는 태어날 때부터 아주 약한 상태에서 태어났으며, 그로부터 여러 가지 충격과 상실감을 느끼면서 컵이 깨지듯이 우리의 마음도 서서히 갈라지게 됩니다. 어떤 사람은 부모의 사랑을 충분히 받으면서 컵을 안전하게 유지하기도하고, 어떤 사람은 부모에게 상처를 받으면서 일찌기 컵이 깨지기도 합니다.

사랑이라는 것은 무언가를 원위치 시키고 하나로 통합시키려는 힘이 있는 반면, 두려움과 공포는 자꾸 도망가려고하고 서로를 분리하려는 힘이 있습니다. 사랑을 많이 받은 사람은 정신분열증이 서서히 시작되고, 사랑을 못 받고 상처를 받은 사람은 그것이 일찌기 시작됩니다. 왜냐하면 우리가 살아감에 있어서 상처와 아픔을 피해갈 수 없기 때문입니다.

잘 보던 시험이 떨어져서 심각한 고통을 경험합니다. 사랑하는 사람과 이별을 하거나 사별을 함으로써 극심함 공허함을 경험합니다. 누군가로부터 심한 학대, 상처, 모욕을 들으면서 자존심의 구멍이 생기기도 합니다. 믿었던 사람으로부터 배신감을 경험하기도 합니다. 그럴 때마다 우리의 정신은 서서히 갈라지고 아픔과 상처에서 몸부림치게 됩니다. 그때 우리 스스로가 자신을 사랑해주고 다스려주지 못하면 두려움과 공포의 에너지가 우리의 마음의 컵을 서서히 금이 가게 할 것입니다.

정신분열증의 원인은 애정결핍입니다. 사람마다 표현법이 다르겠지만 나는 정신분열증증상과 애정결핍증상이 같다고 봅니다. 다만 이왕이면 정신분열증이라는 표현보다는 애정결핍으로 말하고 싶습니다. 나 역시도 왠지 정신분열증이라고 말을 하면 엄청 심각한 문제로 여겨지기 때문입니다.

말의 최면이라는 것은 상당히 위험하기도 하고 무섭기도 합니다. 그래서 이왕이면 조금 귀엽고 가벼운 애정결핍이라고 하는 것도 좋다고 봅니다. 애정결핍 증상은 마음이 안정되지 못한 상태를 말합니다.

그러면 자꾸 무언가에 집착하게 되고 수시로 확인을 해야 합니다. 마치 엄마가 없으면 자꾸 울고불고 난리를 치면서 아기가 엄마를 부르는 것과 같습니다. 유아기적 애정결핍이 해소되지 않고 성인이 되면 그 증상이 그대로 드러나게 됩니다.

사람에 대한 심각한 집착증이나 의심병이 생깁니다. 한 사람에게 만족하지 못하고 자꾸 이리저리 기웃거립니다.

지나친 식탐이나 지나친 물욕 지나친 명예욕 등이 무서울 정도로 크게 나타납니다. 마치 자신의 인생의 진리가 남들에게 인정받고 사랑받는 것이라고 알면서 살아갑니다. 물론 그런 애정결핍 증상이 한 사람은 성장시켜주고 성공에 대한 열망을 강화시키지만, 영원하지 않다는 것을 우리는 알아야 합니다.

누구나가 어릴 적부터 상처 없이 행복하게 살고 싶지만 그것은 내가 바꿀 수 없는 부분이기에 그것을 그대로 수용하고 받아들여야 할 것입니다. 우리가 부모는 바꿀 수가 없지만, 그 부모의 실수를 벗어나서 나는 부모처럼 하지 않기를 선택하고 내가 원하는 인생을 살아갈 수는 있습니다.

정신분열증 원인이 애정결핍이라면 우리는 스스로에게 충분한 애정을 주어야 합니다. 그것은 자신에 대한 충분한 성찰을 우리의 잠재의식이 요구하고 있다고 볼 수 있습니다. 특히 20살 성인이 되면서 우리는 독립된 인격체로서 스스로를 다스리고 자신의 인생을 살아야 합니다.

그때부터 우리는 자신에 대한 자신과의 싸움이 시작됩니다. 자신과의 싸움은 자신과 전쟁을 하거나 자신을 괴롭히는 것이 아닙니다. 자신을 온전한 하나로 통합시키는 커뮤니케이션 과정입니다. 자신과 자신이 멀어질수록 우리의 행복은 신기루처럼 영원히 멀어지게 됩니다.

그러나 많은 사람들이 이것을 알면서도 불행의 늪으로 들어가기도 합니다. 쥐가 단지 배고프다는 이유로 쥐약을 먹어버리면 죽게 됩니다. 불나방이 아무 생각 없이 불속으로 뛰어들게 됩니다. 붕어는 주는 대로 먹이를 먹다가 배가 터져서 죽게 됩니다. 도둑질을 하면 감옥을 갈 것을 알면서도 또다시 남의 물건을 훔치게 됩니다.

누군가에게 상처를 주면 돌려받을 것을 알면서도 상처를 주고 맙니다. 누군가에게 집착하면 그 사람이 떠날 것을 알면서도 멈추지 못합니다. 자신과의 싸움이라는 것은 우리의 어리석은 마음으로 부터 벗어나는 것을 말합니다.

우리에게 죄가 있다면 나는 어떤 특정한 죄보다는 어리석음이라고 말하고 싶습니다. 왜냐하면 어리석음이 죄를 일으키는 근본적인 원인이 되기 때문입니다. 그래서 우리는 나 자신과의 싸움의 승리자가 되기 위해서 자신의 마음을 관찰하면서 스스로 어리석음을 발견하고 반성할 수 있는 지혜의 마음이 필요합니다.

애정결핍증이라는 것은 자신도 모르게 어리석은 생각과 행동을 일으키게 됩니다. 애정결핍증상으로 인해서 정신분열증이 생기면 자신의 마음은 여러 개가 됩니다. 배에 사공이 많으면 배는 더 이상 나아가지 못하고 빙빙 돌게 됩니다.

그러다보면 결국 그 배는 아무것도 하지 못하고 침몰하게 됩니다. 배의 선장은 오로지 한 사람일 뿐입니다. 과거의 상처나 과거의 아픔이 나를 조정하는 선장이 아니라, 지금 이순간의 내가 배를 조정해야 하는 것입니다.

그러나 가끔씩 내가 선장이라는 것도 모르고 때로는 자신의 배를 스스로 지휘하려는 선택권을 놓아버리기도 합니다. 그럴 때 자꾸 남에게 의존하고 의지하면서 자신의 배를 움직일 수 있는 매뉴얼을 학습하지 못하게 됩니다. 이제는 내 마음속에 깨진 파편이 있다면 사랑의 마음으로 하나씩 통합시켜야합니다.

그리고 내가 배의 선장으로서 직접 운전을 해야 할 것입니다. 때로는 서툴러서 실수도하고 실패도 할 수도 있지만, 그 시간이 지나면 내가 원하는 방향으로 내 배를 잘 이끌어 갈수 있을 것입니다.

3.정신분열증 테스트 자가진단 11가지 항목

① 다른 사람은 보거나 듣지 못하는 것을 나는 보거나 듣습니다.

② 본인 비밀이나 특별한 힘을 가지고 있다고 생각합니다.

③ 초조해 보인다는 소리를 자주 듣습니다.

④ 나의 몸과 마음이 나의 의지와는 상관없이 마음대로 누군가에 의해서 조종된다고 느낍니다.

⑤ 들떠있고, 말수가 많아졌다는 말을 많이 듣습니다.

⑥ 인생이 공허하고 우울하며 슬프다고 느낍니다.

⑦ 의욕이 생기지 않고 집에만 누워 있는 경우들이 많습니다.

⑧ 열심이 살려고 노력해봤자 소용없다는 생각이 듭니다.

⑨ 폭식을 많이 하고 그로 인해 불편함을 느낀 적이 있습니다.

⑩ 가정의 경제 상태가 많이 악화되었다고 생각됩니다.

⑪ 누군가가 나를 미행하고 감시한다는 느낌이 듭니다.

－위에 항목 중 10개 이상이 체크되면 정신분열증을 의심하는 것이 좋습니다.

꼭 정신분열증이 아니더라도 작은 정신적인 장애일 수 있으니 치료를 꼭 하는 것이 좋습니다.

4.정신분열증 증상 및 장애 종류

① 긴장형: 15~25세 사이에 자주 나타나게 되며 정신적으로 상처를 받은 후 급성으로 발병을 합니다. 최근에 다른 유형에 비해서는 현저히 감소된 상황입니다. 어떠한 자극에도 반응을 보이지 않고 마치 마네킹이 된 것처럼 한자리에 꼼짝 않고 몇날 며칠씩 자세를 유지하고 있습니다. 또한 남성들의 동작을 그대로 따라하거나 시키는 일은 무조건 복종 하기도 합니다. 종종 자해를 하거나 난폭해지는 경우도 있다고 합니다.

② 망상형: (a) 주위 사람들이나 환경이 자기를 괴롭히고 있다는 피해망상. (b) 본인이 현실적인 아닌 대단한 사람이라는 과대망상. (c) 주위에서 일어나는 모든 일들이 자기와 관계가 되어서 일어난다는 관계 망상증. (d) 건강 염려성 망상, (e) 애정망상 등등 여러 망상이 복합적으로 나타나게 되며 이때 환각을 동반합니다. 환청은 주로 자신을 비난하거나 위협하는 내용입니다. 20대 후반이나 30대 초반에 많이 발생하는데 이들은 다른 유형의 정신분열증 환자보다 머리도 좋고 사회적 기능을 수행하는 능력이 우수하므로 자신의 증상을 숨기고 생활하는 경우가 많아 주위 사람들이 쉽게 알지 못합니다.

③ 잔류형: 정신분열증의 심한 증상은 회복되었으나 자폐적인 증상 감정의 둔화 및 부적절하고 다소 기이한 행동 등이 남아있는 경우를 말합니다. 망상이나 환청이 남아 있을 수 있으나

심하지 않고 강한 감정 반응이 동반되지 않습니다. 정신분열증은 이처럼 유형으로 나누기도 하지만 그 증상에 따라 양성 증상과 음성증상으로 나누기도 합니다.

양성 증상으로는 환청, 환각, 환시, 망상 괴이한 행동 사고 진행의 장애 지리멸렬한 사고 및 언어사용이 향정신성 약물에 비교적 잘 반응합니다.

5. 환자의 행동특징

① 논리적으로 연결되지 않은 생각을 합니다.

② 지각이 왜곡되어 있고 주의집중에 혼란이 있습니다.

③ 지각과 감정 또는 사고와 지각 사이에 연결이 되지 않습니다.

④ 정서의 변화가 전혀 없거나 양극단을 왔다 갔다 하거나 합니다.

⑤ 대인관계에서 오는 긴장을 견디어내기 어렵습니다.

⑥ 대인관계나 현실과의 접촉을 회피합니다.

⑦ 흔히 망상이나 환상을 현실과 혼동하기도 합니다.

6. 정신분열증 기적치유 비결

1) 말씀과 성령에 의한 영적치유

현대의학은 정신분열증을 불치의 병이라고 합니다. 그러나 하나님의 말씀에는 불치병이라는 말씀이 없습니다. 우선 환자나 보호자나 모두 반드시 하나님이 고치신다고 믿어야 합니다. 믿음이 중요합니다. 하나님에게 집중하는 믿음이 없으면 치유할 수가 없습니다. 환자가 치유 받고자 하는 의지가 있어야 합니다. 의지가 없으면 영적치유는 시간이 많이 걸리고 힘들어집니다.

첫째, 정신분열증환자는 잡념이 많습니다. 잡념을 제거하기 위하여 소리를 내도록 해야 합니다. 주기도문을 외울 때도 소리를 내며 외우게 해야 합니다. 찬양도 소리를 내서 부르게 해야 합니다. 기도역시 소리를 내어 기도하게 해야 합니다.

그러면서 성령치유 집회에 참석하여 말씀을 들어야 합니다. 말씀을 들으면 자연스럽게 영이 깨어나고 믿음이 생깁니다. 많은 분들이 안수만 받으려고 하는데 안수만 받아서는 완전치유가 불가능합니다. 말씀을 들으면서 스스로 치유 받겠다는 의지가 발동해야 합니다. 안수는 최초에 묶임을 풀기위하여 한번 정도는 가능하나 매번 안수만 받는 것은 환자의 영적 자립능력 개발을 위하여 좋지 않습니다.

둘째, 환자가 의지를 발동하게 하여 성령으로 세례를 받게 해야 합니다. 성령으로 세례를 성령치유 집회에 참석하여 말씀을 듣고 기도하면서 받게 하는 것입니다. 기도시간에 배에서 나오는 소리로 주여! 주여! 를 연속적으로 하게 하는 것입니다. 그러면서 안수를 하면 얼마가지 않아서 기침을 하기도 하고, 하품을 하기도 하면서 성령이 역사하기 시작을 합니다. 계속 안수하면서 주여! 주여! 를 강하게 하면 성령의 세례가 임합니다. 성령의 세례가 임하면 그때부터 치유되기 시작합니다.

셋째, 내적치유하면서 귀신을 축귀합니다. 성령의 역사가 일어나서 쉽게 내적치유가 되고 축귀가 이루어지는 것이 보통입니다. 환자나 사역자나 한 번에 치유하겠다는 생각을 버리는 것이 좋습니다. 환자가 믿음이 생기고 영이 깨어나는 만큼씩 내적치유와 축귀를 해야 합니다.

넷째, 지속적으로 성령치유집회에 참석하여 영을 깨우고 믿음이 자라게 해야 합니다. 많은 환자가 성령으로 세례를 받고 내적치유와 축귀를 하면 평안한 상태가 됩니다. 이렇게 되면 치유를 게을리 하는 경우가 있습니다. 조심해야 합니다. 치유를 하루라도 게을리하면 재발합니다. 지속적으로 집회에 참석하여 말씀 듣고 기도를 합니다. 상태가 조금 호전되기 시작을 하면 집중 안수(2시간 30분 이상)를 하여 치유하는 방법을 사용해도 좋습니다. 집중 안수에 대하여는 앞 9장에서 다루었습니다. 바로 앞의 9장을 읽어보시고 치유에 참고하세요. 대개 3달 정도 성령치유 집회에 참석하며 은혜를 받으면 병세가 많이 호전됩니다. 이때부터 거의 정상적인 생활을 할 수 있게 됩니다. 만약에 환자가 약을 복용하고 있다면 담당의사의 지시에 따라야 합니다. 함부로 약복을 중단하면 안 됩니다. 반드시 담당의사의 지시를 따라야 합니다.

성령치유는 질병의 뿌리가 완전하게 뽑혀서 영적 자립을 할 수 있을 때까지 받아야 합니다. 왜냐하면 질병이 밖으로 나타났다면 이미 상당한 기간이 흘렀기 때문에 치유 또한 많이 길게 해야 환자가 영육으로 자립을 할 수가 있는 것입니다. 상태가 좋아 졌다고 성령치유 집회참석을 중단하면 보통 1-2개월이 지나면 재발 합니다. 이점 유념해야 할 것입니다.

환자가 성령치유 받을 때 특별히 유념해야 할 것은 성령치유를 5-7년 정도한 전문적인 사역자를 만나야 합니다. 그리고 한 주에 하루만 받는 것이 아니고 최소한 일주일에 4-5일 이상 집중적으로 참석하여 받아야 합니다. 성령치유 받는 시간을 많이 투자하면 치유기간이 짧아집니다. 성령치유 시간을 적게 투자하면 치유 기간이 길어지거나 치유되지 않을 수 있습니다. 좌우지간 하나님에게 전폭적으로 마음과 시간을 드린 만큼 치유 된다는 것을 알아야 합니다.

완전 치유 후에도 치유 받던 수준의 영성이 있는 교회에서 신앙생활을 해야 재발하지 않습니다. 이런 정신적인 문제가 있는 분은 아예 성령치유를 전문으로 하는 교회에 등록하여 다니면서 치유 받고 유지하는 것이 좋습니다.

다섯째, 정신분열증 예방은 이렇게 합니다. 선조 가족 중에 정신분열증환자가 있다면 후대 가족에게 대물림될 확률이 50%이상 됩니다. 그러므로 어려서부터 성령으로 세례 받으면서 치유 받아야 합니다. 어려서 전문적인 성령치유 사역자의 안수를 지속적으로 받으면 어른이 되어서 발생하지 않습니다. 주일날 부모가 자녀들을 교회에 데리고 다니면서 안수를 받게 하면 됩니다.

2) 의학적인 방법: 이러한 정신분열증의 치료는 한 달 단위입니다 , 정신분열증 증상이 가볍다 하더라도 세달 정도의 치료는 꼭 필요하다고 합니다. 유감스럽게도 단번에 병이 낫는 특효약은 개발되지 못했으며 치료약으로만 회복이 되는 것이 아니라, 생활요법과 가족이나 직장 동료들의 꾸준한 협력도 매우 중요하고 합니다. 분명하게 말씀을 드리면 완전치유는 말씀과 성령에 의한 영적인 치유밖에 없습니다. 정신신경과 약은 절대로 치료제가 아니라서 천국에 갈 때까지 복용을 해야 합니다. 제일 좋은 치유가 영적인 치유입니다.

우리 충만한 교회에서는 이런 분들을 대상으로 매주 토요일날 개별집중치유시간(10:00-12:30)을 갖고 있습니다. 2시간 30분 동안 기도와 안수를 하면서 성령의 역사를 체험합니다. 이 방법이 최고로 빨리 치유할 수 있는 방법입니다. 지속적으로 3-5회를 받으면 영의 통로가 뚫리면서 우울증이나 정신분열증의 치유는 물론, 정신적인 질병의 치유가 되고, 상처가 치유되고, 불면증이 치유되고, 귀신이 축사되고, 마음에 참 평안을 찾게 됨과 동시에 성령의 은사와 능력이 나타납니다. 일석이조가 되는 것입니다. 아주 좋은 사역입니다. 반드시 정한 선교헌금을 입금하고 1주전에 예약을 해야 합니다. 많은 분들이 이 집중치유를 통하여 영의통로를 뚫고 영적인 만족을 누리고 있습니다.

11장 간질 경기 기적치유 비밀

(막 9:22-27)"귀신이 그를 죽이려고 불과 물에 자주 던졌나이다 그러나 무엇을 하실 수 있거든 우리를 불쌍히 여기사 도와 주옵소서 예수께서 이르시되 할 수 있거든이 무슨 말이냐 믿는 자에게는 능히 하지 못할 일이 없느니라 하시니 곧 그 아이의 아버지가 소리를 질러 이르되 내가 믿나이다 나의 믿음 없는 것을 도와 주소서 하더라. 예수께서 무리가 달려와 모이는 것을 보시고 그 더러운 귀신을 꾸짖어 이르시되 말 못하고 못 듣는 귀신아 내가 네게 명하노니 그 아이에게서 나오고 다시 들어가지 말라 하시매 귀신이 소리 지르며 아이로 심히 경련을 일으키게 하고 나가니 그 아이가 죽은 것 같이 되어 많은 사람이 말하기를 죽었다 하나 (예수께서 그 손을 잡아 일으키시니 이에 일어서니라"

간질이란? 일반인들에게 경기, 발작, 또는 간질 등의 용어는 비교적 익숙합니다. 하지만 이러한 말들이 같은 말인지 아니면 다른 말인지 구분을 하지 못하는 경우가 있습니다. 또 다르다면 어떻게 다른지 잘 모르는 경우가 많습니다. 그래서 '경기'라 하면 별로 심각하게 받아들이지 않고, 있을 수 있는 일이라고 넘기는 경우도 있습니다. 일단, '간질'이라는 말을 듣게 되면 마치 불치의 병에 걸린 것으로 생각하고 쉬쉬하거나 여기저기 병원을 찾아다니며 헤매게 되는 경우가 종종 있습니다.

간질은 일상생활 중에 다른 특별한 이유 없이 경기가 반복되는 질환입니다. 우리의 뇌는 세포들끼리 전기적인 신호를 주고받으며 활동을 하는 기관입니다. 건강한 상태에서는 이러한 전기적인 신호가 적절하게 만들어지고 제어되게 됩니다. 그러나 여러 가지 원인에 의한 병적인 상태에서 뇌 조직이 과다한 전기를 방출하게 될 때 경기가 나타나게 됩니다. 경기는 간질 이외에도 뇌에 염증이 생겼다거나, 대사 이상, 뇌출혈 등 뇌 활동에 영향을 주는 다른 질환에서 나타날 수 있습니다. 이러한 이유 없이 일상생활 중에 예측할 수 없는 시기에, 경기가 반복적으로 지속되는 질환을 간질이라고 합니다.

경기의 증상은 그 경기가 뇌의 어떤 부분에서 발생하였느냐에 따라 매우 다양하게 나타날 수 있습니다. 팔다리가 굳거나 떠는 등의 운동계 증상이 나타날 때 발작이라는 용어를 쓰기도 합니다.

1.간질의 유병율

간질은 전체 인구의 0.5~1%에 이르는 높은 유병율을 가지고 있는 비교적 흔한 질환입니다. 이중 약 20%는 기존의 약물치료에 잘 반응하지 않는 난치성 간질로 알려져 있습니다. 그러나 소아 연령에서 열이날 때 흔히 발생하는 열성 경련을 포함하여, 고혈압, 당뇨, 뇌의 출혈성 질환 등 경련을 일으킬 수 있는 여러 질환들에 의해서도 경기가 발생할 수 있습니다. 실제로 일생동안 한 번이라도 경련을 하는 경우는 전체 인구의 10~15% 정도 되는 것으로 알려져 있습니다.

2.간질의 원인

간질 발작을 일으킬 수 있는 원인은 무수히 많으나 연령에 따라 그 원인이 다를 수가 있으므로 가능하면 그 원인을 찾아 선행원인을 교정해 주는 것이 필요합니다. 소아 연령에서는 유전적 요인, 임신 및 출산 그리고 산욕기 동안의 약물의 노출, 감염, 손상 등이 원인이 될 수 있습니다. 그리고, 이런 경우는 대개 지능의 저하, 발육지연 등이 동반될 가능성이 높습니다.

어른의 경우에는 소아영역의 간질의 원인과는 다르게 선천적인 원인보다는 후천적인 원인이 더 큰 비중을 차지하게 됩니다. 어른에서의 간질의 원인으로는 해마 경화증, 뇌종양, 교통사고를 비롯한 각종 뇌 손상,뇌수술 후의 후유증, 뇌졸중, 임신중독증, 그리고 알코올 중독 등의 매우 다양한 원인들이 있습니다. 간질의 수술적 치료로써 완치율이 높은 해마 경화증은 어른에서 가장 흔한 측두엽 간질의 한 원인이 되고 있습니다.

3. 간질의 증상

간질은 앞에서 이야기한 대로 뇌에서의 갑작스럽게 비정상적으로 과다한 전기적 방전에 의해 반복적으로 나타나는 현상이므로, 밤이든 낮이든 아무 때나 또 어느 곳에서든 일어날 수 있습니다. 일반인들이 많이 알고 있는 경기의 양상은 눈을 치켜뜨고 팔다리가 뒤틀리며 소리를 지르고 입에 거품을 무는 대발작을 이야기 하는 경우가 많으나, 실제적으로는 이런 대발작보다는 부분 발작이 더 흔합니다. 부분 발작의 증상은 경기가 뇌의 어느 부분에서 시작되는지 또는 뇌의 다른 부위로 얼마나 퍼져 나가는가에 따라 환자마다 경기의 양상이 다르게 나타날 수 있습니다.

남들은 전혀 알 수 없는 본인만 아는 느낌 또는 전조 이상 증상, 갑자기 지금까지 익숙하던 현실이 낯설게 느껴지거나, 낯설은 것이 익숙하게 느껴지는 것, 현실에 존재하지 않는 것이 들리거나 보이는 등의 환시나 환청, 불러도 반응이 없으며 무언가 만지려 하거나 입맛을 다시는 등의 이상한 행동, 갑자기 무언가에 놀랜 듯이 움찔거리는 증상 등이 반복될 때는 부분성 간질을 의심해 보아야 합니다.

4. 간질의 종류

간질은 어떤 종류의 경기를 하는지, 뇌의 어느 부분에서 경기가 발생하는지, 어떤 원인에 의해 경기가 나타나는지, 어느 나이에 경기가 시작되는지, 병의 경과가 어떻게 진행되는지 등에 따라 다양한 종류로 구분하고 있습니다. 실제 간질은 이러한 분류에 따라 약 100 종류 이상으로 구분할 수 있는 것으로 알려져 있는데, 분류에 따라 서로 다르고, 치료에 대한 반응이 아주 다를 수 있기 때문에 어떤 종류의 간질인지 정확히 진단하는 것이 매우 중요합니다.

결국 어떤 종류의 간질인가에 따라 치료 방법이나, 치료 약제가 다를 수 있고, 치료하지 않아도 좋아질 수 있는 양성 간질에서부터 간질 자체가 정신 발달을 황폐화시키는 간질성 뇌증까지 매우 다양한 종류의 간질이 있기 때문에 정확한 분류와 그에 따르는 치료 선택이 매우 중요합니다.

5.경련 발작시 처치요령

경기가 나타나게 되면 의식을 잃는 등 자신에 대한 방어 능력이 없어지게 되고, 주위 사람들을 매우 당황스럽게 하지만, 대부분의 경련은 오래지 않아 저절로 멈추게 됩니다. 그러나 한번 시작한 경기가 오랫동안 지속되면 그 자체로 뇌에 손상을 초래할 수 있으므로, 경기가 나타났을 때에는 가급적 빠른 조치가 필요합니다.

즉 경기가 시작되면 우선 주변의 위험한 물건들을 치우고 혀를 이빨로 깨물지 못하도록 조치해 주어야 합니다. 또 경기를 할 당시에는 침의 분비가 증가하고, 간혹 구토가 일어나 토물이 입안에서 기도를 막을 수 있습니다. 이러한 입안의 내용물이 바깥으로 쉽게 배출될 수 있도록 고개를 반드시 옆으로 돌려주어야 합니다. 대부분의 경기는 오래 지속되지 않지만, 첫 3분까지는 이러한 조치를 취하고 지켜보는 것이 중요하지만, 경기가 그 이상 계속되면 가급적 빠른 시간 내에 응급처치가 가능한 병원으로 옮겨야 합니다.

손을 딴다거나, 사지를 주무르는 행위는 실제로 경기를 억제하는데 아무런 영향을 주지 못하므로 이러한 행위로 시간을 낭비하는 것은 바람직하지 않습니다. 손을 잡는다든지, 발을 잡는다든지, 압박을 하는 행위는 절대로 삼가야 합니다.

6. 간질의 진단

1) **환자의 병력**: 간질은 진단하는데 있어 가장 중요한 것은 환자의 병력입니다. 즉 실제로 위에서 말한 증상이 있고 이런 증상들이 간질을 전문으로 보는 의사에 의해 확실히 진단을 받게 되는 것입니다. 가끔 간질과 비슷하게 발작 흉내를 내거나, 꾀병을 부리거나, 또는 정신적으로 과도한 스트레스가 반복적인 의식 소실을 가져오게 하는 경우가 있는데, 이때는 전문의를 찾아 간질이 확실한지 정확한 진단을 받는 것이 중요합니다.

뒤에 설명한 여러 검사들은 임상적으로 진단된 간질을 진단할 수 있으며, 드물게는 뇌파나 뇌 검사상 이상이 있어도 발생하지 않는 환자도 있습니다.

2) 뇌파검사: 뇌파검사는 간질 발작동안 또는 간질 발작이 없는 동안에 비정상적인 뇌파가 보이는지를 알 수 있게 해주고, 비정상적인 뇌파가 보일 때 뇌의 어느 부분에서 이상 뇌파가 보이는지를 알 수 있게 해줍니다. 그러나 일반 뇌파 검사에서는 실제로 간질 환자라 하더라도 이상이 있는 것으로 나타나는 경우가 절반 정도 밖에는 되지 않으므로, 처음 검사에서 정상으로 나타났다 하더라도 간질이 아니라고 할 수는 없으며 반복 검사를 시행함으로써 비정상 뇌파를 발견할 확률을 높일 수 있습니다. 그러나 뇌의 깊숙한 부분에 이상이 있는 경우에는 발견될 가능성이 적으므로 이런 경우에는 특수 전극을 사용함으로써 비정상 뇌파의 발견 가능성을 높일 수 있습니다.

3) 뇌의 자기 공명 영상(MRI): 간질을 가진 환자에서 꼭 필요하고 중요한 검사 중의 하나라고 할 수 있습니다. 왜냐하면 뇌 자기공명 영상은 뇌의 구조를 직접 볼 수 있는 검사이므로 뇌종양이나 해마 경화증 등, 간질의 중요한 원인을 차지하고 있는 뇌의 이상을 발견하여 필요하면 수술적 치료까지 시행할 수 있습니다. 간질의 종류 중 측두엽 간질에서는 보통 시행하는 뇌 자기공명영상으로는 간질을 잘 일으키는 부위로 알려진 해마 부위를 잘 볼 수 없는 경우가 많아 찍는 방법을 달리해야 하는

경우가 있습니다. 뇌의 자기공명영상과 뇌파검사는 간질을 가진 환자에서 간질의 원인 및 간질 발생 부위를 결정하는데 필수적인 검사라는 것을 명심하셔야 합니다.

4) 비디오—뇌파 검사(Video/EEG monitoring): 최근 간질의 치료 방법의 하나로 수술적 치료가 도입되면서 이 검사의 역할이 부각되었습니다. 이 검사는 24시간 동안 환자의 경기의 양상을 비디오로 녹화하면서 이와 동시에 뇌파를 기록하여 컴퓨터 시스템으로 저장하여 다시재생 함으로써, 직접 환자가 경기 하는 모습을 볼 수 있습니다. 이때 뇌파의 변화도 동시에 볼 수 있어 경기가 뇌의 어느 부분에서 발생하는지에 대한 유용한 정보를 줍니다. 따라서 수술적 치료를 요하는 간질 환자에서는 필수적인 검사라 할 수 있습니다. 하지만 꼭 수술을 요하는 경우가 아니더라도 환자 보호자의 말만으로는 환자의 이상한 행동들이 경기의 증상인지 알기가 어려운 경우 확인을 위해서도 검사를 할 수 있습니다. 특히 어린아이들의 경우 간질발작이 어른과 달리 구분이 쉽지 않은 경우가 많으므로 유용합니다.

또한 외래에서 시행하는 뇌파 검사상에서 이상이 발견되지 않는 경우 장시간의 뇌파 검사를 통해 이상을 발견할 수도 있습니다. 경기하는 모습을 직접 볼 수 있어 경기의 종류를 결정함으로써 그에 맞는 약물을 선택하는데도 도움이 될 수 있습니다.

5) 뇌 혈류 검사(SPECT) 및 뇌 대사작용(PET) 검사: 뇌 혈류 검사(SPECT) 및 대사작용(PET)검사는 간질이 일어나는 부

위의 기능적 변화 유무를 보기 위한 검사입니다. 즉, 간질발작이 없는 동안 이들 검사를 시행하면 간질을 일으키는 부위에서는 뇌 혈류와 뇌의 대사 작용이 감소되어 있는지 확인할 수 있습니다. 간질 발작이 일어나고 있는 동안에는 오히려 증가되는 것을 확인할 수 있습니다. 따라서 간질발작이 있을 때와 없을 때 두 번의 검사를 시행하여 이상이 생기는 부위가 같다면 그 부분이 경기를 일으키는 부위로 생각할 수 있습니다.

7.간질의 치료

1) 약물치료(항경련제):약물치료는 모든 간질의 치료 중 첫 단계이며, 대부분의 환자들은 약물치료만으로 간질이 치료될 수 있습니다. 즉, 전체 간질 중 약 80%는 일반적인 약물 치료에 의해 충분히 조절이 가능하고 그 중 상당수는 일정기간 투약 후 약물 치료를 중단하더라도 경기가 완전히 치유되기도 합니다. 일반적인 약물 치료에 조절이 잘 안 되는 약20%에 이르는 난치성 간질이라 하더라도 최근 들어 활발히 적용되고 있는 새로운 치료법들에 의해 상당수가 완치에 이르고 있습니다. 하지만 간혹 약물치료에 의해 충분히 조절이 가능한 환자가 치료를 하는 중에도 발작이 계속되어 포기하는 경우가 있습니다. 따라서 약물치료를 효과적으로 시행하기 위해서는 몇 가지 유의해야 할 사항이 있습니다.

첫째, 약물의 종류에 관한 문제입니다. 현재까지 시판되고 있는 간질의 치료제는 수십종에 이릅니다. 따라서 어떤 약제를 선택하느냐에 따라 경기의 조절 정도가 달라질 수 있습니다. 약물을 선택하는데 중요한 것이 간질의 종류입니다. 물론 모든 간질에서 다 그런 것은 아니지만 어떤 간질은 그 약으로만 잘 조절되는 경우가 있습니다. 따라서 이러한 결정은 간질을 전문으로 치료를 하는 의사와 상담을 통해 결정을 하는 것이 좋습니다.

둘째, 약물의 용량입니다. 간질의 치료제로 많은 수의 환자들이 잠이 많아지거나, 어지럽거나, 위장장애 등을 경험하게 되며 자의로 약의 복용횟수를 줄여서 먹는 경우가 있습니다. 물론 하루에 한 번 복용이 가능한 경우도 있으나 대부분은 하루에 2회 내지 3회 정도의 약물 복용이 필요하며 제대로 잘 복용할 때에 혈중 약물 농도가 치료농도를 유지할 수 있습니다. 약물의 부작용이나 다른 이유로 의사 선생님이 권한대로 약물을 복용할 수 없을 때는 반드시 다시 의사 선생님과 상의를 하여 약물을 조절하는 것이 좋습니다.

셋째, 약물의 부작용에 관한 문제입니다. 일반적으로 간질로 진단받고 치료를 시작하면 항경련제를 2~3년 이상 복용해야 하므로 항경련제가 지능 등에 미치는 영향은 매우 중요한 관심이라 하지 않을 수 없습니다. 항경련제는 결국 뇌에 작용하여 뇌의 전기적인 활동에 관여하므로 대뇌 활동에 어느 정도 영향을 주는 것은 사실입니다. 그러나 항경련제를 복용중인 사람들을 조사해보면 복용 전과 후에 차이가 발견되는 경우는 많지 않습니다. 결국 항경련제 투여 전후의 상태 변화를 세밀히 관찰하여 그러한 영향에 대한 평가를 하는 것이 매우 중요합니다.

그리고 최근에 개발된 항경련제들은 대뇌에 대한 부작용이 적어서 비교적 안심하고 사용할 수 있으나, 항경련제를 과다투여 하거나 체질적으로 민감한 일부 환자에서는 항경련제를 장기간 투여할 때 지능 저하가 초래될수 있습니다. 그러므로, 항경련제를 투여할 때에는 약물 투여 전과 후에 환자의 인지 기능과 대뇌 활동 저하, 즉 피로감 또는 의욕저하 같은 변화가 있는지를 자세히 관찰하여, 그러한 영향이 없거나 덜한 약제를 선택하는 것이 매우 중요합니다.

넷째, 약물의 혈중 농도검사입니다. 예를 들면, 같은 양의 술을 마시더라도 취하는 정도가 다르듯이 사람마다 약제의 요구량이 다를 수 있기 때문에 정기적으로 약물의 혈중 농도검사를 시행하여 약제의 항경련 효과가 제대로 유지되는 상태인지를 확인해야 합니다.

2) 수술적 치료: 최근 간질을 수술로 치료하여 성공한 환자들이 늘어나면서, 간질 때문에 고생한 환자나 보호자들은 한 번쯤 간질 수술에 대해 생각해 보지 않으신 분이 없을 것입니다. 하지만 모든 간질환자들이 수술적 치료의 대상이 되는 것은 아닙니다. 환자의 간질에 적당한 약물을 선택하여 충분한 용량을 일정기간 치료했음에도 불구하고 간질이 조절되지 않는 난치성

간질이 그 대상입니다. 또한 난치성 간질이라고 할지라도 위에서 말한 여러가지 검사를 통해 뇌의 어떤 부위가 간질을 일으키는 것으로 판단될 때 수술을 고려할 수 있으며 또한 그 부위가 수술적 접근이 가능한 부위여야 합니다. 왜냐하면 뇌 기능에 중요한 역할을 하는 부위는 수술로 제거될 때 큰 수술 후 장애를 남길 수 있기 때문입니다.

그러므로 수술적 치료가 필요한 상태인지 또는 수술의 대상이 되는지는 간질을 전문적으로 진료하는 의사와 상의하여 결정하는 것이 중요합니다. 사람에게 있어 뇌는 인간이 생각하는 모든 것을 조절해주는 매우 중요한 곳이므로 신체의 다른 부위보다 더 신중한 결정을 요하며, 이런 신중한 결정을 통해서 수술이 최선의 선택이라고 판단될 때 수술후의 결과도 만족스러울 수 있기 때문입니다.

3) 케톤성 식이요법: 케톤성 식이요법은 금식할 때 나타나는 항경련 작용을 지속시키는 치료 방법으로, 기존의 어떠한 약물 치료에도 조절되지 않는 난치성 간질 환자의 일부에서 매우 효과적이라는 것이 알려져 최근 세계적으로 다시 활발하게 이용되고 있는 항경련 치료입니다.

뇌세포는 평상시에는 당을 에너지원으로 사용하지만, 금식으로 당이 고갈되면 지방으로부터 만들어진 케톤체들을 에너지원으로 사용하게 되는데, 이 때 에너지 생산이 훨씬 증가하여 뇌세포의 기능이 향상되고 항경련 작용이 나타난다고 알려져 있습니다. 결국 이 치료를 시작하기 위해서는 체내에 저장되어 있는 당 성분을 모두 소진시키기 위해 2~3일간 금식하여야 하며, 이후 당을 극도로 제한하고 지방질이 대부분인 고지방 저탄수화물 및 저단백의 식사를 유지하여야 합니다.

초기의 금식 기간이나 식사에 대한 적응과 교육이 필요한 첫 1~2주간은 반드시 병원에 입원하여 금식에 의해 유발되는 합병증을 주의깊게 관찰하여야 합니다. 케톤성 식이요법의 항경련 효과는 치료 기관에 따라 차이가 있지만, 기존의 어떠한 치료에도 조절되지 않는 난치성 간질환자의 약 반수에서 경련이 완전히 억제되거나 현저히 감소하는 것으로 알려져 있습니다.

국내에서 시행한 연구 역시 인제의대 상계백병원 간질센터의 결과로 난치성 소아 간질 환자의 49명 중 27명(55.1%)에서 경련이 완전히 억제되거나 90% 이상 감소한 것으로 나타나고 있습니다. 또한 인지 기능이나 행동 장애 역시 상당히 호전시키는 것으로 알려져 있습니다. 케톤성 식이요법의 항경련 효과는 치료 시작후 1~2주 정도에 가장 강력하게 나타나며, 치료 기간중 지속되므로, 치료후 3개월 정도까지도 성공적인 치료 효과가 없을 경우에는 중단하는 것을 고려할 수 있습니다.

그러나 간질이 효과적으로 억제될 경우에는 기존의 항경련제를 모두 중단하는 것이 가능하며, 약 2~3년간 경련이 재발하지 않으면 다시 정상식사로 환원시킬 수 있는 치료법입니다.

4) 영적치유: 성령이 충만하고 신유은사가 있는 목회자나 성도가 안수를 하는 것입니다. 환자만 하는 것이 아니고 부모와 함께 치유하는 것이 효과적입니다. 필자가 병원에 능력 전도하러 다닐 때 일반적인 간질이나 경기는 세 번 정도 안수하면 완치가 되었습니다. 될 수 있는 대로 어려서 영적치유를 하는 것이 치유가 빠릅니다.

8.교육, 학교생활

간질환자는 완벽한 사회의 일원으로 생활할 수 있습니다. 우리나라에도 약 40만 명 정도의 간질환자가 있을 것으로 추산되고 있는데, 이들의 상당수가 정상적인 사회생활을 하고 있습니다. 일반적으로 간질환자들은 정신 지능이 낮거나, 학습 능력이 떨어질 것으로 생각하는 경우가 많은데, 선천적으로 대뇌 기능 장애를 함께 가지고 태어난 경우가 아니면, 간질 자체에 의해 정신 기능이 떨어지는 경우는 많지 않습니다.

인류 역사상 각 분야에서 위대한 업적을 남긴 여러 인물들, 즉 소크라테스, 시저, 나폴레온, 바이런, 도스도예프스키, 고갱 등이 모두 간질환자였다는 사실만 보아도 간질이라는 병이 지적 능력에 직접적인 영향을 미치지는 않는다는 것을 알 수 있습니다.

결국 간질을 앓고 있다고 하더라도 대학을 가거나 전문 직위를 가지는 데 지장이 없을 수 있고, 실제로 많은 환자들이 그러한 성취를 하고 있습니다. 간혹, 약물 복용이 수업에 장애가 되거나 쉽게 피곤하게 만드는 경우가 있지만, 일상생활에서의 부작용은 전문 의사와 상의하여 상당 부분 완화시키는 것이 가능합니다.

또 수면 부족은 발작을 유발할 수 있으므로, 밤새워 공부하는 것은 절제하여야 합니다. 그밖에 학교에서의 체육수업이나 방과활동들은 특별히 제한할 필요는 없습니다.

9.운동, 여행

운동은 여러 이유로 간질 환자에게도 생활을 풍요롭게 만들어 주는 방법이 됩니다. 조깅, 테니스, 골프, 산책, 하이킹, 축구, 농구, 야구 등 대부분의 운동이 간질환자들이 위험 부담 없이 즐길 수 있는 운동들입니다. 그러나, 발작은 예측할 수 없는 시기에 발생할 수 있으므로, 발작이 일어났을 당시의 상황이 환자를 매우 위험하게 만들 수 있다는 것을 유념하여야 합니다.

즉, 수영을 하다가 경기가 발생하면 익사사고가 날 수 있으며, 도로에서 자전거를 타고 가다가 경기가 나타나면 교통사고가 발생할 수 있습니다. 일반적인 물놀이는 문제가 안되지만, 주변에 붙어서 지켜주는 사람이 없는 한 수영은 금하는 것이 좋습니다. 등산 역시 대기압의 차이로 경기를 유발할 수 있고, 추락의 위험성이 있으며, 응급 상황에서 조치가 늦어질 수 있습니다. 그러나 간질이 잘 조절되는 상태에서 가벼운 산행 정도까지 금할 필요는 없습니다. 그 외에 스키나, 혼잡한 상태에서의 스케이팅 역시 발작에 따른 사고가 일어날 수 있으므로 주의하여야 합니다.

또 머리에 충격이 일어날 때 경기가 발생할 수 있으므로 머리를 부딪힐 수 있는 운동은 가급적 피하는 것이 좋습니다. 태권도, 검도 등의 격투기 운동에서 머리에 충격을 주는 동작이라던가, 축구에서도 헤딩 등은 피하여야 합니다. 여행 역시 생활에 재충전을 시킬 수 있고. 친구들과 가까워지게 하는 중요한 생활 요소라고 할 수 있습니다. 그러나, 여행 중에 약물 복용을 중지하거나, 잠을 자지 않는 등의 생활 패턴의 변화는 간질 발작을 유발할 수 있으므로, 이러한 문제가 발생하지 않도록 반드시 주의하여야 합니다.

10. 직업, 일상생활

현재 세계적으로 간질 환자들은 수백종의 다양한 직업을 가지고 활동하고 있습니다. 경기가 완전히 조절되지 않는다고 하여, 그 직업에서 필요한 능력을 발휘하지 못하는 것은 아니기 때문에 직업 선택에 불이익을 받을 이유는 없습니다. 그러나, 운전과 같이 경기에 의해 사고가 유발될 수 있는 특수한 일은 간질 전문의와의 충분한 상의 없이는 제한될 수 있습니다.

간질환자의 식사는 특별한 차이를 둘 필요는 없지만, 장기간의 항경련제가 몸에 필요한 비타민이나 미네랄의 소모를 증가시키는 경우가 있기 때문에 균형 있는 식사와 비타민 제제의 보충이 도움을 줄 수 있습니다. 간혹 난치성 간질 환자에서 시행되고 있는 고지방 저탄수화물의 케톤성 식이요법은 특수한 식이처방에 따라 이루어지는 방법으로 일반적인 간질 환자의 치료에 적용되지는 않습니다.

간질 환자의 수면 역시 일반인들과 비슷한 양이 필요합니다. 특별히 더 많은 낮잠이나, 조기 취침이 필요하지는 않습니다. 그러나 밤을 샌다거나, 수면이 극도로 부족한 상태에서는 경기가 유발될 수 있으므로 적당한 수면은 반드시 유지시키는 것이 좋습니다.

음주는 간질환자가 금하여야할 생활 중의 하나입니다. 물론 알콜 자체는 경기를 억제하는 역할을 하기도 하지만, 대부분 술에서 깰 때 경기가 유발될 수 있습니다. 또 일부의 항경련제와 술이 같이 작용할 때는 매우 위험한 일이 생길 수 있고, 과음의 경우 수면 장애를 일으키기 때문에 경기가 유발되기 쉽습니다. 친구 또는 가족들과의 사교 모임에서 맥주 한잔이나 샴페인 한잔 정도까지 제한할 필요는 없지만, 음주량을 스스로 조절하지 못하는 환경은 반드시 피하여야 합니다.

또 간질 치료 중에 다른 질병에 걸렸을 때는 전문의의 조언을 받아 치료 받는 것이 중요합니다. 단순히 감기를 치료할 경우에도 일부의 약제가 경련을 유발할 수 있기 때문에 간질 치료를 받는 것을 밝히고 처방을 받는 것이 필요합니다. 또 어떤 치료를 받는가에 관계없이 항경련제는 반드시 지속해야 합니다.

11.간질과 임신, 그리고 유전

간질을 가지고 있는 여성들은 임신에 대하여 불안감과 많은 의문을 가지고 있습니다. 그러나 현대 의학의 발달과 임상실험에 의하여, 간질이 있는 여성의 90% 이상에서 정상적인 임신과 건강한 아기를 가질 수 있다고 보고됩니다.

간질을 가진 여성 환자들도 정상적인 여성들과 같이 아기를 낳는 것 뿐만 아니라 건강하고 정상적인 아기로 키우는 과정도 아무 문제없이 잘 해낼 수 있으므로 미리 겁내고 아기를 갖지 않거나 망설이지 말고 언제든지 간질을 치료하는 전문의와 지속적인 치료를 통해 행복한 가정 생활을 이루시기를 바랍니다.

출산후에 아이를 지속적으로 성령이 함께하는 전문 사역자에게 안수를 받는 것이 좋습니다. 아이에게 전이될 수 있는 유전적인 요소가 사전에 치유되기 때문입니다.

1) 임신계획 및 임신 중 유의사항: 임신하기 전에 가장 중요한 것은 피임입니다. 이것은 임신하기 전에 의사와 상의하여 가장 좋은 치료를 선택할 때 까지 시간을 얻을 수 있고, 이런 상태

에서 임신을 하여야만 산모와 태아에게 더 안전하기 때문입니다. 피임방법에는 여러 가지가 있습니다.

그 중에서 피임약을 쓰는 방법은 특히 조심하여야 하는데, 그이유는 피임약에는 호르몬이 함유되어 있는데 항경련제를 먹고있으면 호르몬의 대사를 촉진시켜 피임이 실패할 가능성이 높습니다. 그러므로 호르몬이 함유된 피임약은 용량을 의사와 상의하여 증량 하거나 남성용 피임기구, 루프 삽입, 설정자제 피임약 등을 사용하는 것도 좋습니다.

간질에서 가장 중요한 것은 경기가 약물로 잘 조절되는 것이지만 그에 따르는 다른 걱정은 먹고 있는 항경련제가 태아에게미치는 영향입니다. 물론 모든 항경련제가 태아에게 완전히 안전하지는 않습니다. 그러나 임신 전에 의사와 상의하여 영향을최소한도로 줄일 수는 있습니다. 먼저 가능하면 태아에게 비교적 안전한 약물로 바꾸는 방법입니다. 또한 여러 약물보다는 한가지 약물로 조절하는 것이 좋습니다. 환자 분들은 담당 의사가이러한 시도를 하는데 시간이 필요하다는 것을 이해하셔야 합니다.

특히 임신기간 동안 항경련제가 태아에 나쁜 영향을 끼친다는 생각에 자의로 안 먹는 분도 계시지만, 이것은 산모와 태아에 치명적인 결과가 생길 수도 있는 위험한 일입니다. 그러므로약물 치료를 계속하면서 의사와 상의하여 최대한의 효과가 나오도록 하는 것이 중요 합니다.

임신은 산모에게 행복감을 주지만, 임신에서 경련성 질환은 고위험군 입니다. 임신 후 25~30%의 산모에서 경련의 빈도가 증가합니다. 이는 신체적으로나 정신적으로 많은 스트레스를 받고, 산모가 임신기간 동안 몸의 여러 상태가 변하기 때문입니다. 어떠한 환자에서 빈도가 증가하는지는 아직 예측하는 방법이 없습니다. 그러므로 임신 기간에도 신경과 의사와의 정기적 진찰과 만약 경련의 빈도가 증가하면 곧바로 담당 의사에게 연락하여야 합니다. 여기서도 강조를 하지만 항경련제의 복용에 의한 위험보다는 임신 중에 심한 경기를 일으키는 것이 더욱 해롭습니다.

산모는 또한 적당한 휴식과 영양가가 골고루 있는 식사를 하는 것도 중요합니다. 잠을 제대로 자지 못하면 경기가 생길 위험이 높아집니다. 산책 등 가벼운 운동과 휴식이 산모와 태아에 유익합니다. 입덧이 심하면 의사와 상의하여 영양분이 균형잡힌 식사와 항경련제를 계속 복용하도록 합니다. 그밖에 다른 산모와 마찬가지로 흡연, 알코올, 수면제 등은 복용하지 않는 것이 좋습니다. 임신중 여러가지 경련 중에서도 전신성 강직성 근대성 간질발작 (대발작) 이 가장 위험합니다. 이 발작이 일어나면 환자가 쓰러지며 태아에 충격을 주게되어 유산이나 출혈을 일으키고, 호흡곤란으로 태아에 저산소증이 생겨 뇌 형성 등에 나쁜 영향을 주게 됩니다.

혈액내 항경련제 농도는 임신 중에 낮아질 수 있으므로, 항경련제의 혈중농도를 유지하기 위하여 자주 검사하는 것이 좋습니다. 용량의 증가는 신경과 의사와 상의하시고 출산 후에 체중이 감소하면 약의 용량도 혈중농도에 따라 감량하게 됩니다.

2) 항경련제가 태아에게 미치는 영향: 건강한 산모에서 기형이 발생하는 비율은 100명당 2~3명입니다. 항경련제에 노출되면 위험률이 100명당 4~6명으로 2배가 됩니다. 그러나 거꾸로 생각하면 94~96명의 산모에서는 건강한 아기를 낳을 수 있습니다. 약물의 태아에 대한 영향은 초기 3개월까지가 중요합니다. 그러므로 임신 사실을 알고 나서 자의로 약물을 끊어도 이미 늦고 도리어 경련의 발작이 심해져서 태아에 더욱 나쁜 영향을 미칩니다.

약물이 태아에 미치는 영향은 한가지 약물을 먹을 때 보다 두가지 이상의 약물을 먹을 때 더 커집니다. 한가지 약물로 경기가 잘 조절되면 태아에게도 영향을 적게 줄 수 있으므로 바람직합니다. 태아에게 나타나는 증상은 작은 결함은 안면의 이상한 모양, 즉 큰 입, 평편 코, 작은 손톱과 발톱으로 치료나 수술 등도 필요 없고 지능이나 육체적 이상과는 관계가 없습니다. 한편 큰 결함은 언청이, 심장 기형 등이 있으며 이때에는 특별한 치료가 필요하게 됩니다.

3) 진통과 분만: 분만 날은 미리 예정하여 산모와 아기가 특별한 치료를 받을 수 있도록 준비하여야 합니다. 태아에서 초기 며칠 안에 출혈이 생길지도 모르기 때문에, 산모가 분만 1주일

전부터 비타민 K를 복용하고 아기도 태어나자마자 비타민 K를 주는 것이 좋습니다. 분만 도중 산모에게 경기가 일어날 확률은 100명 중 1명으로 이에 대한 준비도 하여야 합니다.

4) 수유: 항경련제를 먹고 있는 산모는 모유를 먹일 때에 모유 속에 미량의 항경련제가 있지만 아기에게 큰 영향을 주지는 않기 때문에 괜찮습니다. 그러나 페노바비탈이나 마이졸린은 모유에 함유되어, 아기가 먹은 후 졸려고 하고 모유를 잘 안먹기 때문에, 이 약을 복용하는 산모는 모유를 주지 않는 것이 좋습니다.

5) 아기를 돌볼 때의 주의점: 아기를 돌보는 것은 즐거운 일이지만 산모에게 많은 일거리와 정신적인 스트레스를 줍니다. 밤에 수유를 하기 위하여 자주 깨기 때문에 수면이 부족하면 경기가 생길 가능성이 많으므로 충분한 휴식을 취합니다. 아기를 돌볼 때에 아기를 안고 일을 하다가 (음식 만들기 등) 경기가 생기면 아기에게 화상이나 머리 손상의 큰 피해를 주기 때문에 절대로 아기를 안고 일을 하면 안 됩니다.

기저귀를 갈거나 할 때에도 의자나 침대와 같이 높은 곳에서는 하지 마십시오. 아기 목욕도 혼자서 시키지 않는 것이 좋습니다. 아기가 기어 다니거나 걷기 시작하면 산모가 경기를 하는 동안 위험한 행동을 하지 못하도록 전기 코드를 빼놓거나 문들을 닫아 놓아야 합니다. 아기를 안전한 구역 안에서만 놀도록 울타리를 치는 방법도 있습니다.

6) 유전: 많은 사람들이 간질은 유전되는 병이라고 알고 있습니다. 그러나 간질을 일으키는 원인 중에서 유전되는 것은 5~6가지의 증후군이며, 이 환자에서도 6~15% 정도만이 자녀가 경련성 질환을 일으킵니다. 그러므로 "간질은 유전을 한다"라기보다는 "유전적인 소인이 있다"라고 할 수 있습니다. 전체 간질환자들을 대상으로 보면 자녀가 간질로 나타나는 확률이 4~6%로 정상적인 인구에서 보다 별로 높지 않습니다.

12.치유시 참고할 사항.

필자가 지금까지 성령치유 사역을 하다가 임상적으로 경험한 결과는 이렇습니다. 어렸을 때에 상처가 있던 사람들이 스트레스를 많이 받으니까, 갑자기 간질증상이 나타나는 사람이 있습니다. 간질이 갑자기 발생하니까, 경험이 없는 사람들이 귀신의 영향으로 간질이 발생했다고 단정을 짓습니다. 그래서 이 목사님 저 목사님에게 귀신축사를 받으러 다닙니다. 이러다가 치유의 시기를 놓쳐서 심각한 상태로 진전이 되기도 합니다. 저는 이런 분들을 다수 치유한 경험이 있습니다. 우리가 스트레스를 받으면 체력의 소모가 많이 됩니다. 체력이 떨어지니 자신 속에 잠재하여 있던 영육의 문제가 드러나는 것입니다. 그래서 간질을 하기도 합니다. 어떤 분들은 가위눌림을 당하기도 합니다.

그래서 영적인 문제라고 단정하고 축사만 받으려고 합니다.

그러다가 영적인 분야를 잘 알지 못하는 사역자를 만나 금식도 합니다. 그러나 금식은 금물입니다. 체력이 소진되어 문제가 발생했는데 금식을 하면 기름 가마에 불을 붙이는 것과 마찬가지입니다. 더 악화된다는 것입니다. 이때에는 당황하지 말고 환자를 안정시키고 우선 체력을 보강해야 합니다. 빠른 시간에 체력을 보강할 수 있는 보약이나 다른 보양 식품을 먹여야 합니다. 그래서 체력을 회복시켜야 합니다.

안정을 취하게 해야 합니다. 그러면서 정신적인 문제를 바르게 전문으로 치유하는 사역자에게 가서 치유를 받으면 바로 정상이 됩니다. 그런데 이와 같은 전문적인 치유를 일반 성도들이나 목회자는 잘 이해하지 못합니다. 그래서 영적치유를 받겠다고 일 년 이상 돌아다니면서 이 사람 저 사람에게 안수만 받으면서 돌아다니게 됩니다. 이러다가 치유의 시기를 놓쳐서 환자가 사람 노릇을 못할 정도로 심각해 질수가 있으니 주의 하지 않으면 안 됩니다.

이와 같은 초기 간질 중상은 나이에 상관없이 발생할 수가 있습니다. 어떤 사람은 17세에 발생합니다. 어떤 사람은 20세에 발생합니다. 어떤 분은 26세에 발생하기도 합니다. 어떤 분은 34세에 발생할 수도 있습니다. 대략 이런 증상이 발생하는 사람의 유형을 보니 집안에 우상의 숭배가 심한 집안의 내력이 있는 가문에서 발생을 합니다. 유아 시절에 경기가 있던 분들이 잘 발생합니다.

그리고 태중에서나 유아시절에 상처를 많이 발생한 분들이 많이 발생이 됩니다. 대개 심장이 약하여 잘 발생합니다. 그러므로 제가 강조하는 것과 같이 불같은 성령을 체험하고 내적치유를 미리 받아야 합니다. 그러면 성령의 임재로 사전에 상처가 드러나서 치유가 됩니다. 한 번 더 강조한다면 이렇게 초기에 간질 증상이 일어난다고 큰일이 나는 것이 아닙니다. 당황하지말고 환자를 안정시키고 체력을 보강하면서 전문 사역자의 영적치유와 내적치유를 받으면 완치 됩니다.

전문적인 성령 내적치유를 하는 사역자가 있는 곳에 찾아가서 지속적으로 전문적인 치유를 받으면 완치가 가능합니다. 주의해야 할 것은 절대로 이곳저곳 돌아다니지 말라는 것입니다. 전문적인 사역자 한 사람의 보살핌을 받으면서 치유를 받아야합니다. 왜냐하면 환자가 영육으로 약하니까, 영적인 손상을 당할 수가 있기 때문입니다. 한 곳에서 집중적인 치유를 받으면서 믿음생활을 하면 재발하지 않고 정상적인 생활을 할 수가 있습니다. 그런데 전문적인 사역자가 그리 흔하지 않다는 것입니다. 잘 수소문하여 전문가를 찾아서 집중적인 치유를 받아야 합니다.

12장 악성 두통의 예방과 치유 비밀

(시62:5-7)"나의 영혼아 잠잠히 하나님만 바라라 무릇 나의 소망이 그로부터 나오는 도다. 오직 그만이 나의 반석이시요 나의 구원이시요 나의 요새이시니 내가 흔들리지 아니하리로다. 나의 구원과 영광이 하나님께 있음이여 내 힘의 반석과 피난처도 하나님께 있도다."

하나님은 만성 두통을 치유하십니다. 지금 세상에는 만성 두통으로 고생하는 사람들이 많습니다. 두통이 시작되면 아무 것도 못하는 악성 두통 환자도 많습니다. 이는 세상 살아가기가 어렵기 때문입니다. 여기에는 예수를 믿는 성도도 예외가 되지를 않습니다.

세계두통협회에서 두통은 불치병이라고 정의를 내렸습니다. 진통제로 일시적 진정 효과밖에는 거둘 수 없으므로 두통은 고칠 수가 없다고 단정해 버렸습니다. 머리가 깨질 것 같이 아파서 병원에 찾아가 MRI 사진을 찍어보아도 아무것도 안 나오고, 머리가 막 깨지는 것처럼 아픈데도 아무것도 안 나오니까 증거가 없다는 겁니다. 증거가 없으니까 두통은 병이 아니고, 증상이라고 최신 이론은 말합니다.

통증이 사진에 나올 리가 있나요. 그래서 두통은 못 고치는 것으로 되어있습니다. 두통의 종류와 치료법은 이렇습니다.

1.두통의 원인

첫째는 간과 담이 병나서 생기는 편두통. 머리가 아프니까 머리로 가는 경맥이 무엇인가를 살펴봅니다. 간경은 엄지발톱 끝에서 시작하여 늑골 중간밖에 안갑니다. 간경 때문에 직접적으로 두통이 일어나는 것은 아닙니다. 그러나 담경은 머리의 측면에 쫙 퍼져있습니다. 거기서 편두통이 생기는 겁니다.

둘째는 비. 위장에 병나서 생기는 전 두통.위경은 두 번째 발가락 끝에서 시작하여 정강이를 타고 복부 전면을 거쳐 죽 올라와서 맥 보는 인영 맥을 통해서 반으로 갈라져서 한 가닥은 눈밑에까지 오고 다른 한 가닥은 귀 옆으로 해서 머리에 있는 두유 혈까지 뻗어 있습니다. 이건 머리에 속하니까 전 두통을 일으키게 됩니다. 앞머리가 아픈 겁니다. 앞머리가 시리고 땀나는 경우가 있습니다. 주로 밥을 많이 먹으면 위장이 냉각되어 앞머리가 아픕니다. 과식이 문제가 됩니다.

셋째는 신. 방광이 병나서 생기는 후두통.신경은 발바닥에서 시작하여 늑골위의 쇄골이 있는 곳까지 밖에 안갑니다. 그러니까 직접 두통에 영향을 줄 수 없습니다. 방광경은 새끼발가락에서 종아리를 거쳐 등을 타고 후두부를 통과하여 눈 옆까지 옵니다. 신. 방광으로 인해서 두통이 날 때는 후두통 입니다.

넷째는 심포. 삼초가 병나서 생기는 미릉골통. 삼초경은 무명지에서부터 손등을 타고 팔 바깥쪽을 타고 어깻죽지를 거쳐 귀를 싹 돌아서 눈썹 옆에 있는 사죽공 혈까지 옵니다. 그래서 여기 아픈 사람 많습니다. 오래되면 눈 옆까지 다 아픕니다. 그래서 눈을 껌벅껌벅합니다. 눈이 막 밑으로 쏟아지고 피곤합니다. 처음에는 미릉골이 아픕니다. 미릉골 아픈 사람은 무지하게 많습니다. 심포. 삼초 두통입니다.

두통의 종류는 담경의 편두통, 위경의 전두통, 방광경의 후두통, 삼초경의 미릉골통, 인영4.5성(盛)에 속하는 현맥(弦脈)두통, 수(水)에 속하는 석맥(石脈)두통, 상화(相火)에 속하는 구삼맥(鉤三脈) 두통까지 일곱 가지 외에 또 하나 있습니다.

다섯째, 두냉통(頭冷痛). 모자를 써서 머리를 따뜻하게 하면 금새 머리 아픈 것이 없어집니다. 진통제로는 안 됩니다. 먹을 때만 좀 낫는 것 같다가도 약효가 없어지면 또 아픕니다. 머리가 차니까 그럴 수밖에 없습니다. 두건을 씌어주고 뜨거운 물마시고, 인삼 한 숟가락 먹고 나서 한 시간쯤 있으면 두통이 사라집니다.

여섯째는 경추에 문제가 있어서 생기는 두통. 안구 통, 예민한 성격, 병원에서도 못 고치는 만성두통은 경추가 틀어져있을 가능성이 높습니다. 원인으로는 목뼈 정렬 상태가 바르지 못한 경우, 외상 후 후유증(교통사고, 추락, 충돌 등), 뇌에 이상이 있는 경우입니다. 눈, 코, 귀, 두피, 입, 턱관절, 후두, 인두,

갑상선, 등에 문제가 있는 경우입니다. 무기력증과 두통, 어지럼증, 시야 흐림, 머리 띵 함과 같은 증상들이 함께 나타난다면 경추의 정렬상태가 바르지 못할 때 나타나는 증상으로 다음을 참고해보시기를 바랍니다.

척추가 바르지 못한 원인으로 나타나는 증상들인 경우는 어떤 치료를 하더라도 치료 작용을 하는 베개를 사용하지 않는 경우, 밤에 잠을 자면서 비틀린 척추로 변형시켜 악화시켜버리기 때문에 그 누구도 빠른 치료를 보장하지 못합니다. 대략 이런 경우입니다.

① 척추가 바르지 못하게 비틀린 변형 원인.

② 비틀린 척추로 잠을 자는 자세를 만드는 베개와 침상(침대 쿠션, 요 두께).

③ 비틀린 척추로 자세를 유지하는 습관.

④ 비틀린 척추로 스스로 만들어버리는 스트레칭이나 체조 운동들.

⑤ 교통사고나 추락사고 산재사고 등의 외부 충격에 의하여 골절 변형된 척추로 인하여.

이렇게 해서 우리 몸에서 두통이 생기는 원인을 다 설명했습니다. 두통은 각 장부에 해당하는 장부가 허약해서 일어나는 증상입니다. 허약한 장부를 튼튼하게 하기 위하여 내면의 상처를 치유해야 합니다. 그리고 뼈와 신경을 정상으로 회복하는 기도를 해야 합니다. 깊은 기도를 하여 순환기계통이 활성화되게 합니다. 웬만한 두통은 3-6개월 동안 성령치유집회에 참석하면 모두 치유가 됩니다.

2.두통의 치료

만성 두통이나 편두통을 치료받고 있는 환자가 나날이 늘고 있습니다. 인구의 10%가 이러한 두통으로 고생을 한다고도 이야기를 합니다. 치유집회에 오시는 두통 환자가 늘어나는 것을 보아도 두통에 대한 환자 층은 점점 더 늘어나는 것 같습니다.

현대 의학이 그렇게 발달을 하는데 왜 두통은 극복이 안 되는 것일까요? 이는 원인을 알 수 없다고 하는 두통이 있기에 그렇습니다. 우리는 오직 진료 장비에 의존하여 두통을 진단합니다. 그래서 뇌에 이상이 없으면 두통의 원인을 알 수 없다고 하는 것입니다. 하지만 실제로 두통은 뇌 내의 문제만은 아닙니다.

신체의 각 장부가 그 기능을 제대로 못하여 일어나는 것입니다. 간이나 위의 기능 혹은 신장의 기능 등등…. 아무리 만성 악성 두통이라도 반드시 원인이 있습니다. 그런데 병원에서 하는 MRI 검사로는 나타나지 않습니다. 성령으로 충만한 가운데 지식의 말씀의 은사로 원인을 진단하여 찾아야 합니다.

한 예로 평소에 머리가 심하게 두통이 와서 오신 한 환자분이 있었습니다. 이분은 하루에 2회 정도 머리가 아파오는 증상이 심하게 나타나 활동을 거의 못하는 정도라고 했는데 병원에서 진단을 해보아도 원인을 알 수가 없다고 한다는 것입니다.

이분을 영적진단을 해본 결과 낸 결론은 위장의 기능 저하로 담이라는 물질이 생성되어 이것이 혈액을 따라 돌아다니다가 머리 혈관에 영향을 미치기에 두통이 생기는 것 이었습니다. 평소에 위장이 좋지 않아 소화가 잘 안되고 식사 후에 두통이 나타난다고 하니 그렇게 진단을 한 것입니다.

진단에 따른 치료는 성령을 체험하게 하고 내적치유를 했습니다. 뼈, 신경치유로서 위장과 연결된 신경을 치유했습니다. 이에 환자는 3개월의 치료로 두통에서 벗어날 수 있었고, 일상생활을 이제 무리 없이 영위할 수 있게 되었습니다.

두통 치료는 말씀과 성령으로 일단 막힌 곳을 뚫어주어야 합니다. 그리고 내적치유와 뼈, 신경 치유로 소화기나 간의 기능을 개선시켜야 하고, 성령으로 몸의 나쁜 기운을 몰아내야 합니다. 동시에 내 스스로 병을 극복할 수 있도록 영성을 만들어주어야 합니다. 우리는 흔히 과도한 스트레스를 받으면 목이 뻐근하거나 혹은 어지럼증, 만성피로, 두통 등을 호소하는 경우가 있는데, 이러한 것이 얼마나 위험한 것인지 모릅니다. 직장인 과로사의 가장 큰 원인이 스트레스로 문제는 자신이 이러한 것에 대하여 방치하기에 일어난다는 것입니다.

우리가 여기서 알아야 할 것은 만성 악성두통은 한방이나 양방으로 거의 치유가 불가능합니다. 어느 분이 저희 교회에 오셔서 치유를 받고 간증한 내용을 들어보면 알 수가 있습니다. "사실 저는 10년 전부터 만성 악성두통이 있었습니다. 깨어있는 시간에는 거의 머리가 아프고 열이 납니다. 잠을 잘 때 빼고는 항상 머리가 아픕니다. 그래서 책상 앞에 1시간 앉아서 공부하는 게 정말 힘들 정도였습니다. 만성두통도 괴로웠지만 26년이나 달고 지낸 지긋지긋한 아토피 치유를 받기위해 집회에 참여하기 시작했습니다.

어렸을 때부터 엄마를 따라 온갖 양약과 한방병원을 다니면서 치료를 받았지만 증세는 그때만 잠시 나아질 뿐 근본적인 치유를 받지 못했습니다. 제 몸과 마음도 지쳐 고등학교 때부터는 포기하고 살았습니다.

제가 몸은 별로 심하지 않은데 유독 얼굴이 심해서 항상 사람들이 절 처음 보면 하는 말이 "술 먹었냐"는 소리였습니다. 제가 세상에서 제일 듣기 싫은 말입니다.

노이로제까지 있었습니다. 그 소리를 들을 때마다 쥐구멍이라도 찾아서 숨고 싶을 만큼 창피하고 얼굴이다 보니 자신감도 나날이 떨어지고, 거울을 볼 때마다 속상하고 화가 나고 제 자신이 보기 싫었습니다.

치료를 포기하고 살다가 최근에 유명한 한의원에서 6개월 정도 한약과 침 등 치료를 받았습니다. 하지만 기대했던 거와 달리 몸은 좀처럼 나아지질 않았고, 치료비만 카드 빚으로 남아있게 되었습니다. 물론 연체된 상태는 아니지만, 일을 해서 돈을 버는 족족 치료비로 써야 한다는 것이 너무 억울했습니다.

아토피가 있으신 분들은 알겠지만 거의 풀만 먹고 살아야 하는 병입니다. 치유에 희망을 주신 분은 하나님이셨고, 저는 한의원을 다니면서 기도도 열심히 했지만, 제 상태에 대한 기도였었나 봅니다. 상태가 좋아지면 감사해하고, 또 안 좋아지면 속상해하고 하나님을 원망도 하기도 했습니다.

도대체 언제 고쳐주실 것이냐고 기도는 하지만, 하나님은 묵묵부답이셨습니다. 그러던 중 한의원 치료를 그만 다녀야겠다는 생각이 들쯤, 우연히 강요셉 목사님의 책을 읽게 되었습니다. 제목이 "신유은사 사역 달인이 되는 가이드"입니다. 그때는 한의원 치료를 받는 중이었고, 책만 읽다가 나도 집회에 참여해 보고 싶다는 생각이 들어 참여하게 되었습니다. 첫 집회 때 참석해서 회개와 눈물로 하나님을 만났습니다.

교회는 꾸준히 다니고 있었지만, 제가 너무 영적인 것을 바르게 알지 못하고, 무지한 믿음 생활을 했다는 걸 깨달았습니다. 하나님이 가장 먼저 치유하신건 제 마음에 집착이었습니다. 제 자아를 깨려고 옛사람을 벗어내기 위해 성령의 충만과 말씀으로 하나님을 붙들기 시작했습니다. 그러던 중에도 상태가 또 나빠지면 그 순간은 실망했었지만, 곧 마음을 추스르고 하나님을 붙들었습니다. 그러기를 6주가 지나고 이제 제 마음에 있던 우울함, 두려움, 죄책감 등, 저의 영적인 매임 들을 하나님께서 풀어주셨습니다. 제 마음에 있던 집착과 옛사람은 십자가에 못 박았습니다. 이젠 제 마음에 기쁨과 행복이 넘쳐납니다. 항상 내 문제만 내 코가 석자인데 하면서, 남을 돌아보지 못하고 살았는데 이제는 제 주변에 있는 사람들을 돌아볼 수 있는 여유있는 마음도 주셨습니다. 마음이 치유되니 여유가 생겼다는 증거입니다. 아토피로 인해 나빠졌던 성격도 변화되었습니다. 툭하면 엄마에게 화내고 제 감정을 억누르지 못하고 분노했던 마음이 사라졌습니다. 물론 제 아토피가 완전하게 나았다는 건 아니지만, 현저하게 좋아지고 있습니다. 지독한 영적 묶임에서 먼저 풀어주시고 자유 함을 얻었습니다. 아토피도 많이 나아가고 있습니다. 정말 눈으로 보고 체험할 수 있도록 치유가 되었습니다. 앞으로 완전하게 치유될 줄로 믿습니다. 이제 더 이상 두려움과 포기라는 말은 제게 없습니다.

이제 목사님 말씀처럼 환부를 바라보고 기도하는 것이 아니라, 내 안에 계신 예수님을 바라보고 기도하는 사람이 되었습니다. 영적인 자유 함을 얻게 하셨고, 만성두통은 완전하게 치유하셨습니다. 하나님이 치유하셨습니다. 앞으로 깊은 기도를 하면서 성령으로 충만하게 지내겠습니다." 이 분과 같이 의지를 가지고 다니면 악성두통 치유뿐만 아니라, 성령의 권능을 받아 하나님의 군사로서 쓰임을 받습니다.

3.만성 악성두통 영적치유

앞에서 간증을 들어서 아시겠지만 만성두통은 민간요법으로는 치유가 불가능합니다. 반드시 영적인 치유를 해야 완치가 가능합니다. 본인은 이런 순서로 만성 두통을 치유합니다.

1) 성령을 체험하게 한다. 성령을 체험해야 정확한 원인을 알 수 있습니다. 성령으로 치유 되기 시작하는 것입니다. 성령의 체험은 말이 아니고 실제로 몸으로 느끼는 것입니다. 성령을 체험하려면 예수를 마음으로 믿고 입으로 시인해야 합니다. 뜨겁게 기도해야 합니다.

2) 원인이 무엇인지 진단한다. 원인이 영적인 것인지, 육적인 것인지를 먼저 진단합니다. 두통이 일어나는 증상이 여러 가지가 있기 때문에 정확한 진단을 하여 원인을 바르게 알아야 바른 처방이 가능합니다. 원인은 성령님이 알고 계십니다.

3) 원인에 따라 치유를 한다. 원인이 장기에 있다면 해당 장기를 튼튼하게 하는 조치를 합니다. 먼저 내적치유를 합니다. 두통의 원인을 제공하는 해당 장기에 연결된 뼈와 신경치유를 합니다. 필요하면 축귀를 합니다.

환자를 성령으로 충만하게 하고, 의지를 가지고 치유를 받도록 권면합니다. 만성두통의 치유는 단기간에 되지 않습니다. 상당한 기간 동안 말씀을 들으면서 말씀과 성령으로 내적치유를 하면서 두통의 원인을 제거합니다. 무엇보다도 성령이 충만하여 약한 부분이 강해지도록 합니다. 의지를 가지고 성령으로 체험하며 성령으로 기도를 해야 합니다.

4) 의지를 가지고 치유한다. 하나님은 질병을 치유하는 것이 목적이 아니라, 질병을 통하여 성도를 영적으로 바꾸려고 하십니다. 고로 성도가 만성 두통을 치유 받으면서 영적으로 변하게 해야 합니다. 말씀을 듣고 성령으로 충만하여 생각이 바뀌고 믿음이 생기게 합니다. 반드시 치유된다는 의지가 중요합니다. 이렇게 의지를 가지고 치유를 지속적으로 하면 아무리 오래된 악성 두통이라도 치유가 됩니다. 절대로 의심하면 안 됩니다.

꼭 치유받고 말겠다는 의지와 치유된다는 믿음이 중요합니다. 한의원에서도 만성두통을 치유하는데 4-6개월씩 걸린다고 합니다. 이렇게 오래동안 치유를 해도 치유되지 않는다고 합니다. 고로 인내가 중요합니다. 성령으로 충만하여 영적인 치유를 하면 한 달만에 치유될 수도 있습니다.

4.간증: 만성 악성 두통을 내적치유 받다.

저는 몇 년 전부터 악성두통으로 사람구실을 제대로 못하면서 살아왔습니다. 119 구급차도 세 번이나 탔습니다. 그래서 서울대 병원에 가서 M.R.I 도 두 번이나 찍었는데 아무런 이상이 없었습니다. 그리고 그렇게 두통이 심해서 사모 노릇을 거의 하지를 못하면서 지냈습니다. 그러니 남편 목사님이 저를 한약방이다. 병원이다. 치유 받게 하려고 별별 곳을 다 데리고 다녔습니다. 그러나 치유되지 않았습니다. 그러다가 어느 기도원 목회자 치유 세미나에 참석하여 강요셉 목사님을 만났습니다. 목사님을 만나서 저의 남편목사님도 내적치유를 받아야 한다는 것을 알게 되었습니다. 저도 남편 목사님도 그때까지 내적치유가 무엇인지 몰랐습니다. 강요셉 목사님이 기도원에서 제가 고생하는 것을 보시고 남편목사님과 저를 안수하여 주시면서 내적치유에 대하여 알려주셔서 알게 되었습니다. 알고 보니 저뿐만이 아니고 남편에게도 상처가 말도 못하게 많다는 것을 알았습니다.

솔직하게 말씀드리면 저의 남편과 결혼한 이후로 한 번도 마음이 편안하게 살아본 경험이 없습니다. 율법주의 목사님이라 이것저것 행위를 가지고 저를 힘들게 했습니다. 개척교회를 하는데 성도가 주일날 오지 않으면 저에게 화풀이를 다합니다. 왜 오지 않았는지 전화해 보았느냐, 무슨 일이 있느냐, 오늘은 왜 이렇게 성도들이 오지를 않았느냐 하면서 그렇게 저를 힘들게 하고 상처를 받게 했습니다. 그 스트레스가 쌓이고 쌓이다 보니까, 저에게 우울증이 왔습니다. 악성 두통이 생겼습니다.

밤에 잠을 제대로 자지 못했습니다. 그래서 치유 받으러 갔다가 강요셉 목사님을 만난 것입니다. 강요셉 목사님의 이야기를 듣고 매주 충만한 교회에 가서 치유 받았습니다. 5개월 정도 치유와 은혜를 받다가 보니까, 저도 저인데 남편 목사님이 영적으로 변하는 것입니다. 저의 교회 성도들이 저보고 하는 말이 목사님의 찬송소리가 달라졌다는 것입니다. 너무나 은혜로워졌다는 것입니다. 말씀도 너무나 은혜롭고 정말 옛날하고는 딴판으로 목사님이 달라지는 것입니다. 그러면서 제가 자꾸 마음에 평안이 찾아오는 것입니다. 머리 아픈 것이 사라졌습니다. 우울증이 사라졌습니다. 이제 잠도 잘 잡니다. 그래서 참 평안을 찾았습니다. 이제 마음에 여유가 생겼습니다. 기도도 몇 시간을 할 수 있게 되었습니다. 사람을 보면 심령이 읽어집니다. 지금 생각하면 목사님이 상처가 정말 많았습니다. 부교역자를 가면 일 년을 채우지 못하고 나옵니다. 그래서 여덟 곳을 다니면서 부교역자를 했습니다. 그러니 마음에 얼마나 많은 분노가 쌓여 있었겠습니까?

그 분노 때문에 그렇게 저를 힘들게 하고 다른 사람에게 은혜를 전하지 못한 것입니다. 먼저 성령님의 인도로 강요섭 목사님을 만나게 되어 감사드립니다. 그리고 치유하여 주신 성령하나님에게도 감사를 드립니다. 제가 지금 치유 받고 생각하니 목회자는 내적치유와 내면세계를 알아야 합니다.

당신도 말씀, 말씀하지 말고 영적인 눈을 열어 내면세계에도 관심을 가지시기를 바랍니다. 저의 남편 목사님은 교계에서 인정해주는 신학대학과 대학원을 나온 장자 교단의 목사님입니다. 그런데 율법적인 목회를 하시다가 저로 인하여 치유에 관심을 가지고 치유를 받다 보니 지금은 너무도 많이 영적으로 변했습니다. 하나님에게 영광을 돌립니다. 서울 박사모

13장 의부증 의처증 치유 비밀

(벧전3:7)"남편들아 이와 같이 지식을 따라 너희 아내와 동거하고 그를 더 연약한 그릇이요 또 생명의 은혜를 함께 이어받을 자로 알아 귀히 여기라 이는 너희 기도가 막히지 아니하게 하려 함이라 또는 그 아내를 더 연약한 그릇 같이 여겨 지식을 따라 동거하고"

배우자를 사랑한다는 이유로 의심하며 집착하는 병 의처증과 의부증. 의심받을 행동을 했으니 의심받는 것이라고 생각하기 쉽지만, 의처증과 의부증은 자신이 상상한 일이 실제로 일어났다고 믿는 망상장애로 정신적인 질병입니다. 심하면 상대 배우자가 숨도 못 쉬도록 구속하는 탓에 가정 파괴의 원인이 되기도 합니다.

한 집사님은 부인 권사 때문에 마음고생이 심합니다. 누구에게 전화만 와도 의심을 한다는 것입니다. 외출만 하면 누구를 만나는지 추궁하고 수시로 휴대전화 검사까지 한다는 것입니다. 게다가 얼마 전 친구 모임에 가는 자신을 미행까지 했다고. 자신은 잘못도 없는데 왜 이렇게 의심받아야 하는지 모르겠다고 고통을 호소합니다. 그래서 부인 권사를 데리고 오라고 하여 둘이 앉게 하고 상담을 했습니다. 부인 권사가 하는 말이 남편이 출장을 가면 며칠씩 있다가 온다는 것입니다. 자기도 성적인 욕구를 견디기 힘든데 남자가 견딜 수가 있느냐는 것입니다. 그러니 남편집사가 정말 저는 결백합니다. 그런데 출장을 한번 다녀오면 외도 흔적을 찾는다고 사람을 괴롭힙니다. 정말로 집에 들어오는 것이 죽으러 오는 것과 같습니다. 목사님 이것이 모두 장인어른 때문입니다. 장인어른이 여자가 서른 명도 넘었답니다. 그것을 보고 자라서 남자는 모두 자기 아버지 같은 사람인 줄 알고 저를 괴롭히는 것입니다. 이렇듯 의부증이나 의처증은 의심하는 사람도 힘들지만, 의심을 받는 배우자도 괴롭습니다.

1.상상한 것을 진실로 착각하는 망상장애

부부는 어떤 경우에 배우자를 의심할까? 그 이야기를 들어봤습니다. '휴대전화에 비밀번호를 설정해놓을 때'나 '휴대전화 문자메시지를 지웠을 때' '다른 곳에서 전화를 받을 때' '전화를 잘 받지 않을 때' 등 전화에 관련된 이야기가 가장 많았습니다. '출장이 잦거나 야근을 자주 할 때' '뭔가 숨기고 거짓말하는 기색이 보일 때' 의심을 한다는 의견도 있었습니다. 반면 '부부라면 믿고 살아야 한다고 생각 한다' '한 번도 의심해본 적이 없다'는 의견도 많았습니다. 한두 번 '혹시' 하는 마음을 가졌다고 해서 모두 의부증, 의처증이라고 말할 수는 없습니다. 그렇다면 의부증과 의처증은 어느 정도의 심리 상태일 때 진단할 수 있을까?

의처증과 의부증은 일종의 망상장애인 정신병의 일종으로 전체 인구의 1~4% 정도에서 발병합니다. 한국심리상담센터에서는 "없는 사실을 일어난 일로 상상해 착각하는 것으로, 어떤 작은 사건 하나가 터지면 그것을 확대해석해 꼬리에 꼬리를 물고 상상의 날개를 펴는 것입니다"라고 말합니다.

남편에게 바람을 피운다는 의심을 받고 있는 아내가 자신의 휴대전화 발신번호 목록을 통신회사로부터 받아 남편에게 보여줬더니 '통신회사와 짜고 조작한 것'이라며 믿지 않으려 했다고. 이렇듯 자신이 의심한 것이 진실이 아니라는 증거가 나와도 그것을 믿지 않는 경우 의처증이나 의부증을 의심할 수 있습니다.

2.왜 배우자를 의심할까?

1) 성격적 원인: 편집증적 성격인 경우 나타나기 쉽습니다. 어릴 때부터 까다롭고 무슨 일이든 그냥 넘기지 못하는 성격, 아주 작은 것도 의심하고 남과 비교하며 잘 참지 못하고 남이 한 작은 실수도 절대 잊지 못하는 사람에게 잘 나타납니다. 여자의 경우 의존적이고 미숙해 배우자가 옆에 있어야 안심을 하거나, 샘이나 독점력이 많으면 의부증이 될 확률이 높습니다.

2) 심리적 원인: 배우자에 대한 열등감이 높을 때, 샘이 많은

성격으로 자존심이 상했을 때 상대방에 대한 질투의 형태로 의부(처)증이 나타납니다. 자신이 바람을 피우고 싶거나 동성애적 성향이 있거나 배우자가 마음에 들지 않을 때도 나타날 수 있습니다. 필자가 지금까지 의부(처)증을 치유하다가 종합한 결과 "부모가 외도를 했거나 자신이 외도를 한 경우 다른 사람도 외도를 했다고 생각해 발병하기도 합니다. 최근에는 불륜이나 외도에 대한 이야기를 많이 접하는 사회적인 영향으로 자신의 아내나 남편을 의심하는 경우도 종종 있습니다." 부모의 지배적이고 강압적인 양육 방식으로 성장 과정에서 두려움이나 불안감을 느끼며 자랐거나 부모가 알콜 의존증이나 편집증이 있었던 경우도 심리적 원인이 될 수 있습니다.

3) 정신분석적 원인: 의처(부)증이 나타나는 사람이 정신분열증, 조울증, 우울증 등 다른 정신질환이 있다면 우선은 해당 질환을 이 증상의 원인으로 생각해봐야 합니다. 성장기에 부모와의 애착 관계가 제대로 형성되지 못했거나 신뢰 관계가 건강하게 형성되지 않은 경우도 그 원인이 됩니다.

4) 처음 의심이 생기는 순간의 대처가 중요해: 의부증이나 의처증이 나타날 원인이나 기질을 가지고 있더라도 촉발 사건의 여부에 따라 증상의 발현 여부가 결정됩니다. 예를 들어 헬스클럽에 다니는 아내가 같이 운동을 하는 남자 회원의 차를 타고

집에 온 것을 남편이 보았다면? 남편은 그 후부터 아내를 의심합니다. 이 경우 처음 촉발된 사건에 잘 대처하지 못하면 의심은 눈덩이처럼 불어납니다.

의심의 시작을 제공하는 촉발 사건이 있을 때는 "나 안 그랬어, 도대체 왜 이러는 거야?"라고 거칠게 항변만 해서는 안 됩니다. "당신이 그것 때문에 힘들었겠구나. 그런데 이건 이렇게 된 일이야"라며 그 상황에 대해 이성적이고 합리적으로 증거를 보여주면서 자세히 설명해야 합니다. 필자는 이렇게 말 합니다. "무엇보다 배우자에게 칭찬을 많이 하고 이야기를 잘 들어주면서 자신이 늘 관심과 애정을 가지고 있다는 것을 알게 해야 합니다. 그 후에 취미 생활을 같이하면서 함께 시간을 많이 보내면 배우자는 안심을 하게 되어 의심이 더 커지지 않지요"라고 조언을 합니다.

이처럼 첫 대처를 잘하면 대부분은 문제가 생기지 않지만 증상이 지속적으로 나타나는 경우에는 근본적인 원인을 해결할 필요가 있습니다. 예를 들어 어린 시절 아버지의 외도로 곤란을 겪은 경험으로 인해 의부증이 생긴 아내라면 남자에 대한 부정적인 상을 바꿔야 하는 것입니다. 성격적인 부분에 원인이 있다면 왜 의심하지 말아야 하는지 스스로 생각하고 인지하게 만드는 것으로 치료할 수 있습니다. 그리고 배우자에게만 신경을 집중하기보다 자신의 취미 활동을 개발해 정신적인 부분이 분산되도록 하면 증상이 많이 나아집니다.

필자가 그동안 치유를 하면서 체험한 바로는 자신이 의부증이나 의처증인 것을 인정하지 않는 경우가 많습니다. 의부증이나 의처증은 자신이 질병을 인정하고 치료할 의지만 가진다면 충분히 빠른 효과를 볼 수 있습니다. 무엇보다 배우자와 힘을 합해야 치료가 가능합니다. 본인에게 문제가 있다고 인정하는 것이 무엇보다도 치유에 중요합니다. 본인이 인정하지 않으면 치유는 불가능하다고 보는 것이 좋습니다.

3. 의처증 의부증의 문제

"사랑과 질투의 분출인가" 아니면 "배우자 불륜에 대한 끊임없는 망상인가? 부부 사이의 집안 일로 치부되던 의처증 의부증" 이 가정폭력과 맞물리면서 사회문제로 떠오르고 있습니다. 최근 의처증 증상을 보이던 40대 가장이 부인과 동반자살을 시도하거나, 부인을 때려 숨지게 하는 일이 잇따라 벌어졌습니다. 몇 년 전 설 연휴 동안에도 의처증 남편이 처가 식구들에게 엽총을 난사, 2명이 사망하기도 했습니다. 위험 수위에 이른 의처, 의부증의 증상과 치료법 등을 생각해 보겠습니다.

1) 의처 의부증은 불륜에 대한 망상, 오델로 증후군: 의처, 의부증은 망상장애의 일종입니다. 망상이란 논리적인 설득이 전혀 통하지 않는 잘못된 믿음이 머리속에 뿌리박혀 영상화 되

어있는 상태를 말합니다. 그 중 의처, 의부증은 일종의 질투 형 망상장애로, 셰익스피어 작품 오델로의 주인공 증상과 유사하 다고 해서 "오델로 증후군"혹은 "결혼 편집증후군"으로도 불립 니다. 일단 남편이나 부인의 귀가가 늦어지면 불안해 하다가 환 상이 떠오르게 됩니다. 남녀가 좋지 못한 행동을 하는 것을 자 신이 상상한다는 것입니다. 그래서 분노를 유발하다가 일반적 인 질투를 뛰어넘어 상습적으로 배우자의 가상 불륜 사실에 대 한 증거를 찾아 상대를 압박하거나, 지독한 의심과 폭력 행동을 표출합니다. 배우자가 외출을 못하게 하거나, 일거수일투족을 추적 조사하기도 합니다. 한 정신병원 과장은 "의처, 의부증은 서서히 나타나기도 하지만, 어느 날 갑자기 배우자의 행동 하나 를 의심하게 되면서 발병하는 일이 많다." 며, "대부분 스스로 에 대한 자신감을 상실한 데 기인한다."고 말했습니다. 자신에 대한 열등감이 문제가 된다는 것입니다. 예를 들어 자신의 몸 매에 열등감을 갖는 다면 자신보다 몸매가 잘생긴 여자를 만나 면 의심하기 시작한다는 것입니다. 의처, 의부증은 남, 녀 모든 연령층에서 발생하지만, 35~55세 사이 남성에게 특히 많습니 다. 환자는 주로 고학력, 상류층인 경우가 많습니다.

또 나름대로 논리가 정연하고, 배우자의 부정에 대해 그럴 듯 한 증거들을 가지고 있는 경향이 있습니다. 폭력 등으로 분풀이 를 마친 후에는 성행위를 요구하거나, 선물 공세를 하는 등 애 정표현을 하는 것도 특징적인 증상 중의 하나입니다. 이혼하면

증상이 없어지게 됩니다. 그러나 재혼하면 대개 다시 발병합니다. 그래서 의처, 의부증은 무덤에 가야 치유가 된다고 하는 것입니다.

　한 신경정신과 전문인은"정상적인 사람은 일시적으로 배우자를 의심하다가도 아니라는 증거를 들이대면 이를 받아들이지만 의처, 의부증 환자는 이를 믿지 않고, 오히려 배우자가 바람을 피운다는 증거를 찾기 위해 혈안이 된다"며, "구체적인 증거가 없음에도 배우자 부정에 대한 확고한 신념과 생각,감정 등을 가진 상태가 3-6개월 이상 지속될 때 진단을 내린다." 고 말했습니다. 망상적 질투의 내용과 폭언, 폭력 행동여부도 중요한 진단 기준이 됩니다.

　2) 의처 의부증의 치료는 가능한가? 일부 정신과 의사는"의처,의부증은 배우자와 이혼하거나 사망해야 낫는다"는 극단적인 표현을 쓰기도 합니다. 그만큼 치료가 어렵다는 뜻입니다. 이유는 환자가 자신에게 문제가 있다는 사실을 인정하지 않기 때문입니다. 정신치료는 환자가 불신과 열등감이 많다는 점을 감안, 비판이나 설득 또는 비위를 맞추는 일보다는 단호한 태도로 "당신 남편 부인이 절대 당신이 생각하는 것같이 그러하지 않다." "남편 부인에 대해 잘못알고 있다." 당신 이렇게 의심하며 살다가 지옥에 갈 것인가? 남편 의심한 죄로 지옥에 들어가서 하나님에게 심판을 면치 못한다." 는 강력한 메시지를 전달

하는 데 주력해야 합니다. 충격 요법을 사용하라는 말입니다. 왜 그런 망상(영상)을 머리에 갖게 됐는지 환자가 깨닫게 하는 것입니다. 그러나 말이 통하지 않는 것이 보통입니다. 자신에게 문제가 있다는 것을 인정하고 예수를 영접하고 성령으로 세례를 받고, 말씀을 듣고 성령이 만져야 치유가 되기 시작합니다. 한편 의처, 의부증은 우울증, 알콜중독, 정신분열증 등 다른 정신과 질환으로도 유발될 수도 있기 때문에 정신과 전문의의 정확한 진단이 반드시 필요합니다.

3) 의처증,의부증에 잘 걸리는 유형.
① 상류층, 고학력자, 경제적 여유계층.
② 논쟁적이고 잘 타협하지 않고, 작은 실수를 잊지 않는 성격의 소유자.
③ 부모가 서로 이성의 문제로 적대적인 가정에서 상처를 많이 받고 자란 사람. 쉽게 예를 들자면 부모가 이성 문제로 많은 고통을 겪는 것을 보고 자란 사람의 경우에 많이 걸립니다.

4) 의처증, 의부증 진단위한 체크 리스트.
배우자의 외도 증거가 확실히 있는 경우는 점수가 마이너스로, 의처(부)증에서 멀어집니다. 하지만 구체적 정황 없이 의심에 따른 행동의 강도가 높아지면 의처(부)증 증세가 뚜렷해집니다. 총점이 4~6점이면 의심단계. 7~12점일 경우 의처(부)증

증상을 의심할 수 있는 단계. 13점 이상이면 의처(부)증이 있다고 추정됩니다.

① 과거 배우자의 외도를 발각해 시인 받은 적이 있다.(-4)

② 현재 배우자가 외도를 한 구체적인 증거를 가지고 있다.(-4)

③ 하루 중 많은 시간을 배우자에 대한 생각으로 보낸다.(+1)

④ 결혼생활에서 가장 중요한 것은 신의를 지키는 것이다.(+1)

⑤ 외도를 한 사람은 꼭 그 만큼의 대가를 반드시 받아야 한다.(+1)

⑥ 배우자가 눈에 보이지 않으면 불안해서 견딜 수 없다.(+1)

⑦ 배우자가 바람피우고 있다는 사실을 주변에 공개한 적이 있다.(+2)

⑧ 배우자의 휴대전화, 소지품 혹은 차안을 가끔 점검한다.(+2)

⑨ 배우자가 외도를 하고 있다는 생각에서 벗어날 수 없다.(+2)

⑩ 배우자의 외도는 직감으로 알 수 있다.(+2)

⑪ 부부는 서로의 행적에 대해 알고 살아가야 한다.(+2)

⑫ 밝혀지지 않은 외도문제로 부부가 2주 이상 냉전 상태에 있었던 적이 있다.(+2)

⑬ 외도를 확인하느라고 이틀 이상 잠을 안 재운 적이 있다.(+2)

⑭ 외도한 증거를 주변 사람에게 상세하게 말한다.(+3)

⑮ 배우자에게 의심한 것이 잘못되었다고 사과를 한 적이 있다.(+3)

무엇보다도 중요한 것은 예방입니다. 미리알고 치유받는 것입니다. 그래서 우리 결혼을 앞둔 젊은 사람들이 사전 내적치유가 중요합니다. 결혼 전에 치유가 되어야 합니다. 그래서 필자는 항상 이렇게 강조합니다. 말씀과 성령으로 치유를 받아야 한다고 말입니다. 그래서 내면세계에 대하여 알아야 합니다. 성령을 체험하여 영안을 열어야 합니다.

그래야 사람의 심령을 보는 눈이 열려 바르게 보고 판단 할 수가 있습니다. 그런데 안타까운 것은 지금 교회에 다니는 청년들의 대다수가 성령체험을 하지 못했습니다. 우리 교회에 와서 처음 성령을 체험하는 분들이 많습니다. 아니 교회에 40년을 다니시어 장로가 되시고 권사가 되신 분들이 성령을 체험하지 못한 분들이 있다는 것입니다. 그렇기 때문에 예수를 믿으면서도 자신도 모르는 문제의 영향으로 고통을 당하면서 살아가는 것입니다.

성령을 체험해야 사람이 변하기 시작하는 것입니다. 무엇보다도 성령의 체험이 중요합니다. 이 책을 읽는 당신도 성령을 체험하지 못했다면 성령을 체험하려고 하기를 바랍니다. 성령을 체험하면 사람을 보는 눈이 달라지기 때문입니다. 부디 영안을 여시어 바른 만남과 연애로 성공적인 결혼과 부부 생활을 하기를 바랍니다. 그리하여 세상에서 제일 행복한 가정을 이루기를 바랍니다.

4. 의처증 의부증 치유하기

1) 본인에게 문제가 있다고 인정하게 하라. 제가 지금까지 의처증 의부증 환자를 치유하다보니 무엇보다도 본인에게 문제가 있다는 것을 인정하게 하는 것이 중요했습니다. 원인이 상대방에게 있다고 인정하는 한 치유는 되지 않습니다.

2) 자신의 배우자는 부모와 다르다는 것을 인정해야 한다. 보편적으로 의처증 의부증 환자는 어려서 부모들의 부정행위를 보고 자란 사람들입니다. 고로 자신의 배우자를 과거 부모와 같은 사람으로 보면 절대로 치유 되지 않습니다.

3) 성령을 체험하게 해야 합니다. 성령으로 세례를 받아야 치유되기 시작하는 것입니다. 절대로 말로 설득하여 치유될 수 없습니다. 반드시 성령으로 세례를 받고 내적치유를 하고 잘못된 사고를 하게하는 악한 영을 축귀해야 합니다.

4) 지속적인 성령 충만입니다. 성령이 충만하면 마음이 넓어집니다. 마음이 넓어짐으로 상대방에 대한 의심이 줄어드는 것입니다. 그리고 본인이 꼭 치유 받고 말겠다는 의지가 중요합니다. 의지만 있으면 치유는 된 것이나 다름 없습니다. 하나님의 말씀에는 불치병이 없습니다. 본인에게 강력하게 말을 해야 합

니다. "당신이 당하는 이 문제는 빨리 인정하고 치유 받는 것이 좋다. 지금 치유 받지 못하면 죽을 때까지 치유 받지 못한다." 하루라도 빨리 인정하고 치유 받아야 한다. 그래야 모두 편안하게 살수가 있다. 조언을 잘해서 환자 스스로가 인정하고 치유 받으려고 하면 치유는 쉽습니다.

의처증과 의부증은 반드시 자신에게 문제가 있다는 것을 스스로 인정할 때 치유가 됩니다. 그런데 많은 환자들이 자신에게 문제가 있다는 것을 인정하지 않고, 상대방이 문제가 있다고 책임을 전가합니다. 이렇게 상대방에게 문제가 있다고 책임을 전가하면 절대로 치유가 되지 않습니다. 본인에게 문제가 있다고 인정하기만 하면 비교적 쉽게 치유가 됩니다. 좀 더 빨리 치유를 받으려면 토요일 날 실시하는 집중 치유를 받으면서 월/화/목 집회에 참석하여 말씀 듣고 기도하면 쉽게 치유가 됩니다. 성령으로 잠재의식이 치유되어 바뀌면 완전치유가 됩니다.

14장 열등의식 기적치유 비밀

(삼상 16:11-13)" 또 사무엘이 이새에게 이르되 네 아들들이 다 여기 있느냐 이새가 이르되 아직 막내가 남았는데 그는 양을 지키나이다 사무엘이 이새에게 이르되 사람을 보내어 그를 데려오라 그가 여기 오기까지는 우리가 식사 자리에 앉지 아니하겠노라. 이에 사람을 보내어 그를 데려오매 그의 빛이 붉고 눈이 빼어나고 얼굴이 아름답더라. 여호와께서 이르시되 이가 그니 일어나 기름을 부으라 하시는지라. 사무엘이 기름 뿔병을 가져다가 그의 형제 중에서 그에게 부었더니 이 날 이후로 다윗이 여호와의 영에게 크게 감동되니라 사무엘이 떠나서 라마로 가니라"

하나님은 예수를 믿고 하나님의 자녀가 된 우리에게 열등감을 치유하라고 말씀하십니다. 이 장에서는 열등감 치유라는 제목으로 말씀을 나누려고 합니다. 말씀을 통하여 우리가 가지고 있는 열등감들이 말끔하게 치유되어 지기를 주님의 이름으로 소원합니다. 열등감의 단어를 처음 창안한 사람이 Alfred Adler(엘프레드 애들러)입니다. 애들러가 말하기를 인간은 계속적으로 열등감을 소유한다"고 했습니다. 이 말은 한 번의 열등감이 자리를 잡고 있기도 하겠지만 상황에 따라 열등감을 가지게 된다는 말이기도 합니다. 또 어떤 학자들이 말하기를 "열등감 치유는 무덤에서나 가능하다"고 했습니다.

이것은 열등감 치유가 그만큼 어렵다는 말입니다. 다 맞는 말입니다. 그러나 열등감에 사로 잡혀 사는 것하고, 그 열등감을 해소하고 치유하면서 사는 것 하고는 다르다는 것입니다. 그러므로 우리가 가지고 있는 열등감을 해소하고 치유하며 살아야 합니다.

1. 만약 열등감을 해소하지 못하고 살 경우에는

1) 우리는 열등감에 평생 눌린 자가 됩니다. 자신감이 없이 우울하게 지나게 됩니다. 다른 사람이 자신을 그렇게 생각하지 않는데 괜히 혼자 우울하게 지냅니다.

2) 평생 문젯거리가 됩니다. 이것으로 사단의 종노릇하는 경우도 있습니다. 하나님의 자녀의 권세를 사용하지 못합니다. 그냥 끌려 다닙니다.

3) 우울증에 걸려서 고생하시는 분들의 배경을 잘 보면 열등감으로 인하여 우울증에 빠져있는 경우도 있습니다. 이런 분들의 배경을 살펴보면 자신이 가진 열등감을 해소하지 못했기 때문에 그렇습니다.

4) 열등감에 빠져있는 사람들은 어려운 환경을 극복할 수 있는 능력이 없습니다. 그래서 열등감을 해소해야 한다는 것입니다.

2. 열등감이 생기는 원인이 무엇인가?

1) 학자들이 말하기를 환경 때문이라고 말합니다. 부모가 계시지 않은 환경에서 성장하면 부모를 가진 친구들에게 열등의식을 느끼게 됩니다. 어릴 때 가정형편이 좋지 못하여 가난하게 성장한 경우에도 부하게 성장한 친구들을 만나면 열등감을 가지게 된다는 것입니다.

2) 사람의 성장과정 속에서 생기는 것이 열등감이라고 합니다. 사랑을 많이 받지 못하고 성장했을 경우에 열등감이 강하게 나타납니다. 요셉의 형들이 요셉보다 열등감이 강했습니다. 왜 아버지의 사랑을 많이 받지 못했기 때문입니다. 그래서 요셉을 구덩이에 빠뜨렸다가 끄집어내어 노예로 팔게 되는데 그 원인이 바로 열등감 때문이었습니다. 그러므로 부모들은 자녀들을 동일하게 사랑해야 합니다. 요셉의 형들이 아버지 사랑에 대한 열등감을 이기지 못했기 때문에 눌리는 자가 되었고, 이것 때문에 마음에 응어리진 문제를 가진 자가 되어서 결국 동생을 팔고 마는 문제를 일으킨 것입니다. 학교 다닐 때 공부를 잘하지 못한 경우에도 열등감을 가집니다.

다른 형제보다 공부를 못하면 열등감이 생깁니다. MBC에서 하는 '느낌표'라는 프로에서 아버지가 형 좀 닮으라고 하도 하니까, 아이가 집을 나와 버렸다고 했습니다. 노숙을 하면서도 이곳이 좋다고 합니다. 왜냐하면 아버지의 편파적인 소리를 듣지 않으니까 너무도 편안하고 좋다는 것입니다.

미국의 유명한 인물 중에 링컨 대통령은 집안이 가난해서 초등학교도 졸업을 하지 못했습니다. 학교에 다닐 수가 없었습니다. 그러나 그는 공부를 많이 한 사람보다도 더 존경받는 인물이 되었고, 미국의 대통령까지 되었습니다. 링컨 대통령은 "나는 독서를 시작 할 때면 반드시 성경을 먼저 펼쳐 들었습니다. 성경을 읽은 후에야 다른 책을 읽었습니다." 라고 말했습니다. 그는 성경을 읽음으로 지혜로운 사람이 된 것입니다. 성경 읽은 사람치고 성공하지 않은 사람이 한 사람도 없습니다.

3) 신체적인 조건 때문에 열등감이 생기기도 합니다. 장애자들이 정상인보다 열등감이 많은 이유가 이것 때문입니다. 지금 책을 읽는 분 중에 장애인이 계신다면 오늘 당신이 가지고 있는 열등의식을 버리시기 바라고 하나님의 평안을 소유하시기 바랍니다. 하나님은 한 영혼을 천하보다 귀하게 여기십니다. 그리고 정상인들은 장애인들을 편애하거나 상처주지 말고 장애인들을 도울 줄 아는 정신이 있어야 합니다.

우리가 언제 장애인이 될지 모르니 겸손히 섬기고 돕는 정신이 필요합니다. 그리고 키가 작아서 열등감에 빠져있는 분들도 많이 있습니다. 특별히 사춘기 때에 키 때문에 열등감에 사로잡혀서 고민하는 경우가 많이 있습니다. 그리고 결혼을 앞둔 사람들이나 직장을 구해야 하는 사람들에게도 키 때문에 열등감에 빠지는 경우가 있습니다. 뚱뚱한 몸을 가지고 있는 분들 중에서도 열등감을 많이 느낍니다. 제가 젊었을 때는 그렇지 않았는데 지금 몸이 비대해지니 날씬한 몸매를 가진 사람을 보면 부럽기도 하고, 또 어디선가 몸에 대한 이야기를 하면 괜히 열등감이 사로잡히는 경향이 있습니다. 요즈음 무리하게 다이어트를 하다가 건강을 해치는 분들이 많다고 합니다. 자기 몸에 맞는 체중이 있으니 그것을 유지하는 것이 중요합니다. 외모 콤플렉스에 걸려 열등감에 빠지기도 합니다. 거울을 볼 때마다 자신의 얼굴이 싫어지고 또 누군가가 자신이 가지고 있는 얼굴의 약점을 말하면 신경이 날카로워지기도 하고 혈기를 내기도 합니다. 미스 코리아도 자신의 얼굴에 대하여 100% 만족하지 못한다는 것을 아시기를 바랍니다.

4) 다른 사람에게 인정받고 싶어 하는 욕구가 강한 사람일수록 열등감이 강합니다. 인정은 받고 싶은데 인정을 해주지 않고 다른 사람이 인정을 받으니 열등감이 생기는 것입니다. 그러므로 욕심을 버리는 것도 열등감을 치유하는데 조금의 도움은 됩니다. 능력 있는 척하는 성도가 있습니다. 성도가 목사보다 능력 있다고 은연 중 과시하는 분들이 있습니다. 말만 앞서서 하는 것은 하지 말아야 합니다. 말로 무엇을 못합니까? 실제로 보여주면서 말을 하는 모두가 되시기를 바랍니다. 하나님은 말씀

하시고 보여주시는 하나님이십니다.

3. 모든 사람에게 있는 것이 열등감이다.

이것은 특별한 사람에게만 있는 것이 아닙니다. 모자라고 부족한 사람에게만 있는 것이 아니라 사람이면 누구나 가지고 있는 것이 열등감입니다. 대통령도 열등감이 있고, 교수도 열등감이 있습니다. 아무리 잘 난 사람이라 할지라도 열등감이 없는 사람은 없습니다.

1) 직분별로도 열등감이 다르게 나타납니다.
① 목사님들도 열등감이 있습니다. 특별히 교회의 규모에 따라 열등감이 생깁니다. 자신보다 더 큰 교회를 섬기는 목회자를 보면 열등감이 생깁니다. 그리고 자기보다 성령의 권능이 강한 목사를 보면 열등감이 생깁니다. 그리고 자기보다 더 높은 지위나 자리에 있는 동료 목사를 볼 때 자신도 모르게 열등감에 빠지는 경우가 많습니다. 그래서 잘 협력하지 못하고 도와주지 못하는 이유가 이 열등감 때문입니다. 이런 문제를 성도들이 알고 도와주어야 할 것입니다.

② 사모님들도 열등감이 많습니다. 목사인 남편의 능력에 따라 열등감이 다르게 나타납니다. 성령의 은사가 많이 하나님에

게 귀하게 쓰임 받는 사모를 볼 때 열등감이 생깁니다. 그리고 경제능력이 따라주지 않음으로 가족들과 친지들의 모임에서 열등감으로 눌릴 때가 많습니다.

③ 교회 직분 자들도 여러 가지 열등감을 가지고 있습니다. 경쟁대상이 되는 다른 직분 자에 비해 자신에게 약한 것이 있으면 그것으로 열등감이 생깁니다. 성령의 은사가 많이 하나님에게 귀하게 쓰임 받는 직분 자를 볼 때 열등감이 생깁니다. 다른 직분 자에 비하여 경제나 학력, 그리고 교회를 섬기는 힘이 약할 때 열등감이 생긴다고 고백하는 분들도 많습니다.

그러므로 직분 자들은 경쟁하지 말고, 다른 지체들을 도와주는 일꾼이 되어야 하고, 자신이 할 수 있는 일에 대해서는 최선을 다한다는 자세를 가져야 합니다. 직분 자들이 치유되지 않음으로 교회 안에 문제가 발생하는 경우가 많습니다. 교인들끼리 서로 시기하고 질투하고 다투는 그 배경을 잘 보면 개인이 가지고 있는 열등감 때문입니다. 그래서 하나님은 성령으로 봉사하라고 하시는 것입니다.

④ 평신도들도 가지고 있는 열등감이 있습니다. 성령의 은사가 많이 하나님에게 귀하게 쓰임 받는 성도를 볼 때 열등감이 생깁니다. 괜히 소외감을 느끼고 목사의 사랑을 받지 못해 먼저 온 분들에게 열등감을 느낀다고 말하는 분들도 많습니다. 그러

나 이것은 잘못된 생각입니다. 어느 목사가 새신자를 소외시키겠습니까? 그러므로 생각으로 자꾸 자신을 가두지 말고 조금씩 넓혀나가는 것이 중요합니다.

2) 열등감을 가진 자들의 특징이 있습니다.

① 열등감을 가지고 있으나 성격 자체가 적극적인 사람은 표시가 나게 설치고 나서기를 좋아합니다. 그래야 자신의 열등감을 숨길 뿐 아니라 채울 수 있기 때문입니다.

② 열등감을 가지고 있으나 성격 자체가 소극적인 사람은 우울증에 빠질 가능성이 많습니다. 차라리 설치고 나서기를 좋아하면 다행입니다. 문제는 설칠 힘도 없고 나설 힘도 없을 때입니다. 그러니 자신 안으로 갇히게 되고 눌리게 되고, 우울증으로 빠지고, 그 무거운 생각에서 빠져 나오지를 못하는 것입니다.

③ 열등감이 강한 사람은 다른 사람을 지나치게 의식하는 경향이 강합니다. 물론 사람이 사람을 의식하지 않을 수는 없겠지만 지나치면 그것도 병이 되는 것입니다. 성도는 하나님만을 의식하며 살아야 합니다. 하나님은 사람을 의식하는 성도하고 상관을 하지 않습니다.

④ 불평과 원망을 많이 하는 사람은 열등감이 있는 사람입니다. 그런데 그 불평과 원망이 객관적이고 타당하다 할지라도 열등감에서 나온 것이면 문제가 될 수 있습니다. 그래서 학자들은

말이 많은 사람일수록 열등감이 강한 사람이라고 말을 합니다. 그러므로 김 집사가 말을 많이 한다고 생각하면 '저 사람 열등감이 많구나!"라고 생각하면 70%는 맞는 것입니다.

3) 열등감이 있는 사람은 어딘가 표시가 나게 마련입니다. 얼굴에 열등감이 있는 사람은 화장을 진하게 합니다. 얼굴에 신경을 쓰기 때문입니다. 신체적인 열등감이 있으면 옷을 화려하게 입고 옷을 자주 갈아입습니다. 자신의 부족한 신체부분을 옷으로 감추려고 하는 무의식적인 행동입니다. 학력에 열등감이 있는 사람은 어디를 가면 고개를 잘 끄덕이면서 아는 척을 잘합니다. 그리고 의기소침해 있는 사람들 중에서도 열등감에 사로잡혀있는 경우가 많습니다.

4. 열등감 치유

1) 심리학자들은 '성숙한 인격'이 요청된다고 합니다. 그래서 자존감을 높이라고 합니다. 개인의 차이를 인정하는 사람이 되라고 합니다. 자기를 용납하고 공유하는 마음을 가지라고 말합니다. 다 맞는 말입니다. 열등감은 낮은 자존감에서 나오니 자존감을 높이면 치유에 도움이 됩니다.

개인의 차이를 인정할 줄 모르고 지나친 욕심으로 열등감에 빠질 수 있으니 개인의 차이를 인정하고 자신을 용납하며 공유하는 마음을 가지면 도움이 될 것입니다. 그러나 심리적인 방법보다 하나님의 말씀으로 돌아가 보아야 합니다. 이 말씀을 믿는 믿음이 있다면 열등감은 반드시 치유가 됩니다.

2) 성경적인 답. 사람은 하나님의 형상대로 창조되어진 최고의 존재입니다(창1:27-28). 이것을 믿어야 합니다. 하나님은 우리를 열등한 존재로 만드시지 않았습니다. 완벽한 하나님의 창조물로 만드신 것입니다. 그리고 우리에게 세상을 정복하고 다스리는 권세를 주었기 때문에 그 권세를 활용해야지 열등감에 사로잡혀 있으면 안 되는 것입니다. 하나님은 모든 사람에게 맞는 최고의 달란트를 다 주셨습니다. 그러므로 하나님이 주신 달란트를 전문화하여 그 분야에 최고의 사람이 되면 열등감은 사라집니다. 많은 것을 하지 못하기 때문에 열등감이 생기는 것이 아닙니다. 한 가지를 제대로 못하기 때문에 열등감이 생깁니다. 더 중요한 것은 우리의 신분과 권세를 알아야 합니다. 우리는 하나님의 자녀입니다. 하나님의 자녀인 우리가 어찌 열등감에 빠져있으면 되겠습니까? 우리가 하나님의 자녀이기 때문에 성령님이 우리를 인도하십니다. 성령님이 우리를 인도하시면 완벽한데 우리가 열등감에 빠져있을 이유가 없습니다. 우리가 예수 이름으로 기도하면 하나님이 응답하여 주시는데 왜 우리가 열등감에 빠져있어야 합니까? 가장 좋은 것으로 응답하시는 하나님인데 우리가 어찌 열등한 존재입니까? 그러므로 믿음

이 우리의 열등감을 치유합니다.

우리가 가진 권세를 한번 생각해 보세요. 성경 여러 곳에서 하나님은 하나님의 일을 위하여 천군 천사까지도 동원하셨습니다. 우리에게도 하나님의 일을 위하여 이러한 일을 행하실 것인데 우리가 열등감에 빠져있으면 되겠습니까? 조금 더 사실적으로 말하면 예수 이름으로 사단을 결박하고 추방할 수 있는 권세가 우리에게 있는데 우리가 왜 열등한 존재입니까? 그리고 우리는 세계를 정복할 수 있는 비밀이 있는 자입니다. 그러므로 오늘 열등감에서 자유함을 얻어야 합니다. 하나님이 역사하시니 우리는 열등한 존재가 아닙니다. 60억 인구 중에 유일한 존재가 바로 나라는 사실을 알아야 합니다. 내가 얼마나 가치가 있는 존재인데 열등감에서 빠져 나오지 못하고 있습니까? 이것은 믿음의 문제입니다. 성령이 충만하지 않다는 증거입니다.

5. 열등감이 치유되어져야 할 이유

1) 사단에게 자꾸 속기 때문입니다. 우리가 열등감에서 치유받지 못하면 사단에게 자꾸 속게 됩니다. 그래서 치유되어야 합니다. 그래서 하나님에게 받은 것에 대하여 감사해야 합니다.

우리는 하나님께 받은 것이 많습니다. 그런데 열등감이 있는 사람은 받은 것에 대해서 감사하지 못합니다. 그러니 자꾸 마귀에게 속는 것입니다. 그리고 없는 것을 불평하지 말아야 합니다. 열등감은 있는 것에 대하여 감사하지 못하게 만들고 없는 것에 대해서 불평하고 원망하게 만드니 우리에게 문제가 되는 것입니다. 그래서 저는 열등감이 많은 사람은 하나님의 축복을 제대로 누릴 수 없다고 생각합니다. "범사에 감사하라"고 했는데 열등감이 많은 사람은 절대로 범사에 감사하지 못합니다. 오히려 범사에 불평을 합니다. 우리가 공통적으로 가지고 있는 병이 "만족할 줄 모르는 병"입니다. 받은 것에 대하여 만족할 줄 모릅니다. 있는 것에 만족할 줄 모르고 늘 없는 것에 대하여 불평만 합니다. 그러니 감사가 없고 하나님의 은혜를 제대로 누리지 못하는 것입니다.

제가 질문을 하나 해 보겠습니다. "사단에게는 열등감이 있겠는가? 없겠는가?" 있습니다. 그 열등감 때문에 하나님을 반역했다가 하늘나라에서 쫓겨난 것입니다. 자기의 열등의식을 강하게 느낀 사단이 하나님의 보좌를 넘보다가 쫓겨난 것입니다. 하나님을 찬양하는 천사장의 자리를 감사할 줄 모르고 불평하다가 그렇게 된 것입니다. 그런데 쫓겨나서 내려와 보니 아담과 하와가 하나님만 바라보고 하나님 안에서 사는 것입니다. 이걸 보고만 있을 수 없었던 사단이 인간을 공격했는데 인간이 그만 넘어지고 만 것입니다. 이때 사용했던 사단의 말을 한 번 들어 보세요.

"너희가 그것을 먹는 날에는 너희 눈이 밝아 하나님과 같이 되어 선악을 알 줄을 하나님이 아심이니라". 이것 얼마나 기가 찬 말인가? "하나님과 같이 되어" 이것은 바로 열등감을 가진 사단이 인간을 공격하는 무기였고 열등감을 채우기 위해 신분을 잃어버린 하와가 선악과를 따먹은 것입니다.

사단이 지금 온 세상에 우상의 씨앗을 다 뿌려 놓았습니다. 그 이유가 무엇인지 아는가? 하나님을 섬기지 말고 자신을 섬기라고 그렇게 한 것입니다. 아직까지 사단은 자신의 열등감을 인간을 공격하고 무너뜨리는데 사용하고 있습니다. 이것은 곧 하나님에 대한 반항이기도 합니다. 그러므로 우리가 열등감에 계속 빠져있다면 이것은 사단을 영화롭게 하는 일입니다. 그래서 빨리 열등감의 원인을 찾아서 치유하고 열등감에서 자유 함을 얻어야 합니다. 그래서 하나님에게 날마다 영광을 돌리는 자가 되어야 합니다.

2) 오늘 말씀의 결론 중의 결론은 "자신이 가지고 있는 열등감을 축복의 통로로 바꿔라"는 것입니다. 모든 사람은 열등감이 있는데 이것에 눌리지 말고 축복으로 바꾸어야 합니다. 열등감을 축복으로 바꾸어 성공적인 삶을 살고 있는 사람들이 많습니다. 오히려 자신의 연약함을 알고 하나님에게 매어 달리며 기도하여 하나님의 권능을 힘 입어 강하게 만드는 사람들이 성공하는 것입니다.

3) 하나님의 계획을 한번 쳐다보아라. 하나님은 아흔 아홉

마리의 양보다 열등한 한 마리의 양에 관심을 가지십니다(눅 15:3-7). 이것은 하나님의 관심은 열등한 사람에게 있다는 것입니다. 그러므로 열등한 의식 속에 갇혀있지 말고 하나님의 관심 안으로 들어가야 합니다.

하나님의 계획은 지혜로운 자에게 있는 것이 아니라 미련한 자에게 있고, 강한 자에게 있는 것이 아니라 약한 자에게 있습니다. 그러므로 기죽지 말고 일어서야 합니다.

더 이상 열등한 자리에서 헤매지 말고 자리를 털고 일어나서 새로운 길을 가야 합니다. 열등감을 성령으로 치유하여 승리하는 삶을 살아갑시다.

열등의식은 대인관계에 지대한 영향을 줍니다. 상대방은 절대로 그렇게 생각하지 않는데 자신이 스스로 자신을 열등하게 생각을 하는 질병입니다. 하나님의 자녀는 열등하지 않습니다. 왜냐하면 옛사람은 죽고 하나님의 자녀로 태어났기 때문입니다. 예수를 믿으면서도 자신을 열등하게 생각하는 사람은 아직 하늘의 사람으로 바뀌지 않는 증거가 됩니다. 빠른 시간에 자신의 바른 위치를 깨달아야 합니다. 그래야 성령의 인도를 받으며, 심령천국을 이루고 삶에서 아브라함의 축복을 받으면서 살아갈 수가 있는 것입니다. 치유는 성령의 깊은 기도를 하여 무의식에 잠재하여 있는 열등의식을 의식위로 올라오게 하여 쫓아내야 합니다. 그러기 위해서 깊은 영의기도를 숙달해야 합니다.

15장 갱년기질환 예방과 치유 비밀

(잠17:22)"마음의 즐거움은 양약이라도 심령의 근심은 뼈를 마르게 하느니라"

갱년기 여성 질환이란? 갱년기는 여성에게만 있는 특수한 시기로 난소 기능이 감소되면서 여성 호르몬이 부족하여 월경이 끝나고 여러 가지 증상이 초래되는 시기를 말합니다. 평균적으로 폐경의 시기는 41세에서 51세의 사이로 사람에 따라 정도가 다르겠지만 많은 여성들이 힘들고 불편한 여러 가지 증상(안면홍조, 생식기 위축, 비뇨기 위축, 정신적 증상 등)을 호소하게 됩니다. 이를 갱년기 여성 질환이라고 합니다.

갱년기 여성 질환은 왜 생기나요? 폐경은 여성호르몬(에스트로겐)의 분비 감소로 인해 일어나는 현상입니다. 폐경에 이르면 양쪽 난소의 난자 수가 감소하고 난소기능이 저하되어 에스트로겐 분비도 크게 감소합니다. 그로 인해 얼굴이 화끈거리는 등의 여러 가지 신체적 증상이 나타납니다. 갱년기에 나타나는 증상은 누구나 피해갈 수가 없습니다. 미리 알고 예방하는 것이 최선의 방법입니다.

1.갱년기 여성 질환의 증상은?

1) **안면홍조**:안면홍조는 가장 많은 증상으로 폐경여성의 75% 가량이 경험합니다. 갑자기 얼굴이 달아올라 숨이 가쁘고 가슴이 두근거리며 땀이 나며 두통이 같이 오기도 합니다. 이런 갑작스런 열감은 목과 가슴 얼굴 부위에 먼저 오고 전신적으로 퍼지며 홍조 후에는 혈관의 수축이 뒤따라 오한이 나기도 합니다. 이러한 증상은 대부분 4분 정도면 끝나며 길게는 30분 정도 가기도 합니다. 밤과 낮을 가리지 않고 아무 때나 나타날 수 있으며 피로하거나 긴장을 하거나 예민한 성격을 갖고 있는 사람에게서 더 자주 나타납니다. 증상의 원인은 호르몬 부족에 기인하는 혈관 운동의 불안정 때문입니다.

2) **생식기의 위축**: 질은 에스트로겐의 변화에 민감합니다. 에스트로겐은 배란 직전에 많이 분비되어 질과 자궁이 정자를 잘 받아들이고 착상이 잘 되도록 합니다. 에스트로겐이 저하되면 질 표면이 얇아지고 창백해지며 폐경 전에 보았던 주름도 소실되고 감각도 저하됩니다. 이러한 결과로 성교 곤란 증, 냉 및 질 출혈 노인성 질 염이 빈번히 나타납니다.

3) **비뇨기의 위축** : 요도 점막도 에스트로겐에 민감합니다. 폐경 이후의 많은 여성이 소변을 지리는 요실금 증상으로 고생

하는 것도 에스트로겐의 감소에 의한 요도 점막의 위축 때문입니다. 요도 점막이 얇아지고 부스러지기 쉬운 상태로 되어 배뇨 중에 통증을 느낄 수도 있습니다. 또한 요도와 방광 신경의 이상으로 소변이 급하게 마렵고 소변을 보아도 시원치 않으며 자주 보게 됩니다.

4) 정신적 증상 : 에스트로겐의 결핍은 여러 가지 정신적인 문제를 야기할 수 있는데, 집중력이 저하되고, 쉽게 흥분하며, 감정이 수시로 변하기도 하고, 고독감, 불안, 두통, 불면의 증상이 나타납니다.

5) 피부 및 골. 관절계 증상: 폐경기 여성의 피부는 메마르고 쉽게 주름지게 됩니다. 노화로 인한 퇴행성관절염도 발생하여 여러 부위의 관절 통증을 호소하기도 합니다. 또한 만성적인 에스트로겐의 결핍으로 골다공증이 발생하여 통증이 있기도 하고 골절의 위험성이 증가합니다.

6) 성적인 문제 : 질 분비물의 저하, 오르가즘 시 자궁 수축에 의한 통증의 유발, 질의 탄력 저하 등으로 성교 곤란증이 올 수 있습니다. 이 때문에 성적인 욕구가 줄어들기도 하고 이 시기의 여러 사회적 통념들이 또한 성적 행위에 영향을 미칩니다.

2.갱년기 증상이 찾아오는 원인

여자 나이 50을 전후로 하여 흔히 다시 새로운 삶을 살아 간다하여 '갱년기(更年期)'라 부르는데 월경이 없어지며, 생리기능이 변하는 때이기도 합니다. 갱년기는 남성과 여성 모두에게 적용될 수 있는 개념으로 반드시 찾아오는 것이며, 여성의 생식능력의 중단과 남자의 성 활동이 감소되는 중요한 생리적 변화가 일어나는 때, 또는 생식기에서 비 생식기로 이행되는 노화의 단계라고 보기도 합니다.

갱년기는 하나의 노화현상으로, 누구에게나 오는 것이기는 하나, 사람에 따라 오는 시기가 비교적 빠른 사람도 있고, 좀 늦은 사람도 있으며, 또 증상의 정도도 사람마다 각기 다릅니다. 여성의 경우 갱년기는 난소기능이 저하되면서 폐경 전, 몇 년 전부터 서서히 비정상적 생리주기가 시작되는 때부터, 폐경이 된 이후의 수년간의 기간을 일컫습니다. 폐경기 전후로 해서 신체적 자각증상들이 많이 나타나는데, 이를 갱년기 증상이라고 합니다.

폐경기란 의학적으로 난소 기능이 쇠퇴하여 난소에서 생성되는 호르몬의 생성이 감소되고, 월경이 중지되어 더 이상 임신을 할 수 없는 상태를 말합니다. 폐경의 시기는 보통 50세 전후이며 40세 이전에 폐경이 되는 경우는 조기 폐경이라 합니다.

이러한 갱년기를 확인하는 방법으로는 기초체온법으로 쉽게 확인할 수가 있습니다. 생리 시에 체온이 생리 전반부에는 체온이 낮게 생리 후반부에는 높게 나타는 변화를 보이지만 배란이 없는 경우는 체온이 저온으로 일정하게 유지되며 변화가 없습니다. 이럴 때는 생리를 하더라도 배란이 없기 때문에 갱년기의 시작이 되는 때입니다.

여성의 기능을 유지시켜주는 인자는 많지만 그중에서도 난소에서 분비되는 여러 호르몬, 특히 에스트로겐(Estrogen)의 역할이 중요합니다. 월경이 끊어지는 기간인 폐경기에 난소의 역할이 점차 감소하면서 분비되는 에스트로겐의 양도 따라서 줄게 됩니다. 이러한 호르몬의 변화는 여성의 전신에 걸쳐서 영향을 주게 되어 정신적, 육체적 변화가 나타나게 되는데 이러한 변화가 심하게 나타나는 기간을 갱년기라고 합니다. 갱년기는 다음의 3가지 요소로부터 나옵니다.

첫째, 난소 기능의 저하에 의한 호르몬의 결핍과 이로 인한 초기증상(홍조-얼굴, 목, 가슴에 갑작스럽게 열을 느끼는 것, 식은땀, 위축성 질염)과 말단 장기의 대사성 변화와 관련된 후기 증상

둘째, 여성의 환경에 의해 결정되는 사회 문화적 요인으로 발생합니다.

셋째, 여성이 성격에 따른 정신적인 요인입니다. 상처가 있으면 더 빨리 갱년기가 찾아오기도 합니다. 성령으로 충만하게 생활을 하고 내적상처를 치유하면 갱년기를 경험하지 않을 수

도 있습니다.

일반적으로 약 85% 의 폐경기 여성은 홍조나 혈관운동 증상을 갖지만, 반 이상이 2년 이하의 기간 동안 증상을 보이며 단지 25%의 여성에서만 의학적인 치료를 요하는 만큼의 심한 증상을 보입니다. 폐경기 증상은 대부분 즉각적인 월경의 중단과 관련된 급성증상과 폐경기후 몇 년 뒤 생기는 후기 증상 등으로 나누어지는데 에스트로겐 결핍으로 나타나는 급성증상은 홍조 뿐이고 급성 증상 중 에스트로겐으로 치료 가능한 홍조와 질 위축 뿐 입니다.

후기에 나타날 수 있는 질병으로는 성교 통, 요도염, 골다공증, 동맥경화성 심혈관질환등이 있습니다. 홍조는 비록 에스트로겐의 감소로 인한 것이지만 신경내분비의 불균형으로 인한 특정의 체온조절의 이상 증상으로 갑작스런 식은땀, 빈번한 가슴 두근거림, 구토 감, 어지러움, 두통, 오한등과 같은 신체적 불쾌감을 동반하여 보통 약 3분을 지속하며 때때로 피부색깔의 변화를 볼 수도 있습니다.

3.여성갱년기 극복방법

① 성령으로 충만한 믿음 생활입니다. 많은 분들이 교회는 주일날이나 가는 곳으로 알고 있습니다. 아닙니다. 주변에 성령치유나 전문적인 내적치유를 매주 지속적으로 하는 곳이 있을

것입니다. 그곳에 지속적으로 다니면서 영적인 지식도 쌓고 영성도 깊게 하고 내적인 상처 치유를 받는 것입니다. 이렇게 지속적으로 성령 충만한 생활을 한다면 갱년기는 쉽게 극복할 수가 있습니다. 무엇보다도 본인의 마음이 중요합니다. 하나님의 은혜로 갱년기를 극복하겠다는 믿음이 있다면 쉽게 갱년기를 극복할 수가 있을 것입니다.

② 적정한 체중유지

③ 충분한 수면

④ 알코올, 흡연, 스트레스 등을 피하는 것이 좋습니다.

⑤ 평상시에 적절한 운동과 식이요법을 통해 호르몬 균형을 돕고, 면역력을 증감시켜 줍니다.

⑥ 갱년기장애를 숨기고 혼자 있기보다는 적극적인 사회활동을 통해 우울증을 극복하는 것이 중요합니다.

⑦ 깊은 영의기도로 하나님과 친밀한 관계유지: 깊은 영의기도는 마음의 불안감을 제거하고 심장과 폐의 기능을 활성화하여 순환기 계통을 강화하여 피의 흐름을 맑게 합니다. 젊은 시절부터 깊은 영의기도를 숙달하여 지속적으로 하면 갱년기를 슬기롭게 극복할 수가 있습니다.

갱년기에는 생선류, 콩류, 우유, 채소류, 과일 등을 충분히 섭취해 주며 지방질, 식염, 설탕, 알코올, 카페인섭취는 줄이는 것이 좋습니다. 특히나 여성호르몬 에스트로겐과 비슷한 작용을 한다는 이소플라본이 들어있어 좋다는 콩의 섭취는 더욱 좋습니다. 보통 10대에서 20대로, 20대에서 30대로 넘어갈 때 스트레스를 받고 우울감을 느낀다고 합니다. 그러나 갱년기 여성들처럼 심한 경우는 거의 없습니다. 갱년기 여성들의 경우는 여성으로서의 삶이 끝이라는 상실감으로 스트레스가 최고조에 이르고 이로 인해서 심한 우울증을 겪게 된다고 합니다. 갱년기는 누구나 찾아오는 과정의 하나입니다. 그렇기 때문에 이 과정을 우울해 하지 말고 슬기롭게 극복해나가면 때늦게 찾아오는 사춘기 갱년기를 잘 보낼 수 있습니다. 허탈감과 상실감에 빠지지 않고 편안한 마음으로 갱년기를 받아들인다면 마음까지도 건강한 중년을 보낼 수 있을 것입니다.

혹시 우리 곁에 계신 권사님, 집사님, 부모님이 겪고 계시진 않으십니까? 아니면 내가 갱년기인가 의심하고 계신가요? 무엇보다 전문가와의 상담이 매우 중요합니다. 갱년기로 인해 찾아오는 수많은 여성 질환들, 그리고 원만하지 못한 부부관계 등, 헤아릴 수 없이 많은 고민들 적극적인 치료와 관심만이 행복한 중년으로 가는 첫걸음입니다. 미리 준비하세요. 모두에게 찾아오는 것입니다. 지금도 늦지 않았습니다. 준비하세요.평소에 깊은 영적생활로 성령으로 충만하게 지내는 것이 습관이 되어야 합니다.

4. 갱년기 증상은 어떻게 치료하나요?

1) **약물치료**: 갱년기 증상의 치료에 가장 효과적인 방법은 호르몬 대치 요법입니다. 에스트로겐의 투여는 열성 홍조, 비뇨기계의 위축 등에 탁월한 효과가 있을 뿐만 아니라 장기간 복용함으로써 골다공증을 예방할 수 있고 폐경 후에 오는 심혈관계 질환도 예방할 수 있습니다. 생활 가이드로서 술, 담배는 호르몬의 효과를 저하시킬 수 있으므로 삼갑니다. 규칙적인 운동 특히 골다공증 치료에는 매일 걷기 운동이 권장됩니다. 칼슘제제를 같이 복용할 때는 위장장애를 줄이고 흡수를 높이기 위해 식사와 같이 투여 하도록 합니다. 중요한 것은 환자가 폐경기 이후의 생리현상을 잘 이해하고 식이요법, 운동요법, 호르몬 대체요법을 잘 병행하여 적극적으로 건강을 관리함으로써 갱년기의 신체적, 정신적 위기를 극복하는 것입니다.

2) **영적치유**: 저는 예방 신앙을 강조합니다. 갱년기가 찾아오기 전에 치유를 받으라는 말입니다. 성령으로 충만하여 깊은 영의기도를 하면 심, 폐기능이 강화되고 순환기 계통이 강화되어 노화를 방지하게 됩니다. 상처를 내적치유 하는 것도 필수입니다. 무엇보다도 성령으로 세례를 받고 성령의 인도를 받는 기도가 되어야 합니다. 우리가 영적인 생활만 정상적으로 하면 인간에게 찾아오는 모든 문제를 미리 예방할 수가 있습니다. 문제

는 깊은 차원의 신앙생활을 체질화하지 못하는 것입니다.

많은 분들이 머리로 신앙생활을 하려고 합니다. 기독교 신앙은 체험신앙이라고 합니다. 몸으로 느끼는 믿음 생활을 하라는 것입니다. 하나님은 영이시지만 살아계신 하나님이십니다. 고로 내 안에 계신 하나님을 몸으로 느끼는 신앙생활이 정상적인 신앙생활입니다. 몸으로 느끼는 신앙생활을 하려면 체험해야 합니다. 먼저 성령으로 세례를 받아야 합니다.

성령으로 세례를 받은 다음에 성령의 인도로 자신이 살아오면서 받은 상처를 치유하는 것입니다. 말씀과 성령으로 자아를 부수어 트리는 것입니다. 그리고 혈통으로 흐르면서 역사하는 영적인 문제를 해결하는 것입니다. 많은 분들이 말씀과 성령으로 상처와 자아와 혈통의 문제를 치유 받을 때, 뜨거운 성령의 불세례를 체험하는 것이 보통입니다. 성령의 불세례가 자신의 심령을 정화하기 때문에 나타나는 현상입니다.

성령의 불세례로 자신의 심령을 정화한 후에도 성령으로 기도하며 성령의 충만을 유지해야 합니다. 그러면 갱년기는 떠나가거나 미약하게 나타나게 되는 것입니다. 아무튼 성령으로 충만한 믿음 생활이 중요합니다. 인생백세 시대라고 합니다. 저는 인생백세 시대를 대비하라고 합니다. 인생백세를 대비하는 것이 영적으로 깊은 생활입니다. 영성이 깊어야 건강한 삶을 살아갈 수가 있습니다. 저는 평소에 호흡을 통한 깊은 영의기도를 하라고 권면하고 싶습니다. 세상에서도 단전호흡이라는 것을 합니다. 단전호흡을 하면 심폐기능이 강해져서 건강에 좋다고 매스컴에서도 발표된 사실입니다. 그런데 우리가 알아야 할 것은 세상에서 하는 단전호흡은 뉴에이지 운동의 일환이므로 조심해야 합니다. 우리는 호흡을 배꼽아래까지 들이쉬고 내쉬면서 예수님을 찾는 것입니다. 호흡을 들이쉬면서 "예수님" 내쉬면서 "사랑합니다." 이렇게 계속 예수님을 찾으면서 지속적으로 장소 불문하고 해보세요. 당신의 영성은 깊어지고 심폐기능이 덩달아 강해져서 갱년기를 잘 이겨 낼 수가 있을 것입니다. "인생백세 누리며 승리하세요."

갱년기 증상의 발생이유는 마음의 상처로 발생합니다. 마음의 상처가 갱년기 증상을 일으킵니다. 갱년기를 예방하려면 말씀과 성령으로 잠재의식에 쌓여있는 상처를 치유해야 합니다. 지속적으로 상처를 치유하면서 성령 충만하게 살아가노라면 갱년기는 찾아오지 않습니다. 미리 예방하는 것이 중요합니다. 말씀과 성령으로 충만한 생활로 잠재의식의 상처를 표면위로 드러내서 쫓아내야 합니다. 지속적으로 해야 합니다. 깊은 영의기도를 숙달하여 기도가 깊어져야 합니다. 그래서 성도는 주일이 중요한 것입니다. 주일날 성령으로 충만한 예배를 드리면 깊은 영성을 유지하게 됨으로 상처가 쌓이지 않고, 잠재의식의 상처가 성령의 역사로 떠나갑니다. 상처가 떠나가기 마음의 건강을 유지할 수가 있는 것입니다. 무엇보다도 말씀과 성령으로 충만한 생활이 갱년기를 예방하게 합니다.

16장 언어 폭행 충격 치유 비밀

(약 3:1-6)"내 형제들아 너희는 선생된 우리가 더 큰 심판 받을 줄을 알고 많이 선생이 되지 말라. 우리가 다 실수가 많으니 만일 말에 실수가 없는 자면 곧 온전한 사람이라 능히 온몸도 굴레 씌우리다. 우리가 말을 순종케 하려고 그 입에 재갈 먹여 온몸을 어거하며, 또 배를 보라 그렇게 크고 광풍에 밀려가는 것들을 지극히 작은 키로 사공의 뜻대로 운전하나니, 이와 같이 혀도 작은 지체로되 큰 것을 자랑하도다 보라 어떻게 작은 불이 어떻게 많은 나무를 태우는가, 혀는 곧 불이요 불의의 세계라 혀는 우리 지체 중에서 온몸을 더럽히고 생의 바퀴를 불사르나니 그 사르는 것이 지옥불에서 나느니라"

제가 그동안 성령치유 사역을 하면서 체험한 바로는 상대방의 과격한 언어에 의한 상처로 고통을 당하는 성도들이 의외로 많습니다. 인간의 운명은 거의 입으로 결정합니다. 입은 말을 합니다. 말은 곧 그 사람의 인격이요, 삶이요, 사상이요, 운명이라고 말합니다. 말하는 대로 그 인격이 형성되고 말하는 대로 그 운명이 결정되기 때문입니다. 말을 마음에 담으면 사상이요, 말이 고정되면 뜻이요, 말이 행동으로 표출되면 행동이 됩니다. 그래서 우리가 날마다 쓰고 있는 말이 무엇이냐에 따라서 그 사람됨을 나타내게 됩니다. 인간의 행복과, 불행도 그 언어의 사용여하에 따라서 결정되고 있는 것을 볼 수 있습니다. 그래서 인간의 운명을 바꿀 때 생각을 바꾸고, 말을 바꾸고, 행동을 바꾸라고 말합니다. 그 생각이 그 사람이고, 또 그 말이 그 사람이며, 그 행동이 그 사람의 운명을 결정하기 때문입니다.

하나님께서는 인간들에게만 언어의 특권을 주셨습니다. 모든 만물이 다 말을 못합니다. 오직 사람에게만 말을 주었는데 이 말은 하나님의 형상을 닮은 인간에게 주신 최고의 특권입니다. 하나님이 인간에게 언어를 주신 첫째 이유는 하나님과 대화하기 위해서 언어를 주신 것입니다. 누구든지 자기 생각과, 사상과, 그 감정을 말로 표현할 수 있습니다. 그런데 그 말의 표현이 자기 자신을 유익하게 할 수도 있고 자기 자신과 다른 사람들을 불행하게 만들 수도 있습니다.

그래서 성경은 이렇게 말합니다. "우리가 다 실수가 많으니 만일 말에 실수가 없으면 그 사람은 온전한 사람이다"(약3:2절). 이 세상에 죄를 범하지 않는 사람은 하나도 없습니다. 또한 말에 의한 죄만큼 범하기 쉬운 죄도 없습니다. 그러므로 말에 실수를 하지 않고 사는 사람은 위대한 사람입니다.

잠언에 보면 말에 대한 교훈이 많이 있습니다. "네 입의 말로 네가 얽혔으며 네 입의 말로 인하여 잡히게 되었느니라."(잠 6:2). 다시 말하면 말로 자기 운명, 자기 모든 인간됨을 얽어맨다는 사실입니다. 그래서 잠언의 모든 교훈들은 말에 죽고 사는 권세가 있고, 또 말로 은혜도 받고 저주도 받는다고 말하고 있는 것입니다. 우리는 지금까지 내가 하고 있는 말들이 남에게 용기와 희망을 주었는지 아니면 상처를 내고 인격적으로 손상을 입혔는지 한번 반성해 보십시다. "채찍으로 때리는 것은 몸에 자국을 남기나 혀로 때리는 것은 뼈를 깎는다."는 말이 있습니다. 다시 말하면 육체에 생기는 상처는 고칠 수도 있고 쉽게 가실수도 있지만 말로 받은 상처는 그 기간이 오래 간다는 것입니다. 어떤 의미에서는 영구적입니다. 육체의 상처는 쉽게 치유할 수 있습니다. 그러나 말로 받은 상처는 쉽게 치유가 안 됩니다. 많은 사람들이 칼날로 죽었으나 혀로 인하여 멸망한 사람의 수가 더 많습니다.

제가 군대 지휘관을 할 때 병사들과 대화의 시간을 많이 가졌습니다. 그때 병사들이 하는 말이 말로 상처주지 말고, 차라리 한 대 때리라고 하는 병사도 있었습니다. 말로 인한 상처가 이렇게 크다는 것입니다.

첫째, 말은 무서운 상처를 남깁니다. "혀는 곧 불이요 불의의 세계라. 혀는 우리 지체 중에서 온 몸을 더럽히고 생의 바퀴를 불사르나니 그 사르는 것이 지옥 불에서 나느니라."(약3:6절). 불은 유익하지만 붙어서는 안 될 산에 붙으면 삽시간에 산을 태워버립니다. 산에 불이 나면 나무와, 짐승과, 인간의 가옥까지 불사르기 때문에 이것은 엄청난 피해를 주고 전 생태계가 몸살을 앓게 되는 것입니다. 이와 같이 우리가 혀를 잘못 사용하면 엄청난 피해를 주게 됩니다.

마치 불이 온 생태계를 파괴하는 것처럼 언어라는 것이 한번 잘못 사용되면 수많은 사람들의 인격을 파괴하고, 가정을 완전히 불행하게 만들고, 사회를 어둡게 만든다는 것입니다. 잘못 던져진 말 한 마디가 다른 사람의 가슴에 상처를 안겨줄 수 있습니다.

일반적으로 언어의 상처를 언어폭력이라고 말합니다. 우리는 '폭력' 하면 주먹을 휘두른다든지, 칼날을 휘두르는 것만 생각하지만 실상은 언어의 폭력이 더 무서운 것입니다. 칼날은 앞에 있는 사람 하나에게만 상처를 입히지만 언어는 공간과, 시간에 제한 없이 미치기 때문에 언어의 폭력은 그 상처가 큰 것입니다.

"혀가 패역한 자는 재앙에 빠지느니라."(잠 17:20) 혀를 함부로 놀리는 자는 사공이 배의 키를 함부로 놀리는 것과 같이 위험하다는 내용입니다. 거짓말 하는 혀는 항로의 방향을 어긴 것과 같은 것입니다.

인간의 불행은 거의 다 언어의 상처에서 유발된 경우가 많습니다. 언어의 폭력으로 받은 상처는 마음과 육체를 병들게 하고 그것이 오래 가기 때문에 치유가 힘듭니다.

일반적으로 병은 상처의 한 현상입니다. 상처받은 것이 낫지 않으면 병이 됩니다. 인간은 모두 다 병을 가지고 있습니다. 크게 말한다면 영혼의 병인데 이것은 하나님 앞에서 건강하지 못한 상태입니다. 하나님을 찬양하고, 하나님을 영화롭게 하며, 기쁘게 살아야 할 인간이 그렇게 하지 못하는 것이 병입니다.

우리가 감정의 상처가 있는데 열등의식이라든지, 우울증이라든지, 또는 의기가 소침하다든지, 삶의 의욕을 상실하는 것은 다 병적인 요소입니다. 그래서 우리가 인생을 살아가면서 자신 있게 살지 못하는 것도 병입니다. 이것이 다 어디에서 왔느냐? 언어의 상처에서 온 경우가 많습니다.

육체의 병은 병원에 가서 고칠 수 있습니다. 그러나 영혼의 병은 병원에서 못 고칩니다. 육체적인 병은 병원에 가면 보통 일주일이면 낫고, 길어야 몇 개월이지만 마음의 병, 영혼의 병은 영구적입니다. 이것은 하나님의 말씀과 성령으로 교회에서 고칩니다. 그래서 교회는 병원과 같습니다. 우리는 매주 교회에 와서 말씀을 들으면서 치유를 받는 것입니다. 교회는 치유를 해야 합니다.

둘째, 언어의 상처는 인격을 병들게 합니다. 언어로 상처받은 사람들의 불행을 알아야 됩니다. 병을 알아야 고칠 수 있습니다. 상처를 알아야 치유할 수 있습니다. 그래서 자기 병이 어디에서 왔는지 어떤 병이 들었는지를 우리는 알아야 됩니다. 언어를 정상적으로 사용하지 못하고 있습니까? 이것은 벌써 언어에 대한 상처를 안고 있는 것입니다. 남을 공연히 기분 나쁘게 한다든지, 다른 사람의 마음을 아프게 한다든지, 혈기를 낸다든지, 분노를 터뜨린다든지, 남의 험담을 한다든지, 이런 것은 일종의 자기 자신의 병적인 상태를 표출하고 있는 것입니다. 병이 들었기 때문에 아파서 그러는 것입니다. 자기 자식이라고 함부로 내뱉은 언어의 폭력이 어린 자식의 인격에 상처를 내고 불행하게 만든 경우가 많이 있습니다. 말을 조심해야 합니다.

서울역에 있는 노숙자를 상담한 결과 놀라운 사실을 하나 발견했습니다. 어렸을 때 어머니로부터 들었던 언어폭력이 그를 노숙자로 만들었다는 것입니다. '이 빌어먹을 놈'이란 어머니의 폭언을 듣기 싫어서 가출한 것이 결국 자기로 하여금 빌어먹는 거지가 되게 했다는 것입니다. 어느 윤락녀의 고백입니다. "저는 어릴 적부터 가출하기까지 아버지로부터 이유 없는 욕설을 들어야 했습니다. 아버지는 화가 나면 저보고 '개 같은 년'이라고 욕했습니다. 더 이상 참지 못하고 집을 나온 제가 지금 윤락녀가 되었으니 아버지의 말대로 된 셈이지요."

대개 가정생활이 불행한 사람은 성장 과정에서 상처를 받은 사람들입니다. 부모님의 친절과 사랑의 말을 듣고 성장한 아이들과 부모의 폭군적이고 거친 말을 듣고 자란 아이는 그 인격이 다릅니다. 이와같이 말에 의한 상처가 대단하다는 것입니다.

옛날에는 모두 말이 거칠고, 살기차고, 악했습니다. 왜 그랬는지는 알 수 없지만, 너무 살기가 어려워서 그렇게 폭언을 많이 했는지 거의 다 욕을 먹고 자랐습니다. 그래도 우리가 이렇게 된 것은 예수님의 은혜입니다. 예수님이 우리의 상처를 치유했기 때문입니다. '빌어먹을 놈' '염병할 놈' 그렇게 욕을 먹었는데 빌어먹는 나쁜 길로 간 사람도 있지만, 우리는 예수를 믿고 하나님 앞에 빌어먹게 되었습니다. '썩을놈' 썩는다는 것이 얼마나 나쁜 것입니까 그런데 한 알의 밀알이 썩어지면 육십 배, 백 배의 결실을 맺는다는 이 축복을 믿음으로 받은 것입니다. '육시할놈' 이 말은 여섯 토막을 내서 죽인다는 말인데 예수 믿고 순교하라는 말로 바꿨습니다. "너는 순교자가 되라" 그러니까 생각해보면 우리는 예수님의 은혜로 어렸을 때부터 받은 언어의 상처를 축복으로 바꾸었습니다. 우리도 성령으로 언어의 상처를 치유합시다.

셋째, 상처받은 인격을 치유해야 합니다. 혹시 부모님으로부터 상처받은 언어로 인하여 내 마음에 응어리진 것이 있으면 은혜로 푸십시오. 절대로 부모님을 원망하지 마십시오. 부모님들이 몰라서 그랬으니 부모님을 용서하십시오. 우리가 개를 키울 때에 개를 때리면서 "내가 너를 사랑한다." 그러면 개가 물어버립니다. 그런데 개를 쓰다듬으면서 "이 나쁜 새끼 같으니라고." 욕을 해도 개는 꼬리를 칩니다. 언어가 부드럽고 좋기 때문입니다.

얼마 전에 어떤 집사님은 눈물로 호소했습니다. 남편으로부터 상처를 받고 세상을 살 의욕을 잃고 밤잠을 못 잤다고 했습니다. 남편의 언어의 상처, 자기를 무시하고, 다른 사람과 비교하고, 그래서 그는 우울증이 올 정도로 삶의 모든 의욕을 상실했다는 것입니다. 그 자매의 얘기를 들으면서 저는 마음이 참 아팠습니다. '아! 이것을 어떻게 치유하나' 이런 상처를 그대로 안고 있어서는 안 됩니다. 상처를 은혜로 치유해야 됩니다.

상처를 치유하지 않으면 결국 또 다른 사람들에게 상처를 주게 됩니다. 부모로부터 욕설을 들으며 자란 아이는 장성해서 결혼한 후에 자기 아내와 자식들에게 똑같은 언어폭력을 하는 경우가 다반사입니다. 어렸을 때는 이런 생각을 합니다. '내가 부모님으로부터 이렇게 폭언을 듣고 자랐으니 나는 결혼한 후에 내 자식들과 아내에게 잘해야지' 그런데 이런 마음을 다짐했음에도 불구하고 살다보면 자기 본색이 나옵니다. 악해서 그런 것은 아닙니다.

악한 생각을 가지고 하는 언어도 있지만 본래는 선한 사람인데 무의식중에 그런 말이 나가는 것입니다. 자기도 모르게 어렸을 때 받은 상처가 표출되기 때문입니다. 우리는 이럴 때 그 사람을 나쁜 사람이라고 말할 것이 아니라 그 사람을 이해하고 치유를 해야 합니다. 대개 일반적으로 성장 과정에서 말의 상처를 받은 사람은 자기 가까이에 있는 사람에게 자기도 모르게 표출하는데 아내나, 자식이나, 직장 부하나, 군대 부하, 이런 사람들에게 표출합니다. 이것은 곧 상처받은 언어 때문에 그러는 것입니다.

넷째, 좋은 말로 살아야 합니다. "우리가 말을 순종케 하려고 그 입에 재갈 먹여 온 몸을 어거하며 또 배를 보라 그렇게 크고 광풍에 밀려가는 것들을 지극히 작은 키로 사공의 뜻대로 운전하나니"(약3:3-4절)

마부가 달리는 말의 입에 재갈을 먹여서 그를 어거하듯이, 큰 배가 사공의 작은 키로 조정되어서 방향을 정해서 가듯이 내 입의 언어도 조정되어야 되는데 조정이 안 된다는 것입니다. 내가 죄인이기 때문에 그렇습니다. "여러 종류의 짐승과 새며 벌레와 해물은 다 길들므로 사람에게 길들었거니와 혀는 능히 길들일 사람이 없나니 쉬지 아니하는 악이요 죽이는 독이 가득한 것이라"(약3:7-8절) 혀를 길들일 사람이 없다는 것입니다.

짐승은 사람이 길 들여서 쓸모 있게 만들어가지만 우리 혀는 내가 길들여서 쓸 수가 없다는 것입니다. 그러면 우리의 혀를 누가 길들일 수 있느냐? 예수님이 내 안의 주인이 되셔서 내 혀를 길들이도록 해야 한다는 것입니다.

1) 유순한 언어를 사용하여야 합니다. "유순한 대답은 분노를 쉽게 하여도 과격한 말은 노를 격동하느니라."(잠 15:1) "온량한 혀는 곧 생명나무라도 패려한 혀는 마음을 상하게 하느니라."(잠 15:4) 온량한 혀란 '부드러운 말, 따뜻한 말'의 의미를 가지고 있습니다. 온량한 혀는 다른 사람을 살리고 치유하는 것을 의미합니다. 남을 살려주는 말은 생명나무와 같이 다른 사람

의 상한 심령을 살려주고, 인격을 살려주고, 병든 육체까지도 살려줍니다. 그러므로 우리는 언어를 사용할 때 부드러운 언어를 사용하도록 노력해야 됩니다.

그런데 패려한 혀는 험담하고, 거짓말하고, 비난하는 혀는 남의 마음도 상하게 하고, 육체도 상하게 하고, 인격도 파괴합니다. 여러 사람이 모였을 때 내 언어가 다른 사람을 살려주고 있는가? 죽이고 있는가를 생각해야 합니다.

가시 돋친 말로 남의 마음을 아프게 하는 말만 골라서 하는 사람들이 있습니다. 화목하게 하는 언어를 사용해야 됩니다. 유순한 말은 평화를 창조하는 언어입니다.

2) 격려하는 말로 바꾸어야 합니다. "무릇 더러운 말은 너희 입 밖에도 내지 말고 오직 덕을 세우는 데 소용되는 대로 선한 말을 하여 듣는 자들에게 은혜를 끼치게 하라."(엡 4:29). 말은 씨가 됩니다. 그러므로 말은 심는 대로 거두게 됩니다. 마음이 상한 자에게 격려와 용기를 주어서 다른 사람들에게 덕을 세우고 주님의 뜻대로 다른 사람들에게 희망을 주는 언어를 쓰도록 해야 합니다. 많은 아내들이 남편에게 상처를 받고 묵묵히 참고 사는 것이 자기를 십자가에 못 박은 신앙의 큰 미덕으로 알고 아픈 상처로 가슴이 멍들고 한이 된 사람들이 있습니다. 이것은 좋은 것이 못됩니다. 조금만 노력하면 인격적으로 고칠 수 있는 것을 수십 년 그대로 습관 되어 살면서 더욱 불행해지고 있습니

다.

한번은 어떤 집사님이 남편이 수십 년 동안 언어로 상처를 주었는데 참고 살아왔다고 하면서 저보고 그래요. "목사님 나를 죽이고 사는 것이 참 힘듭니다. 목사님이 나를 십자가에 못 박으라고 알려주셨기에 날마다 나를 죽이면서 남편의 폭력적 언어를 참고 살았습니다."

상처를 받고도 묵묵히 참고 사는 것이 자기를 십자가에 못 박은 큰 신앙의 미덕으로 알고 있다는 것입니다. "내가 예수 믿고 참는 것이 은혜라고 생각하고 참기만 했죠." "참는 것만 가지고 되는 것이 아닙니다. 당신의 남편을 치유해 주어야 됩니다." 폭력적 언어를 쓸 때는 같이 대답하면 싸움이 되니까 그때는 가만히 있다가 남편이 기분 좋을 때 '여보, 우리가 수 십 년 살아오면서 당신이 이럴 때는 이렇게 말해주면 좋지 않겠어? 반찬이 마음에 안들 때 "이것도 음식이라고 해왔어?" 그러지 말고 생선이 먹기 싫으면 생선 먹기 싫으니까 고깃국 달라고 한 마디만 해줘요. 그러면 내가 잘해 줄게. 그리고 "그것을 옷이라고 입었어? 동네 사람들 다 웃겠다." 그러지 말고 "여보, 이런 때는 이런 옷이 더 낫지 않을까" 이렇게 한마디를 해주면 얼마나 좋겠어요. 나는 당신 아내잖아요. 당신하고 평생 살 사람이고 당신이 병들었을 때 그래도 내가 옆에 있었잖아' 이렇게 얘기하면 남편이 즉시 깨달을 겁니다. '아! 내가 이렇게 해서는 안 되겠구나' 그러면서 다음부터 고치기 시작할 겁니다." 그런데 그렇게 했더니 정말로 남편의 폭언이 사라졌답니다.

시어머니의 언어의 상처도 참는다고 좋은 것 아닙니다. 시어머니 기분 잘 맞춰드린 다음에 "어머니, 제가 부족한 것은 사실이죠. 그러나 어머니 며느리 아닙니까? 어머니 돌아가시면 그래도 제가 울어줄 사람이 아닙니까? 그러니 저를 사랑해 주는 마음으로 이런 때는 이렇게 해주시고, 저럴 때는 이렇게 해주세요. 어머니는 훌륭한 분 아닙니까? 이렇게 해 주시죠." 하고 얘기하세요. 그러면 시어머니가 고칠 겁니다.

교육 심리학자 벤자민 블름이라는 사람은 가정환경을 물질환경과 언어 환경으로 구분했습니다. 물질 환경이란 안락한 의식주 생활을 말하는 것입니다. 남편이 돈을 많이 벌어다 주면 물질 환경이 좋아집니다. 아이들에게 용돈을 많이 주면 물질 환경이 좋아집니다. 그러나 이보다 더 중요한 것은 언어 환경입니다. 얼마나 친절하고 또한 얼마나 아름다운 말을 주고받으며 사느냐에 따라 행복이 좌우됩니다. 남편이 아내에게 돈을 갖다 주면서 "다시는 돈 달라고 하지 말어!" 이렇게 얘기하는 것은 물질은 주었지만 언어 환경을 이루지 못한 것입니다. 그런데 "여보, 내가 많이 못 벌어 미안해 앞으로 많이 벌어 잘해 줄께" 이렇게 말하는 것은 언어 환경을 이룬 것입니다.

3) 예수님의 마음을 품도록 기도해야 합니다. 말은 마음에서 나오는 것입니다. 마음이 온유해지면 온유한 말을 합니다. 마

음이 화평하면 화평케 말합니다. 마음이 선한 사람은 선한 말을 합니다. 그런데 마음이 독한 사람은 독한 말을 합니다.

(빌 2:5-8)"너희 안에 이 마음을 품으라. 곧 그리스도 예수의 마음이니 그는 근본 하나님의 본체시나 하나님과 동등 됨을 취할 것으로 여기지 아니하시고 오히려 자기를 비어 종의 형체를 가져 사람들과 같이 되었고 사람의 모양으로 나타나셨으매 자기를 낮추시고 죽기까지 복종하셨으니 곧 십자가에 죽으심이라." (갈2:20)"내가 그리스도와 함께 십자가에 못 박혔나니 그런즉 이제는 내가 산 것이 아니라 내 안에 그리스도께서 사신 것이라."

내 안에 그리스도가 살면 그리스도의 마음이 나오고, 그리스도의 생각이 나오고, 그리스도의 언어가 나오는 것입니다. 그래서 우리가 가정생활, 직장생활, 사회생활, 모든 생활 속에서 언어를 잘못 사용하고 있다면 어린 시절부터 병든 상처의 원인을 분명히 규명하고 이 병의 요소를 알아서 이것을 예수님의 말씀으로, 신앙으로 고쳐야 합니다. 그래서 우리의 짧은 인생사는 동안 모두 다 평화, 자유, 행복을 누리면서 건강한 가정, 건강한 사회, 건강한 교회, 건강한 인격을 이루어 사시기 바랍니다.

말은 잘하면 남을 살리기도 하고, 유익도 주지만 말을 잘못하면 가정을 파괴하고, 자녀들을 병들게 하고, 교회를 소란케도 합니다. 그래서 성도는 일생동안 좋은 말로 서로 격려하면서 살아야 합니다.

다섯째, 말에 의한 상처의 기억과 치유.

1) 마음이 평안한 상태가 되어야 합니다. 마음이 외부의 영향을 받지 않는 상태(성령 임재로 평온한 상태)가 되어야 합니다. 치유에 집중하는 마음 상태가 되어야 깊은 곳에 숨겨진 상처를 성령님의 도우심으로 치유 받을 수 있습니다.

반드시 외적 침묵과 내적 침묵이 되어야합니다.

2) 성령님의 임재를 간구합니다. 영에서 마음으로, 이성으로 임재가 나타나시도록 간구합니다. 성령님의 도우심으로 자신의 과거로 돌아가서 과거에 받았으나 묻혀 있는 크고 작은 상처의 기억을 떠올리며, 상처와 함께 그때 겪었던 당황함, 부끄러움을 회상한 후, 하나씩 그 상처를 주님께 드립니다.

3) 당시에 받았던 말에 의한 상처로 말미암는 감정이 내면에 떠오르거나 감정이 되살아나면(수치감, 답답함, 분노, 좌절감, 깊은 슬픔, 두려움 등) 억제하거나 감추지 말고 의식수준으로 표현하십시오. 그리고 그것을 주님에게 드리세요.

4) 이 때 자신의 상처와 관련된 사람을 용서하는 작업을 해야 합니다. 용서하지 않고 단순히 감정만 처리하는 것은 상처의 근원은 그냥 두고 감정만 치유하는 것이며, 이러한 치유는 후에 다시 재발됩니다. 용서는 하나님에게 상처받은 상황을 일일이 일러바치는 것입니다. 큰 사건, 큰 상처일수록 이 부분에 세심한 주의를 기울여야 하며, 세심한 치유를 했어도 같은 감정이 오면 몇 번이고 계속해서 치유해야합니다. 자신의 마음에 상처를 준 사람을 용서하지 않으면 진정한 치유가 되지 않습니다. 어두움과 저주의 세력에게 자신을 묶어놓고 있는 것입니다.

5) 성령님의 능력으로 치유 받은 후에는 마음에 평안함을 느끼게 됩니다. 계속하여 이 평안을 유지하는 것은 자신의 책임입니다. 오래된 상처나 깊은 상처는 일회적인 치유보다 장기적이고 지속적인 치유를 해야 합니다.

6) 성령님과 교제를 통하여 악한 생각이 나지 않도록 기도생활을 해야 합니다. 진정한 치유란 지속적인 성령 하나님과의 동행입니다. 늘 마음에 하나님을 느끼고, 하나님과 동행하고 하나님을 의지하여야 합니다. 그리함으로 늘, 점점 마음이 맑아지고, 자유해지고, 평안해지는 삶을 살아야 합니다.

17장 공황장애 예방과 치유 비밀

(시42:5)"내 영혼아 네가 어찌하여 낙심하며 어찌하여 내 속에서 불안해하는가, 너는 하나님께 소망을 두라 그가 나타나 도우심으로 말미암아 내가 여전히 찬송하리로다."

시험을 치르기 바로 전이나 중요한 면접을 앞둔 상황, 그리고 거북한 만남의 자리에 있어서 온 몸이 뻣뻣해지면서 손발에 땀이 나고 극도의 긴장이 몰려오면서 가슴이 쿵쾅거리는 증상은 일생을 살면서 누구나 한번쯤은 겪어본 상황일 것입니다.

이런 상황은 이미 스스로 어느 정도 준비가 되어있는 상태에서 맞닥뜨리는 결과이기에 우리 몸에 이런 상황이 보인다고 해서 크게 문제시 여기는 경우는 없습니다. 하지만 이런 증상이 아무런 예고증상 없이, 또는 아무 긴장도 야기되지 않는 상황 속에서 몸을 통해 연출이 된다면 어떤 느낌을 받게 될까?

불안함과 긴장감을 야기할만한 그 어떤 자극이 없는데도 불구하고 호흡곤란, 가슴부위 통증, 식은땀, 어지럼증과 같은 증상이 나타난다면, 그 사람은 극도의 불안감에 휩싸일 수밖에 없을 것입니다.

대부분의 사람들은 이런 상황이 발생하면 응급실을 찾게 됩니다. 그런데 응급실에서 시행하는 각종 검사(심전도, CT,

MRI 등)상 아무런 이상증상이 나타나지 않는다면 어떤 느낌이 들게 될까? 분명 자신은 금방이라도 죽을 것 같은 고통을 느껴서 병원을 찾아왔는데도 불구하고 각종 검사 상 아무런 병적 반응이 나타나지 않는다고 한다면, 그 또한 불안하기 그지없을 것입니다. 분명 죽을 것과 같은 신체의 이상반응을 감지했는데 검사 상 아무 이상이 없다면 대부분 나 스스로 꾀병을 이야기하는 것이 아닌가라는 생각을 하게 됩니다. 태어나서 이런 고통을 처음 느껴본 사람들은 아무리 생각해도 꾀병은 아님이 분명하다고 느낍니다.

바로 이런 상태를 일컬어 '공황장애'라고 부릅니다. 다시 말해 특별한 자극이나 스트레스가 없는 상황에서 온 몸이 극도의 교감신경항진상태에 빠지게 되어 심장박동의 증가 및 호흡곤란과 불안감을 온 몸으로 느끼며, 마치 죽음이라는 상태를 몸 전체로 인식하게 되는 상태가 되어 이것이 반복적으로 지속되게 되는 상태를 가리키는 말인 것입니다. 이런 공황장애가 반복적으로 발생 시 대부분 신경정신과를 찾게 됩니다. 그러면서 자율신경을 조절해주면서 억제성 신경전달물질을 증가시켜주는 약을 처방을 받게 됩니다. 그러면 일시적으로 증상은 개선되지만, 근본적인 치유는 불가능합니다. 말씀과 성령으로 하는 영적인 치유 만이 완벽한 치유가 가능합니다. 이 증상 자체가 아무런 예고 없이 찾아오고 또한 그 원인을 정확하게 파악하지 못했기 때문에 이것을 대비한다는 것이 결코 쉬운 일은 아닙니다.

1. 공황장애의 정의

공황장애란 불안장애의 일종으로 급작스런 공황발작 즉 극심한 불안과 함께 두통, 현기증, 가슴 두근거림, 질식감, 호흡곤란, 가슴 통증, 오한, 마비 감, 또는 저림 등의 증상이 나타나는 것이 반복되는 질병입니다.

공황발작이란, 사람이 생명에 위협을 느낄 정도의 극심한 상황에서나 느낄 수 있을 정도의 심각한 공포를 갑작스럽게 느끼는 것을 의미합니다. 환자들은 쉬고 있거나 차를 타고 있거나 자고 있던 중에 증상이 나타나 매우 당황하게 되고 급한 나머지 응급실을 방문하기도 합니다. 공황발작시의 특징적인 신체증상도 환자를 더욱 곤혹스럽게 합니다. 불안감과 동시에 나타나는 신체증상은 심각한 신체질환의 증상과 매우 유사하여 환자들은 내과, 신경과 등 타과를 방문하기도 합니다.

공황발작이 일어나면 가슴이 답답하여 호흡을 할 수가 없고, 자신을 절재 하거나 가누기가 힘이 듭니다. 심장을 짓누르거나 압박을 가하는 고통으로 마치 숨이 넘어가는 것과 같은 두려움이 엄습합니다. 눈이 출혈되고, 몸이 뒤틀리며 소리를 낼 수가 없습니다. 억지로 소리를 내게 되는데 비명소리가 나옵니다. 그래서 참다못해 응급실을 찾게 됩니다. 병원에 가서 여러 가지 검사를 해보면 정확한 증상이 나타나지 않는 것이 보통입니다. 이렇다가 보니 주변 사람들은 환자가 동일한 현상을 일으키면 마치 꾀병을 앓는 것으로 인정하기 쉽습니다. 왜냐하면 남편하고 다투었다든지, 시어머니에게 잔소리를 들었다든지, 경제적인 환경이 좋지 않을 때 가장 많이 발생을 하기 때문입니다. 일어나는 현상과 증상을 바르게 알고 주변 사람들의 도움이 필요한 질병입니다.

2. 공황장애의 원인

공황장애의 원인은 크게 생물학적인 원인과 정신사회적 원인으로 나눌 수 있습니다.

1) 공황장애환자에서 흔한 증상
-가슴 두근거림
-땀 흘림
-떨림 또는 전율
-숨 가쁨 또는 숨 막히는 느낌
-질식감
-흉부통증 또는 가슴 답답함
-토할 것 같은 느낌 또는 복부 불 편감
-현기증, 불안정감, 머리 띵함, 또는 어지럼증
-비현실감
-자제력상실에 대한 두려움 또는 미칠 것 같은 두려움

-죽음에 대한 두려움

-감각의 이상

-오한 또는 얼굴이 화끈 달아오름 등입니다.

생물학적 원인으로는 유전이론, 카테콜아민이론, 청반이론, 대사이론, CO_2과민성의 증가 등이 있습니다. 유전이론에 따르면 공황장애환자의 직계가족에서 공황장애의 발병률이 4~8배 높은 것으로 알려져 있으며, 일란성쌍생아에서의 공황장애발병 일치 율이 이란성에 비해 약 3배 높은 것으로 알려져 있습니다.

카테콜아민이론에 의하면 신경 화학적 공황 유발 물질들(예: yohimbine, caffeine, isoproterenol등)이 중추신경계의 노르에피네프린, 세로토닌, GABA수용체에 작용하여 공황을 일으키는 것으로 보고되고 있습니다. 호흡과 관련하여 공황을 일으키는 물질들(예: 젖산, CO_2 등)은 과 호흡을 유발하거나 생체내의 산-염기 평형을 와해시켜 공황을 유발합니다.

뇌 구조적으로는 뇌의 간뇌에 있는 청반이 관련되는 것으로 보고되고 있는데, 청반은 불안의 중추조직으로 인체의 경보장치 역할을 합니다. 공황발작은 인체의 경보장치가 지나치게 예민해져서 아무런 이유 없이 혹은 사소한 자극으로도 작동하기 때문에 일어나는 것입니다. 그 외에도 불안을 중개하는 편도 핵의 역할이 중요한 것으로 알려지고 있으며 기타 불안관련 중추 신경에서 불안을 종합하는 능력의 상실이 공황을 일으키는 원인으로 보고되고 있습니다.

정신사회적으로는 성격이 너무 내성적이고 의존적이거나 너무 완벽 지향적이고 성취욕이 높으며, 경쟁적인 경우에 많고 스트레스가 많아 과음하거나 생활이 불규칙하거나 카페인이 든 음식을 과다하게 섭취하거나 항상 수면이 부족한 사람에게서 흔합니다. 정신분석적 입장에서는 억압이 중요한 공황장애환자들의 방어기제로 보고하고 있으며, 개인이 받아들이기 어려운 소망, 충동들이 억압되어 있다가 의식화되려 할 때 불안과 공황발작이 나타나는 것으로 설명하고 있습니다. 행동주의 이론에서는 불안이 부모로부터 학습한 결과이거나 전형적인 조건화반응을 통하여 나타난다고 보고 있습니다.

이밖의 공황장애는 등이 굽어서 흉추 3, 4, 5번들이 틀어졌을 경우에 오기 쉬운 병입니다. 보통은 몸과 마음이 다른 것으로 생각하기 쉬우나 몸의 병이 마음에 나타나기도 하고 마음의 병이 몸으로 나타나기도 하는데, 대부분 몸을 건강하게 하면 정신적인 증상도 사라지게 됩니다.

가슴이 답답한 것은 등이 굽고 어깨가 앞으로 틀어짐으로써 가슴을 압박하기 때문이며, 등이 굽고 어깨가 처지면 목을 잡아당기게 되어 목도 삐어있는 경우가 대부분인데 그러면 머리로 올라가는 신경이 약화되어 여러 이상이 나타나게 됩니다.

우리 몸은 골격만 바로 서 있으면 큰 일이 없는 한 건강하도록 되어 있습니다. 몸 골격에서 가장 중요한 부분은 '고관절' 로서, 고관절 이란 다리와 골반을 이어주는 부분으로 집에 비유하자면 '주춧돌' 처럼 가장 기초가 되는 곳인데, 이 고관절은 외부 충격을 받아서 틀어질 수도 있지만 요즈음은 대부분 나쁜 생활습관과 자세를 오랫동안 지속함으로써 고관절이 쉽게 틀어지고 있으며, 푹신한 침대, 소파, TV시청에 더하여 컴퓨터의 보급으로 인해 몸의 자세가 무너지고, 이로 인해 거의 모든 병이 발생한다고 해도 과언이 아닙니다.

고관절이 틀어지면 〉 골반이 기울고 〉 다시 그 위의 요추와 흉추가 굽거나 휘게 되며 〉 등이 굽으면 어깨가 처지고 목이 삐게 되는데, 이처럼 우리 몸은 하나로 연결된 유기체 이므로, 고관절이 틀어짐으로써 집이 무너지듯이 점차 이상이 생기게 되는 것입니다.

또한 몸이 굽으면 위장을 비롯한 모든 내장기관들이 아래로 처지면서 제 기능을 못하는 것은 물론이고 몸 살림 운동에서 '공명' 이라고 말하고 있는 아랫배 부분이 꽉 막혀서 깊은 호흡이 안 되고 가슴으로 할딱할딱 숨을 쉬게 되므로 몸에 필요한 산소를 공급하지 못하게 되어 악순환이 거듭되게 됩니다. 치유를 위하여 '고관절 자가 교정' 과 '어깨 자가 교정' 들도 익혀서 할 수 있다면 더욱 도움이 되겠습니다. 허리를 곧게 세우고 가슴을 활짝 펴는 바른 자세를 갖는 것만으로도 건강할 수 있습니다.

나쁜 생활습관으로 해서 몸이 굽은 것을 약이나 시술 또는 타인의 도움을 받을 수 있는 것은 아주 제한적 이라는 것을 잘 이

해해서 매일 자세를 바로 하는 꾸준한 운동으로 스스로의 몸을
바로 세우면 건강해지는 것입니다.

3. 공황장애의 진단 및 증상

공황장애의 진단을 위해서는 정신과의사의 철저한 문진과 정
신과적 검사가 시행되고 불안을 유발하는 신체적인 질환을 감
별하기 위하여 기본적인 이학적 검사, 갑상선기능검사 등이 시
행됩니다.

앞에 말씀드린 13가지 증상 중에 4가지 이상의 증상이 동시
에 나타나는 경우 공황발작이 있는 것으로 진단되고 이러한 발
작이 반복되거나 또 그런 발작이 반복되는 것을 두려워하는 경
우 공황장애로 진단됩니다.

4. 공황장애의 임상양상

대개의 경우 공황발작의 첫 증상은 흔히 특별한 유발요인 없
이 저절로 시작됩니다. 그러나 일정기간 동안의 육체적 과로나
심각한 정신적인 스트레스를 겪고 난 후에 증상이 처음 시작되
는 경우도 많습니다. 대개 공황발작은 10분 이내에 급격한 불
안과 동반되는 신체증상이 최고조에 이르며 20~30분 정도 지
속되다가 저절로 사라지게 됩니다. 증상이 1시간 이상 지속되

는 경우는 드물며, 증상의 빈도도 하루에 여러 번씩 나타나거나 1년에 몇 차례만 나타날 수 있을 정도로 환자에 따라 차이가 큽니다.

증상과 다음 증상 사이에는 예기 불안이 동반되기 쉬우며 발작 중에 이인감이나 우울감을 경험하기도 합니다. 평소에 카페인 음료나 알코올을 과도하게 섭취해도 증상이 악화될 수 있습니다.

많은 환자들이 공황 발작이 있을 때 응급실을 방문하거나 내과 등, 다른 신체질환을 다루는 의사를 찾게 되며 증상의 원인을 찾기 위해 각종 임상 검사들을 하지만 공황발작 당시의 일시적인 혈압상승이나 과호흡 증상 이외에는 특별한 이상이 없는 것으로 판정되곤 합니다.

1) 다음 중 4가지 이상의 증상이 갑자기 발생하여 10분 이내에 증상이 최고조에 이름
 - 심계항진, 가슴이 심하게 두근거림, 빈맥
 - 발한
 - 몸이 떨리거나 후들거림
 - 숨이 가쁘거나 답답한 느낌
 - 숨 막히는 느낌
 - 흉통 또는 가슴의 불쾌감
 - 메스꺼움 또는 복부 불편감

– 어지럽거나 불안정하거나, 멍한 느낌이 들거나 쓰러질 것
같은 느낌

– 이인증 또는 비현실감

– 스스로 통제할 수 없거나 미칠 것 같은 두려움

– 죽을 것 같은 공포감

– 감각과민

– 춥거나 화끈거리는 느낌

2) 공황장애의 진단기준

① 다음의 (1), (2)가 모두 존재합니다.

(1) 반복적이고 예기치 못한 공황발작

(2) 최소한 한 번 이상의 공황발작과 더불어 한 달 이내에 다음 중 한 가지 이상의 증상이 있습니다. (a) 또 다른 발작이 올까봐 계속 염려함. (b) 발작이나 그 결과의 함축된 의미(스스로에 대한 통제를 잃어버리거나 심장발작이 오거나 혹은 미쳐버리지 않을까)에 대해 걱정함. (c) 공황발작과 관련된 행동에 있어 뚜렷한 변화가 온다.

② 광장공포증이 없거나 혹은 있습니다.

③ 공황발작은 물질(습관성 물질의 남용이나 약물투여 등)이나 일반 신체적 상태(갑상선 기능항진증 등)의 직접적인 생리적 영향 때문이 아닙니다.

④ 공황발작이 사회공포증, 특정 공포증, 강박장애, 외상 후 스트레스장애, 분리불안장애와 같은 다른 정신질환에 의해 더 잘 설명되지 않습니다.

5.치유하기

공황장애의 근본적인 원인은 "마음의 상처"와 "죄"이기 때문에 죄와 용서의 처리가 먼저 되어야 합니다. 죄의 개념이 율법을 범하는 차원에서만 생각하지 않기를 바랍니다. 죄란 바로 나 자신의 일부로서 육을 통하여 나타나는 생각이나 감정이나 의지가 다 죄입니다.

육신이 바로 죄이며 육신적으로 사는 것이 죄입니다. 영으로 살지 않는 사람은 육신적으로 사는 죄의 대가인 혼의 질병이 오게 됩니다. 그리고 자신의 죄가 아니더라도 조상의 죄악으로 오는 경우가 많습니다. 그리고 용서를 해야 합니다. 많은 경우 질병이 있는 환자는 말 못할 큰 충격을 받은 일이 있습니다. 나에게 이 충격을 일으킨 사람을 용서해야합니다.

(롬 7:19-20)"내가 원하는 바 선은 행하지 아니하고 도리어 원하지 아니하는 바 악을 행하는 도다. 만일 내가 원하지 아니하는 그것을 하면 이를 행하는 자는 내가 아니요 내 속에 거하는 죄니라"

1) 죄를 용서받고 치유를 받으려면 예수를 영접하여야 한다.

예수를 영접하므로 성령의 역사로 치유가 이루어지기 시작합니다. 모든 치유는 성령의 능력으로 됩니다. 자신에 내재하는 인간의 영의 선한 힘(영력)이라 하고, 예수를 믿어 내면으로 들어오신 하나님의 영은 인간의 능력을 초월하여 나타나는 영적 능력으로 역사합니다. 성령의 능력이 이때부터 나타납니다.

그래서 사람은 할 수 없으나 할 수 있는 하나님의 영력(형상)이 나타나서 성령이 충만하게 됩니다. 영력은 나타나는 상태와 조건을 만들어야 나타납니다.

2) 성령의 역사가 나타나는 말씀을 듣고 성령의 세례를 받아야한다. 그 조건과 상태는 여러 가지이지만 첫째 의지를 발동시켜야 합니다. 의지를 발동하게 하여 성령세례를 받는 것이 제1의 원리요, 그 다음은 말씀과 성령으로 내적 치유하는 것이 제2의 원리요, 귀신 추방의 제3 원리입니다. 그리하여 생각이 바뀌고, 마음이 감동되어, 믿음이 생겨서, 본인의 의지가 발동되어, 몸이 움직여지고, 행동으로 옮겨지는 과정을 거쳐야 합니다. 이 영적 원리는 모든 것에 적용됩니다.

3) 성령의 인도로 말씀을 잘 알아들을 수 있어야한다. 성경에서는 내 뜻과 정성과 힘을 다하여 하나님을 섬기라 했고(신28장), 크게 사모하는 자에게 제일 좋은 길을 보여 준다고 했습니다(고전12:31). 네가 낫기를 원하느냐고 예수님은 말씀했습니다(요5:6), 영과 진리로 예배하는 자에게 찾아오신다 했습니다

(요4:23). 모든 영적인 일에 진심으로 구하고 구하면 얻을 것이요, 찾고 찾으면 찾을 것이고 두드리면 열립니다. 성령을 주십니다. 강한 순종과 믿음과 승리의 의지를 발동시키고 행동으로 옮기십시오. 행동으로 옮기지 못하게 하는 장애요인(죄)이 자신에게 있습니다. 이것을 성령으로 깨닫고 회개하여 제거하십시오. 귀신의 병과 정신병의 구분을 잘 해야 합니다.

> (마 12:28)"그러나 내가 하나님의 성령을 힘입어 귀신을 쫓아내는 것이면 하나님의 나라가 이미 너희에게 임하였느니라"
>
> (고전 4:20)"하나님의 나라는 말에 있지 아니하고 오직 능력에 있음이라"

4) 앞의 과정을 거친 다음에 질병의 원인을 성령께 질문해야 한다. 영적인 그림을 그리라는 말입니다. 전체의 그림을 보면서 자신의 문제의 원인이 어디에 있는 지를 찾아야합니다. 시간이 많이 걸릴 수가 있습니다. 왜냐하면 성령께서 완전하게 장악을 한 다음 원인을 알 수 있고 치유도 되기 때문에 하나님의 시간표를 따라 기다려야 합니다. 급하다고 되는 일이 아닙니다.

5) 성령께서 알려주는 질병의 원인에 따라 조치를 해야 한다. 죄악은 회개하고, 상처를 준 사람은 용서하고, 가문의 유전은 절단하고 원인을 제거해야 합니다. 악한 영의 역사라면 귀신을 축사해야 합니다. 그리고 지속적인 치유를 받아야 합니다.

6) 이때부터 악한 영을 축사하고 내적치유를 한다. 의지를 가지고 지속적으로 해야 합니다. 공황발작이 일어나는 환자가 찾아오는 경우 치유사역자는 절대로 당황하거나 불안해하면 안됩니다. 덩달아서 소리를 지른 다든지, 악을 쓰지 말고 잠잠하게 기다리며 환자에게 호흡을 들이쉬고 내쉬라고 하면서 환자가 안정을 취하도록 해야 합니다. 지속적으로 성령의 역사를 요청하여 성령의 역사가 환자를 장악하면 귀신이 기침이나 제체기를 통하여 떠나갑니다. 그러면 환자는 바로 안정을 취하게 됩니다. 제일 빠른 치유가 영적인 치유입니다.

7) 하나님과 영적인 관계를 지속하며 감사해야 합니다. 공황장애의 치유는 반드시 말씀과 성령으로 가능한 것입니다. 먼저 예수를 믿어 옛 사람이 죽어야 합니다. 그리고 새사람으로 태어나야 합니다. 옛 사람이 그대로 살아있는 이상, 완전 치유는 곤란합니다. 옛 사람이 죽고 새사람으로 태어나는 고통을 감내해야 치유가 됩니다. 그러므로 공황장애를 치유 받으려면 반드시 성령의 세례를 받아야 합니다. 성령으로 세례를 받아, 성령의 이끌림을 받으면서 지속적인 내면 치유를 받아야 합니다. 한마디로 자신이 변해야 완치가 되기 때문입니다. 사람은 할 수 없으되 하나님은 하십니다. 하나님의 말씀에는 불치가 없습니다. 믿음을 가지고 치유 받아 새로운 삶을 살 수가 있습니다. 반드시 예수 안에서 치유된다는 믿음이 굉장히 중요합니다. 하나님이 하십니다.

18장 대인공포증 예방과 치유 비밀

(수1:1-9)"여호와의 종 모세가 죽은 후에 여호와께서 모세의 수종자 눈의 아들 여호수아에게 말씀하여 이르시되 내 종 모세가 죽었으니 이제 너는 이 모든 백성과 더불어 일어나 이 요단을 건너 내가 그들 곧 이스라엘 자손에게 주는 그 땅으로 가라. 내가 모세에게 말한 바와 같이 너희 발바닥으로 밟는 곳은 모두 내가 너희에게 주었노니, 곧 광야와 이 레바논에서부터 큰 강 곧 유브라데 강까지 헷 족속의 온 땅과 또 해 지는 쪽 대해까지 너희의 영토가 되리라. 네 평생에 너를 능히 대적할 자가 없으리니 내가 모세와 함께 있었던 것 같이 너와 함께 있을 것임이니라 내가 너를 떠나지 아니하며 버리지 아니하리니 강하고 담대하라. 너는 내가 그들의 조상에게 맹세하여 그들에게 주리라 한 땅을 이 백성에게 차지하게 하리라. 오직 강하고 극히 담대하여 나의 종 모세가 네게 명령한 그 율법을 다 지켜 행하고 우로나 좌로나 치우치지 말라. 그리하면 어디로 가든지 형통하리니, 이 율법책을 네 입에서 떠나지 말게 하며, 주야로 그것을 묵상하여 그 안에 기록된 대로 다 지켜 행하라. 그리하면 네 길이 평탄하게 될 것이며 네가 형통하리라. 내가 네게 명령한 것이 아니냐, 강하고 담대하라. 두려워하지 말며 놀라지 말라. 네가 어디로 가든지 네 하나님 여호와가 너와 함

께 하느니라 하시니라"

대인공포증이 무엇인가? 사람 대하기를 두려워하는 증상입니다. 이 증상을 미국에서는 「사회 공포증」이라고도 합니다. 대인공포증은 사람이면 누구나 있는 것입니다. 특정인물만 가지고 있는 것이 아니라, 사람이라면 누구나 조금씩 나타나는 증상입니다. 특히 우리나라 사람들은 엘리베이터를 타면 그 증상이 나타납니다. 친구와 얘기를 잘합니다.

친구와 이야기를 잘하다가도 낯설은 사람이 타면 말을 하지 않습니다. 이런 것들도 대인공포증의 하나입니다. 대인공포증은 혼자 있을 때나 가까운 사람들과 있을 때에는 그 증상이 나타나지 않습니다. 얼굴은 알지만 가까운 사이가 아닌 어정쩡한 관계 속에서 이러한 현상이 나타납니다.

1. 대인공포증의 여러 가지 종류가 있다.

1) 적면공포
제일 많은 증상으로서 사람을 대할 때 얼굴이 붉어지는 증상이다. 이러한 사람은 부끄러움이 많습니다.

2) 시선공포
적면공포 다음으로 시선공포가 많습니다.

① 정시공포 – 사람을 제대로 쳐다보지 못하고 눈 둘 곳을 모르는 사람입니다.

② 자기시선공포 – 내가 다른 사람의 눈을 오랫동안 바라보면 그 사람에게 피해가 생기기 때문에 저 사람을 쳐다보면 안 된다고 생각하는 사람입니다. 심한 사람은 자기 눈을 찌르는 사람도 있습니다. 이런 사람은 잘못된 망상을 가진 사람이라고 할 수 있습니다.

3) 자기 취 공포

이것은 자기 몸에서 냄새가 난다는 공포입니다. 다른 사람은 냄새가 나지 않는다고 말하는데도 자기는 냄새가 난다고 주장을 합니다. 심한 사람의 경우 집에 가서 이태리타월로 몸을 문지르다가 몸이 상하는 경우도 있습니다.

4) 추모공포

이것은 자기 얼굴이 너무 못 생겼다고 생각하는 것입니다. 이런 사람들이 주로 성형수술을 많이 합니다.

5) 표정공포

이런 사람 표정관리를 어떻게 해야 할지를 모릅니다. 그러다 보니 표정이 더 굳어지고 딱딱해지는 경우가 많습니다. 더군다나 어려운 사람이나 윗사람을 만나면 더욱 더 표정이 굳어집니다.

2. 대인공포증의 발생 원인이 무엇인가?

1) 사회적,문화적 충격을 받았을 경우에 생길 가능성이 많다.

2) 자신에게 결점이 있을 경우에 생긴다.

① 언어적 결점

② 신체적 결점이 있는 사람일수록 대인공포증을 많이 가진다.

3) 창피한 일을 당했거나 상처를 받은 경험이 있는 사람들도 대인공포증의 원인이 된다.

4) 가정환경도 하나의 원인이 된다.

율법적인 가정, 억압적인 교육의 가정, 부모님 중 완벽주의 성향을 가지신 분의 밑에서 자란 사람들 이런 사람이 대인공포증에 잘 걸립니다. 전문가들에 의하면 장남, 막내, 독자들이 대인공포증에 걸릴 확률이 높다고 합니다.

5) 발생하는 시기는 사춘기 때가 제일 많다.

그 이유는 ① 이 시기가 환경에 민감하게 반응합니다. ② 사람들의 반응에 굉장히 민감합니다. ③ 불안심리가 많을 때입니다.

3. 치유의 방법이 무엇인가?

1) 가족들의 이해가 필요하다.

이 문제를 놀려서는 해결할 수 없습니다. 부족한 점이 있더라도 이해하고 수용해 주어야 합니다. 다른 아이들과 비교하거나 정죄를 해서는 안 됩니다. 또 호통과 폭력을 사용해서는 치유할 수가 없습니다. 가족들은 그 사람의 입장에 서서 이해하며 용기와 자신감을 북돋아 인내로써 함께 가야합니다. 영혼을 사랑하는 마음으로 눈높이를 맞추어야 치유가 가능합니다. 정상인으로 대한다면 치유는 할 수가 없습니다. 상대의 심령을 읽어야 합니다.

2) 대인공포증의 증세를 가지고 있는 환자 자신이 해야 할 세 가지

① 자신의 문제를 인정해야합니다. 그리고 자신의 문제를 피해서는 안 됩니다. 피해서는 문제 해결이 안 됩니다. ② 자신이 스스로 교정하도록 노력해야 합니다. 이 문제를 극복하기 위해 스스로 노력하고 연구해야 합니다. ③ 대인관계의 폭을 넓혀야 합니다. 보통 대인공포증의 걸린 사람은 한 두 명의 사람들과만 어울리는 것이 특징입니다. 갇혀있는 대인관계를 하는 것입니다. 많은 사람들과 관계를 가짐으로써 자신의 문제를 인식하고 교정하도록 노력해야 합니다.

3) "나도 할 수 있다"는 자신감과 확신을 가져야 합니다.

4. 대인공포증이 치유되어져야 할 이유가 무엇인가?

1) 전도를 못하기 때문에 치유되어져야 한다.

아무리 은혜를 많이 받고 훈련과 준비가 되어 있다할지라도 대인공포증이 치유되어지지 않으면 참된 전도는 되지 않습니다. 사람들을 두려워하고 사람들에게 말을 걸지 못하니 어찌 전도 할 수 있겠습니까? 그래서 대인공포증이 치유되어져야 전도 할 수 있습니다. 성령세례를 받으면 대인공포증은 치유되기 시작합니다.

2) 개인의 능력을 발휘할 수 있다.

대인공포증이 치유되어져야 개인의 능력을 발휘할 수 있습니다. 개인이 아무리 큰 능력을 가지고 있다 할지라도 대인관계가 되지 않으면 그 능력은 사장되는 것입니다. 그러므로 대인공포증을 치유 받음으로 개인의 능력을 마음껏 발휘할 수 있습니다.

3) 사회활동을 왕성하게 할 수 있다.

대인공포증은 반드시 사람을 기피하게 되어 있습니다. 그러므로 사회활동을 왕성하게 할 수 없습니다. 이런 이유 때문에 대인공포증은 치유되어져야 합니다.

성령으로 충만해야 합니다. 먼저 성령으로 세례를 받고 성령으로 충만하여 깊은 영의기도를 해야 합니다. 깊은 영의 기도를 하면 성령이 충만해지므로 마음이 평안해 집니다. 상처를 내적 치유 하는 것도 필수입니다. 무엇보다도 성령으로 세례를 받고 성령의 인도를 받는 기도가 되어야 합니다.

우리가 영적인 생활만 정상적으로 하면 대인 공포증은 치유될 수가 있습니다. 문제는 깊은 차원의 신앙생활을 체질화하지 못하는 것입니다. 많은 분들이 머리로 신앙생활을 하려고 합니다. 기독교 신앙은 체험신앙이라고 합니다. 몸으로 느끼는 믿음 생활을 하라는 것입니다. 하나님은 영이시지만 살아계신 하나님이십니다. 고로 내 안에 계신 하나님을 몸으로 느끼는 신앙생활이 정상적인 신앙생활입니다. 몸으로 느끼는 신앙생활을 하려면 체험해야 합니다. 먼저 성령으로 세례를 받아야 합니다.

성령으로 세례를 받은 다음에 성령의 인도로 자신이 살아오면서 받은 상처를 치유하는 것입니다. 말씀과 성령으로 자아를 부수어 뜨리는 것입니다. 그리고 혈통으로 흐르면서 역사하는 영적인 문제를 해결하는 것입니다. 많은 분들이 말씀과 성령으로 상처와 자아와 혈통의 문제를 치유 받을 때, 뜨거운 성령의 불세례를 체험하는 것이 보통입니다. 성령의 불세례가 자신의 심령을 정화하기 때문에 나타나는 현상입니다.

성령의 불세례로 자신의 심령을 정화한 후에도 성령으로 기도하며 성령의 충만을 유지해야 합니다. 성령으로 충만하면 담대해지므로 대인 공포증은 자연스럽게 치유되는 것입니다.

오늘 본문에 보면 훌륭한 지도자 모세가 죽고 난 후 그의 제자였던 여호수아가 지도자가 되었습니다. 여호수아의 마음속에는 위대한 지도자 모세가 죽었기 때문에 이 백성을 이끌고 가나안 땅으로 들어가야 하는 것에 대해서 부담을 느꼈을 것입니다.

또 다른 의미에서는 가나안 땅을 앞에 두고 가나안 공포증이 걸린 것입니다. "저 어마어마한 성에 어마어마한 군대가 있고 너무나 견고한 성이 있는 저곳을 어떻게 정복할 수 있을까? 그리고 이스라엘 백성들을 이끌고 어떻게 저곳으로 들어갈 것인가?" 여호수아의 고민은 굉장했을 것입니다. 그때에 하나님이 여호수아에게 "마음을 강하게 하고 담대히 하라. 두려워 말라. 내가 너와 함께 함이니라"고 하셨습니다. 대인공포증의 정의를 내리기를 "사람 대하기를 두려워하는 마음"이라고 했습니다. 사람을 두려워하는 것이 마음에 있다는 말입니다. 그래서 우리의 마음을 강하게 하고 담대히 해야 대인공포증이 치유가 됩니다. 어떻게 하면 마음을 강하게 하고 담대히 할 수 있는가? 담력훈련을 한다고 해서 되는 것일까? 아닙니다. "전능자 하나님이 나와 함께 계시므로 나는 기죽을 필요 없습니다.

하나님은 지금도 살아 계셔서 나에게 역사하고 계시기 때문에 두려워 할 필요가 없다." 이러한 마음으로 강하게 나가는 것입니다. 그러면서 자신의 문제를 정확히 인식하고 교정해 나가며 대인관계의 폭을 넓혀갈 때 또 말씀의 힘을 얻는다면 대인공포증은 치유됩니다. 우리가 말씀의 힘을 얻으면 용기도 생기고 어떤 문제가 와도 승리할 수 있습니다.

치유에서 가장 중요한 것이 말씀입니다. 인간적인 프로그램은 우리에게 도움을 주며 유익하겠지만, 우리의 근본문제를 치유할 수 없습니다. 그러므로 성령으로 말씀의 능력이 우리에게 임해야만 우리의 문제가 치유될 수 있는 것입니다. 아직까지 대인공포증을 가지고 있다면 말씀의 능력으로 치유 받으시기 바랍니다.

대인공포증이 있는 사람은 누구인가, 심장이 약한 사람입니다. 마음의 상처가 있는 사람입니다. 보편적으로 태중의 상처가 있는 사람이 대인공포증에 많이 걸립니다. 태중의 상처가 있는 사람이 어떤 상황으로 사람에게 놀라거나 놀림을 당한 경우에 발생하기 쉽습니다. 심장이 약해서 자주 놀라고 두려움을 느끼는 사람이 대인 공포증에 사로잡히기 쉬운 사람입니다. 치유는 성령으로 세례를 받고 성령으로 기도하여 잠재의식의 상처를 의식위로 드러나게 해서 밖으로 배출해야 합니다. 이렇게 치유하기 위해서는 무엇보다도 성령의 깊은 임재가 중요합니다. 성령치유 사역의 전문인을 만나야 합니다. 성령이 충만한 교회에 적을 두고 신앙생활을 하면서 집중적인 관리를 받아야 합니다. 우리 교회에서 매주 토요일 예약하여 실시하는 개별집중치유가 효과적입니다. 좌우지간 잠재의식의 대인 공포증을 일으키는 상처를 치유해야 합니다.

19장 분노 혈기 예방과 치유 비밀

(엡4:26-27)"분을 내어도 죄를 짓지 말며 해가 지도록 분을 품지 말고 마귀로 틈을 타지 못하게 하라"

하나님은 이 시간에 우리에게 있는 분을 풀어내라고 말씀하십니다. 모든 사람은 분노를 가지고 삽니다. 특정인만 있는 것이 아니라 사람이라면 다 있는 것이 분노입니다. 어린 아이로부터 노년에 이르기까지 분노는 다 있습니다.

저는 당신에게 질문을 하고 싶습니다. 혹시 당신 안에 숨어있는 분노는 없는가?

어딘가에 눌려있고, 걸려있는 분노가 없는가?

누군가가 건드리기만 하면 터질 것만 같은 시한폭탄 그 무엇인가가 당신에게 없는가? 이 분노를 가진 채 당신이 가정과 삶의 현장에서 승리할 수 있다고 생각하시는가?

이 분노를 숨긴 채 흑암의 권세와 싸워 이길 수 있다고 생각하시는가?

저는 절대 분노를 가지고 흑암의 권세와 싸워 이길 수 없다고 생각합니다.

내 안에 분노가 있는 이상 사단의 통로는 내게 늘 열려져 있는 것입니다.

아니 이미 사단이 내 안에 자기의 집을 지어놓고는 왔다 갔다 하면서 나를 가지고 놀기도 할 것입니다. 그러므로 분노를 처리하는 것은 내 안에 숨어있는 사단의 집을 무너뜨리는 것과 같은 것입니다.

저는 오늘 이 작업을 하려고 합니다. 하나님의 말씀과 그 능력으로 그 동안 내 안에 있었던 분노의 집을 무너뜨리기를 원합니다. 당신도 이 축복을 받게 되기를 주님의 이름으로 축원 드립니다.

1. 모든 분노에는 원인이 있다.

이유가 없는 분노는 없습니다. 분명한 이유가 있기 때문에 분노가 내게 들어온 것입니다. 우리는 분노의 뿌리를 찾아 치유해야 합니다.

1) 개인이 가지고 있는 분노가 있습니다.

한마디로 말하면 개인의 욕구 충족이 되지 않을 때 분노가 생깁니다. 자기 마음대로 되지 않을 때 분노가 생깁니다. 다른 사람이 자기의 의견에 따라주지 않을 때도 분노가 생깁니다. 무엇을 계획했는데 계획대로 되지 않을 때 분노가 생기기도 합니다.

2) 가족관계에서 오는 분노가 있습니다.

부모로부터 사랑을 받지 못하고 성장한 사람, 부당한 대우를 받으며 성장한 자녀들이 부모를 향한 분노를 가지고 있습니다. 부모에게 체벌을 받은 경험이 있는 자녀들이 분노를 가지고 있습니다. 부모가 무능하여 잘 배우지 못했을 때도 부모를 향한 분노가 있습니다.

그런가하면 배우자로부터 받은 상처로 인하여 마음속 깊은 곳에 분노로 남아있는 사람들도 있을 것입니다. 도저히 용서가 안 되는 남편, 도저히 이해가 안 되는 아내의 행위 때문에 평안을 잃어버린 분들도 있을 것입니다. 배우자의 외도로 인하여 분노가 자리하고 있는 사람도 있을 것입니다.

그리고 자녀로부터 푸대접을 받았거나 무시를 당했다고 생각하는 부모들의 마음속에도 분노가 자리 잡고 있습니다. 대부분의 어머니가 제일 분노할 때가 "자식들에게 무시를 당할 때"라고 합니다. 이때 떠오르는 생각이 "내가 고생 고생하면서 키워놓았더니 이제 와서 나를 무시해"라는 생각이 들어오면 잠을 잘 수가 없다는 것입니다. 그래서 밤 잠을 설치다가 울화병에 걸리기도 하고 불면증에 걸려서 고생 하기도 합니다. 이런 것은 전부 가족들을 통해서 오는 분노들입니다.

3) 환경적으로 오는 분노도 있습니다.

억울한 일을 당하였을 때 끓어 오르는 분노를 참을 수 없게 됩니다. 남에게 억울하게 잘못의 누명을 썼을 때도 분노가 생깁니다. 어떤 문제를 통해 손해 보았다고 생각되어질 때 분노가 들어오기도 합니다. 이때 자기 자신을 비하시키기도 하고, 때로는 폭력적으로 나가기도 합니다. 주먹으로 벽을 치기도 합니다. 얼마 전에 프로야구 선수가 자신은 공을 잘 던져서 다 이겨 놓은 게임을 다른 선수가 나가서 망치니까, 순간 분노를 참지 못하고 손으로 물건을 때려서 손가락이 부러져서 한동안 선수 생활을 못하고 치료를 받은 일도 있는 것입니다. 이것이 환경적으로 오는 분노입니다. 그러나 분노를 발하면 자기만 손해가 나는 것입니다.

4) 사회적인 배경 속에서 가지게 되는 분노도 있습니다.

법이 평등하지 못할 때 사회를 향한 분노가 생기게 됩니다. 힘이 있는 자와 힘이 없는 자간 법이 공정하지 못할 때 분노가 끌어 오릅니다. 불의가 정의를 짓밟을 때도 국민의 가슴속에는 분노가 들어옵니다. 그래서 데모를 하기도 하고, 온 몸으로 분노를 표출하다가 자살하기도 하는 것입니다. 소리를 지르며 농성을 하기도 하고 촛불 집회도 하는 것입니다.

2. 그럼 분노가 죄인가? 아닌가?

1) 성경적으로 말하면 죄는 아닙니다.

왜냐하면 성경 엡4:26 "분을 내어도 죄를 짓지 말며"라고 했습니다. 이것은 분을 내는 것과 죄를 짓는 것은 별개라는 것입니다. 다시 말하면 분을 낸다고 꼭 죄를 범하게 되는 것은 아니라는 말입니다. 분을 마음에 품고만 있다고 죄가 되는 것이 아니다, 라는 뜻도 됩니다. 시7:11 "하나님은 매일 분노하시는 하나님"이시라고 했습니다. 만약 분노 그 자체가 죄라고 한다면 하나님은 매일 죄를 범하신다는 결론이 나옵니다. 그러므로 분노 그 자체는 죄가 되지 않습니다.

2) 그러나 분노를 통하여 죄를 범할 수는 있다.

내가 가진 분노로 다른 사람에게 상처를 주거나 조절되지 않고 폭발할 때 그것은 분명히 죄가 됩니다. 하나님이 모세에게 반석을 명하여 물을 내라했으나 분노를 발하여 하나님의 진노를 사게 되었습니다.

(민20:7-12)"여호와께서 모세에게 말씀하여 이르시되 지팡이를 가지고 네 형 아론과 함께 회중을 모으고 그들의 목전에서 너희는 반석에게 명령하여 물을 내라 하라 네가 그 반석이 물을 내게 하여 회중과 그들의 짐승에게 마시게 할지니라. 모세가 그 명령대로 여호와 앞에서 지팡이를 잡으니라. 모세와 아론이 회중을 그 반석 앞에 모으고 모세가 그들에게 이르되 반역한 너희여 들으라 우리가 너희를 위하여 이 반석에서 물을 내랴 하고, 모세가 그의 손을 들어 그의 지팡이로 반석을

두 번 치니 물이 많이 솟아나오므로 회중과 그들의 짐승이 마시니라. 여호와께서 모세와 아론에게 이르시되 너희가 나를 믿지 아니하고 이스라엘 자손의 목전에서 내 거룩함을 나타내지 아니한 고로 너희는 이 회중을 내가 그들에게 준 땅으로 인도하여 들이지 못하리라 하시니라."

반대로 절제된 분노로 자신을 파괴하거나 원망과 고통 속에서 자신의 몸을 해한다면 그것도 분명히 죄가 됩니다. 제가 지금까지 내면치유 사역을 하다 보면 분노를 풀지 못하고 억제하며 살아가던 여성분들이 울화병에 많이 걸려서 고통당하는 것을 종종보게 됩니다. 이런 분들이 성령의 임재가 되면 악을 그렇게 많이 씁니다. 속에 있는 분노를 성령께서 풀어주시기 때문입니다. 우리가 꼭 기억해야 할 것이 있습니다.

분노는 반드시 상처를 남긴다는 것입니다. 분노가 폭발하든, 하지 않던지, 그곳에는 상처가 남게 됩니다. 그리고 폭발하지 않는 분노는 없습니다. 언젠가는 밖으로 표출되게 되어있습니다. 사람의 마음은 상처를 받아들일 수 있는 일정한 분량이 있습니다. 마치 축구공이 공기를 받아들일 수 있는 분량이 있는 경우와 같이 말입니다. 상처를 마음에 받아들일 수 있는 한계를 초월하면 폭발합니다. 축구공이 터지는 것 같이 말입니다. 그래서 몸살이 나거나 화병이 생겨서 드러눕게 됩니다.

신혼 초에는 누구나 다 행복합니다. 남편은 아내를 사랑하고 아내는 남편을 존경합니다. 사랑의 향기에 묻혀 문제를 문제 삼지 않고 이해하고 넘어갑니다.

그러다가 조금씩 성격적으로 맞지 않는 것을 통하여 갈등을 느낍니다. 시간이 지날수록 섭섭함이 쌓여가고 그러다가 어느 날 화산이 폭발하는 날이 옵니다.

이때 하는 말이 "참을 만큼 참았다"는 것입니다. "나만 손해 볼 수 없다"는 것입니다. 그런데 두 사람 다 똑같은 말을 합니다. 그러니 6,25전쟁이 터지고, 더 심한 경우에는 3차 대전까지 갑니다. 여러 부부들이 그렇습니다. 한 3년 동안은 남편이 시키는 대로 잘합니다. 그런데 아이 둘 낳고, 고생할 만큼하고 나서는 태도가 100% 달라는 지는 것입니다. 그때부터는 남편의 말을 듣지 않습니다. 참으라고 하면 "내가 바보인줄 아나!" 하면서 덤벼드는 것입니다. 그래서 감정이 동물이라고 하는 가 봅니다. 마음에 분노가 포화 상태가 되었다는 것입니다. 그래서 참지 못하고 발설하게 되는 것입니다.

3) 우리는 분노를 다스리는 방법을 알아야 한다.

그래야 죄를 범하지 않습니다. 분노가 일어날 때 사람을 공격하면 죄를 범하게 됩니다. 특별히 특정인을 공격하는 것은 성경적이지 못한 것입니다. 그러므로 우리는 사람을 공격하지 말고 문제를 공격해야 합니다. 문제를 공격한다는 말은 문제가 있음을 발견하고, 가능한 빨리 성경적으로 문제를 해결하려고 노력하는 것입니다. 이때 제일 중요한 것은 빨리 영으로 기도하여 성령으로 충만해야 합니다. 그리고 말씀, 복음으로 들어가야 합니다. 저는 이 부분을 굉장히 중요하게 여깁니다. 어떠한 분노도 복음 안에서는 해결 됩니다. 성령이 충만하면 분노는 아무 것도 아닌 것입니다.

분노는 폭발하는 순간은 어떤 쾌감을 느끼나 그 후에 반드시 분노는 대가를 지불해야 합니다. 다윗을 죽이려고 쫓아다니던 사울은 광야에서 싸우다가 창에 엎드려져 죽었습니다.

(삼상18:5-9)"다윗은 사울이 보내는 곳마다 가서 지혜롭게 행하매 사울이 그를 군대의 장으로 삼았더니 온 백성이 합당히 여겼고 사울의 신하들도 합당히 여겼더라. 무리가 돌아올 때 곧 다윗이 블레셋 사람을 죽이고 돌아올 때에 여인들이 이스라엘 모든 성읍에서 나와서 노래하며 춤추며 소고와 경쇠를 가지고 왕 사울을 환영하는데, 여인들이 뛰놀며 노래하여 이르되 사울이 죽인 자는 천천이요 다윗은 만만이로다 한지라. 사울이 그 말에 불쾌하여 심히 노하여 이르되 다윗에게는 만만을 돌리고 내게는 천천만 돌리니 그가 더 얻을 것이 나라 말고 무엇이냐 하고 그 날 후로 사울이 다윗을 주목하였더라."

사울이 분노하니 악신이 임합니다. 이는 이렇게 설명하면 이해가 될 것입니다. 우리는 영적이면서 육적인 사람들입니다.

그러므로 우리가 기뻐하며 마음이 평안하면 성령이 충만하게 됩니다. 그러나 반대로 분노를 발하면 육으로 돌아가기 때문에 우리의 옛 주인이던 마귀가 찾아오는 것입니다. 우리 육체의 주인은 마귀입니다. 왜요 아담이 마귀에게 속아서 마귀 말을 듣고 선악과를 따 먹었기 때문입니다. 그래서 사울이 분노하니 악신이 들어온 것입니다.

(삼상18:10-12)"그 이튿날 하나님께서 부리시는 악령이 사울에게 힘 있게 내리매 그가 집 안에서 정신없이 떠들어대므로 다윗이 평일과 같이 손으로 수금을 타는데 그 때에 사울의 손에 창이 있는지라. 그가 스스로 이르기를 내가 다윗을 벽에 박으리라 하고 사울이 그 창을 던졌으나 다윗이 그의 앞에서 두 번 피하였더라. 여호와께서 사울을 떠나 다윗과 함께 계시므로 사울이 그를 두려워한지라."

그래서 사울이 악귀에 눌려서 다윗을 죽이려고 따라다니다가 결국은 자기가 멸망을 당합니다. 성도라도 분노를 발하여 악귀가 들어오도록 하면 종국은 망합니다. 귀신은 죽이고 멸망시키려고 들어왔기 때문입니다.

(삼상 31:3-6)"사울이 패전하매 활 쏘는 자가 따라잡으니 사울이 그 활 쏘는 자에게 중상을 입은지라. 그가 무기를 든

자에게 이르되 네 칼을 빼어 그것으로 나를 찌르라 할례 받지 않은 자들이 와서 나를 찌르고 모욕할까 두려워하노라 하나 무기를 든 자가 심히 두려워하여 감히 행하지 아니하는지라 이에 사울이 자기의 칼을 뽑아서 그 위에 엎드러지매, 무기를 든 자가 사울이 죽음을 보고 자기도 자기 칼 위에 엎드러져 그와 함께 죽으니라. 사울과 그의 세 아들과 무기를 든 자와 그의 모든 사람이 다 그 날에 함께 죽었더라."

(요10:10)"도둑이 오는 것은 도둑질하고 죽이고 멸망시키려는 것뿐이요 내가 온 것은 양으로 생명을 얻게 하고 더 풍성히 얻게 하려는 것이라."

우리는 모세를 교훈으로 삼아야 합니다. 모세는 하나님이 반석을 명하여 물을 내라 했으나 분노를 발하여 반석을 쳐서 물을 내므로 가나안에 들어가지 못했습니다.

(민20:12)"여호와께서 모세와 아론에게 이르시되 너희가 나를 믿지 아니하고 이스라엘 자손의 목전에서 내 거룩함을 나타내지 아니한 고로 너희는 이 회중을 내가 그들에게 준 땅으로 인도하여 들이지 못하리라 하시니라."

우리는 분노를 발하여 나병환자가 된 웃시야 왕을 교훈으로 삼아야 합니다.

(대하 26:18-21)"웃시야왕을 막아 가로되 웃시야여 여호와께 분향하는 일이 왕의 할바가 아니요 오직 분향하기 위하여 구별함을 받은 아론의 자손 제사장의 할바니 성소에서 나가소서 왕이 범죄하였으니 하나님 여호와께 영광을 얻지 못하리이다. 웃시야가 손으로 향로를 잡고 분향하려 하다가 노를 발하니 저가 제사장에게 노할 때에 여호와의 전 안 향단 곁 제사장 앞에서 그 이마에 문둥병이 발한지라. 대제사장 아사랴와 모든 제사장이 왕의 이마에 문둥병이 발하였음을 보고 전에서 급히 쫓아내고 여호와께서 치시므로 왕도 속히 나가니라. 웃시야왕이 죽는 날까지 문둥이가 되었고 문둥이가 되매 여호와의 전에서 끊어졌고 별궁에 홀로 거하였으므로 그 아들 요담이 왕궁을 관리하며 국민을 치리하였더라."

분노는 이렇게 처리해야 합니다. 분노, 화는 절대로 하나님의 의를 이루지 못합니다. 격한 감정은 행동의 가장 빠른 표현인 분노의 말로 표현됩니다. 분노는 감정을 격발 시킵니다. 분노는 다른 사람에게도 상처를 입히게 됩니다.

그래서 우리는 분노를 억제해야 합니다. 분노를 억제하기 위하여 성령으로 충만해야 합니다. 우리의 마음을 말씀과 성령으로 충만하게 하여 안정한 심령을 만들어야 합니다.

(약1:19-22)"내 사랑하는 형제들아 너희가 알지니 사람마

다 듣기는 속히 하고 말하기는 더디 하며 성내기도 더디 하라. 사람이 성내는 것이 하나님의 의를 이루지 못함이라. 그러므로 모든 더러운 것과 넘치는 악을 내버리고 너희 영혼을 능히 구원할 바 마음에 심어진 말씀을 온유함으로 받으라. 너희는 말씀을 행하는 자가 되고 듣기만 하여 자신을 속이는 자가 되지 말라."

(잠29:11)"어리석은 자는 그 노를 다 드러내어도 지혜로운 자는 그 노를 억제하느니라." (잠12:16)"미련한 자는 분노를 당장에 나타내거니와 슬기로운 자는 수욕을 참느니라."

당신이 만약에 속에서 분노가 올라오거든 이렇게 하시기를 바랍니다. 먼저 분노의 원인을 찾아봅니다. 정당한 분노인가? 왜 내가 분노를 내려고 하는가?

그리고 분노 후에 상대방에게 일어날 일을 생각해 보아야 합니다. 분노를 발한 후에 자신이나 타인에게 생길 일을 생각해 봅니다. 분명히 분노는 하나님, 상대방, 본인에게 피해를 주게 됩니다. 분노는 영적, 심리적, 육체적, 인간관계에 큰 피해를 줍니다.

분노로 인하여 치러야 할 대가를 생각해보아야 합니다. 사울이나, 모세의 교훈을 생각해 보아야 합니다. 그리고 인내하며 참아야 합니다.

분노는 이렇게 처리해야 합니다. 분노는 생선회와 같습니다.

회는 싱싱할 때 먹어야하며 시간이 지나면 부패해집니다. 분노
도 빨리 처리해야합니다.

주여! 주여! 하면서 영으로 기도하여 분노를 성령의 능력으로
몰아내야 합니다.

이렇게 하는 것이 성경적으로 대응하는 것입니다. 성경적인
대응을 하지 못하면 사단에게 속는 것입니다. 분노가 일어날 때
성경적으로 대응하면 그 때 흑 암의 권세는 꺾이는 것입니다.
성령의 역사가 일어나기 때문입니다.

3. 분노로 말미암아 오는 문제들이 있다.

1) 분노로 말미암아 가장 큰 타격을 입는 곳은 마음입니다.

마음에서부터 화가 일어납니다. 그러니 불안합니다. 반대로
굉장히 의기소침해 지기도 합니다. 정도가 심하면 복수심까지
도 생기게 됩니다. 그래서 잠25:28절에 "자기의 마음을 제어하
지 아니하는 자는 성읍이 무너지고 성벽이 없는 것 같으니라"고
했습니다. 그러다가 우울증으로 발전하기도 합니다.

2) 신체적 문제로 발전되는 것이 분노입니다.

분노심 때문에 두통과 위궤양으로 고생을 하는 분들이 있습
니다. 순환기 계통에도 영향을 미칩니다. 그래서 분노를 발하
면 혈관에 염증이 생긴다고 합니다. 고혈압과 심장마비도 분노

때문에 일어나기도 합니다. 그런가하면 다른 사람을 살인할 수도 있는 것이 분노입니다. 그래서 잠29:22절에 "노하는 자는 다툼을 일으키고 분하여 하는 자는 범죄함이 많으니라"고 하셨습니다.

3) 분노가 심하면 생활에도 문제가 옵니다.

비협조적인 자세로 일관하는 사람을 보면 그 속에 분노가 있기 때문입니다. 무관심(반응)으로 일관하는 사람도 그 속에 숨겨진 분노가 있기 때문입니다.

그런가하면 사소한 일에 신경질과 짜증을 많이 부립니다. 그래서 잠15:18절에 "분을 쉽게 내는 자는 다툼을 일으켜도 노하기를 더디하는 자는 시비를 그치게 하느니라"고 하셨습니다. 자신의 건강을 위해서라도 분노를 성경적으로 풀어야 합니다.

4) 이러니 결국은 영적인 문제로 발전합니다.

밤에 잠을 자지 못합니다. 시간이 경과되면 불면증으로 발전합니다. 더 나아가 울화병으로 발전합니다. 우울증에 걸리기도 합니다. 제가 지금까지 전인치유 사역을 하면서 체험적으로 느낀 것은 우울증이나 울화병에 걸린 사람들의 무의식에 분노가 많았다는 것입니다. 시간이 경과하면 육체의 질병으로 발전합니다. 그렇기 때문에 육체에 질병이 생겼다는 것은 이미 영적인 질병이 깊어진 것입니다. 마음에 평안이 없으므로 쉽게 흥분을 잘합니다. 흥분하면 통제 불가능한 상태로 흘러갑니다. 그래서 잠22:24-25절에 "노를 품는 자와 사귀지 말며 울분한 자와 동행하지 말지니 그 행위를 본받아서 네 영혼을 올무에 빠질까 두려움이니라"고 하셨습니다.

4. 분노가 일어날 때 조심해야 할 것이 있다.

1) 생각을 통해 일어나는 감정을 조심해야 합니다.

섭섭했던 것을 생각하면 안 됩니다. 그러나 마귀는 어찌하든지 과거 섭섭해 했던 것을 생각나게 합니다. 이때에는 마귀가 주는 생각을 따라가지 말고 예수이름으로 대적해야합니다. 그리고 반대로 그 사람이 당신에게 잘해 주었던 것을 생각해야 합니다.

무시당했던 것이 생각 납니다. 무시당했던 생각을 따라가면 속에서 분이 나오게 됩니다. 분이 나오면 이성을 잃을 수도 있습니다.

또 억울한 것을 생각하면 감정이 조절이 안됨으로 실패합니다. 실패하면 자신만 손해가 나는 것입니다. 분노를 발하면 상대방도 마음에 상처를 입을 수 있지만, 자신이 더 큰 상처를 입게 됩니다. 그러므로 분노는 억제하거나 기도로써 토설하며 풀어야 합니다.

2) 문제와 사건 자체에 묶이면 분노는 끊어지지 않습니다.

마귀가 알려주는 과거의 사건에 묶이면 안 됩니다. 절대로 마귀가 주는 생각을 따라가면 실패합니다. 마귀가 주는 생각을 예수 이름으로 대적하여 몰아내야 합니다.

마귀는 어찌하든지 당신을 분노하게 합니다. 그리하여 당신을 장악하려고 합니다. 더 나아가서 당신을 종으로 삼으려고 합니다. 그러니 영으로 기도하여 안정된 마음을 유지해야 합니다. 그러면 승리할 수 있습니다.

3) 최고로 절제해야 할 것은 '말조심'입니다.

하나님은 엡4장 29절에서 "무릇 더러운 말은 너희 입 밖에도 내지 말고 오직 덕을 세우는 데 소용되는 대로 선한 말을 하여 듣는 자들에게 은혜를 끼치게 하라" 고 하십니다. 말을 조심해야 합니다. 될 수 있는 대로 참아야 합니다. 하고 싶은 말을 다 하면 분명하게 문제는 터지게 됩니다.

서로 조심해야 합니다. 그래서 잠언 15장 1절에 "유순한 대답은 분노를 쉬게 하여도 과격한 말은 노를 격동하느니라" 말씀하시는 것입니다. 하나님은 우리를 위하여 말씀을 주셨다는 것을 잊지 말아야 합니다. 그래서 말씀을 듣고 지키는 자는 복이 있다고 하는 것입니다(계22:7).

잠15장 28절에 "의인의 마음은 대답할 말을 깊이 생각하여도 악인의 입은 악을 쏟느니라" 우리는 예수를 믿고 성령으로 거듭난 하나님의 자녀입니다. 그리고 의인입니다. 의인답게 말을 할 때는 깊이 생각하여 말을 하시기를 바랍니다. 그리하여 상대방에에 덕을 끼치시기를 바랍니다.

잠29장 22절에 "언어에 조급한 자에게는 바랄 것이 없다"고 하셨습니다. 믿음의 사람답게 말을 조심해야 합니다. 말을 하기 전에 한번 생각하는 습관을 들여야 합니다. 세상 말에도 참을 인자 셋이면 살인을 면한다고 했습니다.

5. 분노를 해결하는 최고의 약은 "이해"이다.

1) 이해부족은 사랑부족이 아닌가?

예수님은 우리를 사랑하셨기 때문에 이 땅에 오셨습니다(요 3:16). 예수님은 우리를 사랑하셨기 때문에 십자가를 지셨습니다(마27:35). 우리 예수님과 같이 상대방을 사랑하는 성도가 됩시다.

2) 그 사람을 진정으로 사랑하면 그 사람의 환경을 이해할 수 있고, 그 사람의 입장을 이해할 수 있습니다. 그러면 분노는 가라앉게 됩니다.

이해가 안된다는 말은 내가 가지고 있는 영적인 문제와 연결되어 있기 때문입니다.

이해가 안된다는 말은 내가 그 만큼 치유 받아야 할 부분이 많다는 증거이기도 합니다. 다 나에게 문제가 있는 것입니다.

주로 이런 사람들이 문제를 일으킵니다.

3) 이해하면 용서가 되어 집니다.

하나님은 이렇게 말씀하십니다. (잠19:11) "노하기를 더디 하는 것이 사람의 슬기요 허물을 용서하는 것이 자기의 영광이니라" 우리 용서하십시다. 예수님은 용서하라고 하셨습니다. 일흔 번씩 일곱 번이라도 용서하라고 했습니다.

> (마18:21-22)"그 때에 베드로가 나아와 이르되 주여 형제가 내게 죄를 범하면 몇 번이나 용서하여 주리이까 일곱 번까지 하오리이까? 예수께서 이르시되 네게 이르노니 일곱 번뿐 아니라 일곱 번을 일흔 번까지라도 할지니라."

사람의 과실을 용서해 주어야 할 이유가 마태복음 6장 14절에 보면 "너희가 사람의 과실을 용서하면 너희 천부께서도 너희 과실을 용서하신다"고 하셨기 때문입니다.

용서할 때 중심으로 용서하라고 하셨고(마18:35), 비판할 일이 있음에도 정죄할 일이 있음에도 불구하고 용서하라고 하셨습니다(눅6:37). 우리가 하는 용서는 그리스도 앞에서 한 것이라고 바울이 말했습니다(고후2:10). 용서합시다. 형제를 용서하면 하늘의 상급이 큽니다.

3) 용서하면 화목할 수 있다.

마태복음 5장 24절에서 예수님은 "형제와 화목하라"고 하셨습니다. 또 마가복음 9장 50절에서는 "서로 화목하라"고 하셨고, 로마서 3장 25절에서는 예수님이 우리의 "화목제물이 되셨다"고 하셨고, 고린도후서 5장 18절에서는 우리에게 "화목하게 하는 직책을 주셨다"고 하셨습니다.

예수님은 믿는 자들이 화목하지 않은 상태로 있는 것을 허락지 않으십니다.

이것은 아군끼리 싸우는 것입니다. 그러므로 상대방이 찾아오도록 기다리지 말고 찾아가야 합니다. 제일 아름다운 만남은 서로 찾아가다가 중간에서 만나는 것입니다.

이렇게 멋진 모습으로 살아가는 우리가 되시기를 바랍니다.

우리의 기준은 말씀입니다. 그러므로 성경의 가르침을 받아야 합니다.

우리가 정말 말씀중심이면 분노를 다스릴 수 있습니다.

성령으로 충만하면 분노를 이겨낼 수 있습니다. 사단은 분노를 통하여 우리들을 틈탑니다. 내 안에 오랫동안 숨어있는 분노를 해결하지 못하면 내 마음은 사단의 집이 되는 것입니다. 그러면 끝없는 분쟁과 다툼이 나를 떠나지 아니합니다. 왜 정신신경의 질병에 걸립니까? 많은 원인이 있겠지만 그 중에 한 가지가 분노를 치유 받지 못했기 때문입니다. 오늘 당신 안에 숨어

있는 분노를 치유 받으시기 바랍니다.

그래서 하나님의 평안을 소유하는 성도가 되기를 소원합니다. 항상 마음을 넓고 깊게 생각하도록 안정한 심령을 유지 하시기를 바랍니다.

분노 혈기는 깊은 영성을 유지하는데 커다란 장애가 됩니다. 성도는 마음이 안정되어 외적침묵과 내적침묵이 잘 되어야 하나님과 친밀하게 지낼 수가 있습니다. 하나님의 권능이 있어야 세상을 이길 수가 있습니다. 순간순간 분노를 유발하면 육체가 되어 영이신 하나님과 교통할 수가 없습니다. 하나님과 교통이 안 되니 하나님의 음성을 들을 수가 없고, 성령의 권능이 나타나지 않습니다. 자연스럽게 세상에 눌리게 됩니다. 세상에 눌리니 마음이 갑갑해지고 시간이 경과됨에 따라 마음이 병이나 심혈관질환이 생길 수가 있습니다.

육체의 질병이 나타났다면 영적으로 상당히 깊은 문제가 발생한 것입니다. 치유는 말씀과 성령으로 충만 받아야 합니다. 먼저 성령으로 세례를 받아야 합니다. 성령으로 세례를 받아 마음의 상처와 자아를 치유해야 합니다. 혈통에 역사하는 귀신을 축사해야 합니다. 그러면서 하나님과의 관계를 열어 하나님의 권능으로 자신의 분노와 혈기를 치유해야 합니다. 하나님과 관계가 열려야 분노와 혈기가 치유됩니다.

20장 어린아이 정신질병 치유비밀

(엡 6:4)"또 아비들아 너희 자녀를 노엽게 하지 말고 오직 주의 교훈과 훈계로 양육하라"

먼저 예수를 믿는 우리의 자녀들의 문제가 예수 이름으로 치유되어져야 합니다. 불신자들은 성도들의 생활을 지켜봅니다. 그들은 영적인 비밀을 모르기 때문에 보이는 생활을 보고 그리스도인들을 평가합니다. 그러므로 그리스도인들이 생활에서 성공하지 않으면 전도에 문제가 온다는 것을 알아야 합니다. 자녀들의 문제치유가 필요한 이유는 나 자신을 위해서도 유익하고 불신자들을 능력전도 하기 위해서도 필요하기 때문입니다. 그런데 문제는 오늘날 많은 기독교인들이 생활에 실패하고 있습니다. 그래서 하나님과 하나님의 교회를 욕되게 하는 경우들이 많은 것입니다. 세상 사람들은 보이는 면을 보고 평가합니다.

1. 자녀들의 문제는 어떤 것들이 있는가.

1) 자녀의 정신문제로 부모가 고통을 당합니다. 모태에서나 유아시절의 상처는 정신문제에 치명적입니다. 이 상처로 인하여 늘 마음 한 구석이 늘 아픕니다. 그 아픈 마음이 자신을 가해

하지만, 그 자신은 벗어나지를 못합니다. 마음의 병으로 고통을 받습니다. 필자는 치유사역을 하면서 나아가 들어서도 정신적인 문제로 고통을 당하는 청년들을 많이 봅니다. 모두 모태에서나 유아시절의 상처로 인하여 발생하는 것들입니다. 그리고 조상의 우상숭배로 인하여 발생하는 경우도 있습니다. 과거의 상처가 쉽게 지워지지 않습니다. 모두 무의식에 잠재하여 있습니다. 상황만 되면 드러나서 전인격을 사로잡습니다. 그래서 마치 시한폭탄 같은 모습으로 살아가는 자녀들도 많습니다.

그래서 필자는 세상에는 시한폭탄이 많이 돌아다니니 조심해야 한다고 경고를 자주합니다. 과거의 아픈 경험 때문에 응어리진 가슴을 안고 살아가는 자녀들도 많습니다. 그러다 보니 정상적인 생활을 못합니다. 정신적으로도 병들었습니다(마11:28-29). 마음의 안식이 없습니다. 다른 말로 하면 평안이 없습니다. 늘 염려하고 불안에 떱니다. 조그만 일에도 적응하지 못하고 불안해합니다. 그래서 가슴이 답답해서 미치겠다고 말하는 청소년들이 많습니다. 마음에 평안이 없으니 모든 것을 믿지를 못합니다. 보통 큰 병이 아닙니다.

그러다가 조울증으로 우울증으로 공황장애로 정신병으로 진전이 되어 고통을 당합니다. 생활적으로도 병든 자녀들도 많습니다. 일어나야 할 시간과 누워 자야 할 시간을 모릅니다. 한 마디로 늘 누워있는 것입니다. 다른 사람들은 다 일어났는데 혼자 누워있습니다. 다른 사람들은 다 학교가고 출근하는데 혼자 출근도 못하고 누워있습니다. 다른 사람들은 하루 종일 움직이는데 혼자 이불을 깔고 있습니다.

그러다가 밤이 되면 활동을 합니다. 다른 사람 잠을 자지 못하게 합니다. 그런가하면 생활이 너무 무질서하여 일을 제대로 못하는 자녀들도 있습니다. 무엇이 중요한지를 모릅니다. 이것도 했다가 저것도 했다가 하는데 되는 일이 하나도 없습니다. 무엇이든지 지속하지 못하고 변덕을 부리기도 합니다. 그래서 그 자녀 뒤를 따라가는 것도 피곤하고 힘이 드는 경우도 많습니다.

2) 자녀의 영적인 문제로 부모가 고통을 당합니다. 어떤 자녀들은 밤에 악몽을 꿉니다. 똑같은 꿈을 반복하여 꾸기도 하고, 무섭고 공포스러운 꿈으로 시달리는 자녀들이 있습니다. 초저녁부터 계속 악몽에 시달리다가 새벽에 되어야 겨우 잠을 제대로 잘 수 있다고 하는 자녀들도 있습니다. 그러니 오전에는 일어나지를 못하는 것입니다. 그런가하면 환영(악 영이 보여주는)이나 환청에 시달리는 자녀들도 있습니다. 귀에 소리가 들리는가하면 무엇인가가 보이기도 합니다.

심지어 책이나 어떤 사상에 영향을 받은 자녀들 중에서는 그 책의 실제인물이 나타나기도 합니다. 그런가하면 사단의 영향으로 정상적인 생활을 하지 못하는 자녀들도 있습니다. 정신이 혼미해지고 두려움이 오고, 의지대로 움직여지지 않으니 "나는 안 됩니다." 하고 포기하기도 합니다. 이렇게 되니 생활에 문제가 옵니다. 낮에는 자고 밤에는 돌아다니면서 방황을 합니다.

밤에 자다가 가위눌림을 당하기도 합니다. 이게 전부다 상처에 숨어있는 귀신의 역사입니다. 귀신은 인간에게 구원을 줄 수 없습니다. 귀신은 인간에게 축복을 주지도 못합니다. 그리고 귀신은 인간의 생명을 다스릴 수도 없습니다. 다음은 외국에 거주는 성도님이 아들의 문제로 고통을 당하고 있는 내용입니다.

안녕하세요. 저는 외국에서 살고 있는데 아들 때문에 마음고생 하다가 어디에 물어볼 곳도 없고 우연히 목사님의 책 "영안을 밝게 여는 비결" 과 "꿈환상 해석 통한 상담과 치유비결"을 읽고서 이렇게 문의 드리게 되었습니다. 우리아들은 지금 고등학교 1학년 인데 순하고 조용한 아이입니다. 1년 반전쯤 제가 밤에 꿈을 꾸었는데 아이가 머리부터 등 뒤로 뱀처럼 우둘투둘한 것으로 덮여있고, 가느다란 혀를 날름거리는 그런 모습이었습니다. 며칠 후 또 꿈을 꾸었는데 이번에는 아이가 누워있고 가슴뼈가 이상하게 튀어나와서 내가 그것을 붙들고 막 아이를 흔들며 야단치는 꿈이었습니다. 평소에 제가 영적인 꿈을 자주 꾸는 편이어서 3년 전부터 꿈을 기록해놓는 편입니다.

그런 꿈을 꾸고 나서 걱정은 되었지만 특별한 증상도 없고 저의 경험도 짧아서 어쩌지 못하다가 작년 여름부터 아이가 친구들을 잘 사귀지 못하는 것을 알게 되어 상담도 3개월가량 받고 했습니다. 상담사는 큰 문제는 없고 아이가 내성적이어서 그런 것 같다고 하고 끝을 맺었습니다.

그러다가 올해 2월 어느 날 새벽기도에서 오랜만에 성령으로 충만하게 기도하고 집으로 돌아와 평소대로 아이 방에 들어가 손을 얹고 기도해주는데 속에서 '리워야단'이라는 단어가 올라왔습니다. 그날부터 갑자기 아이가 아프기 시작하면서(두통, 복통) 학교에 가지 못하기 시작하였는데 3주 정도는 정말 의식을 잃은 것처럼 열이 나면서 하루 종일 깊은 잠에서 헤어 나오지 못했습니다. 그 이후에는 아픈 것은 사라졌는데 지금까지 4달간 학교에 가지 않고 있습니다.

매일 11시까지 잠을 자며 깨우면 난폭해집니다. 오후에는 예전과 같은 착한 아이입니다. 저도 한인교회에 다니기 때문에 목사님께 말씀드리고 기도해 주십사고 했는데, 목사님은 아이가 어려서 안수기도는 하지 않으시겠다고 하시고, 제 이야기가 사실이라고 해도 아이가 신앙을 가지는 것 외에는 방법이 없다고 하십니다.

아이가 모태신앙이기는 하지만 몇 년 전에 성령체험도 했지만 아직 자신 만에 신앙은 없는 것 같습니다. 저도 방법이 없어서 아이를 달래며 또 아이가 힘들어하는 부분들을 찾아 도와주려 하면서 기도하고 기다리고 있는데 너무 답답하고 애가 탑니다. 저도 힘이 없어서 어떻게 이 영적전쟁을 해 나가야 할지 모르겠습니다. 목사님, 제가 어떻게 해야 할까요? 도와주세요.

필자의 답변입니다. 할렐루야! 걱정이 되시겠습니다. 먼저 어머니가 영적으로 다듬어야 하겠습니다. 영적인 꿈을 자주 꾼다는 것은 영적으로 좋지 않은 것입니다. 성도님의 상태를 성령께서 치유하라고 알려주시는 것입니다. 어머니가 먼지 치유를 받아야 합니다. 아이의 상태는 이렇습니다. 원래부터 상처가 있던 아이입니다. 안수기도를 하니까. 깊은 곳에 숨어있던 상처가 드러난 것입니다. 그때 열이 나고 일어나지 못할 때 영적치유를 받았으면 아무런 문제가 없이 치유가 되었을 것입니다. 자녀가 안수 받고 열이 나고 하는 것은 성령의 역사로 그런 현상이 일어나 것입니다. 성령의 역사와 악한 영의 역사가 대립할 때 그런 일이 일어납니다. 그때 완전하게 성령으로 치유를 했어야 하는데 경험이 없어서 그렇게 된 것입니다. 지금은 상처에 역사하던 악한 영이 아이에게 강하게 영향을 끼치고 있는 것입니다.

담임 목사님이 안수를 하지 않겠다고 하는 것은 자신이 없어서 그러는 것입니다. 안수한번 받아서 치유될 일이 아니라는 것을 알기 때문입니다. 집중적인 치유를 받아야 합니다. 안수만 받는 것이 아니고 본인이 뜨겁게 기도하며 말씀을 듣고 성령으로 충만하여 일어서려는 의지를 발동시켜야 합니다. 절대로 안수만 받아서는 해결이 되지 않습니다. 시간이 자꾸 흐르면 흐를수록 나쁜 역사는 강해집니다. 점점 더 나빠진다는 것입니다.

방법은 말씀과 성령에 의한 영적치유 밖에 없습니다. 주변에 전문적인 영적치유를 하는 분을 찾아보세요. 아무나 치유할 수 없습니다. 전문성이 있어야 해결할 수가 있습니다. 하루 이틀에 치유된다고 생각하면 안 됩니다. 시간이 걸릴 것입니다. 도움이 되질 못해서 죄송합니다. 워낙 멀어서 말입니다. 빠른 시간 내 치유되기를 바랍니다.

두 번째 질문입니다. 바쁘신 중에도 빨리 답장해 주셔서 너무 감사드립니다. 아이가 항상 집에 같이 있어서 조심스러워 답장이 늦어졌습니다. 죄송하지만 한번만 더 질문 하겠습니다. 목사님 답장을 받고서 걱정이 많이 됩니다. 전문사역자를 이곳에서는 찾기가 어렵습니다.

또 아이가 잘 알지 못하는 곳에서 잘못 안수 받다가 상처 받을까 두렵습니다. 지금 우리 가정에서는 아이가 상처가 되었을 만한 것들을 찾아서 그 문제들을 일차적으로 해결하는데 초점을 맞추고 있고 계속해서 사랑으로 아이를 감싸주고 있습니다. 계속 아이를 사랑으로 보듬어주어도 악한 영의 세력이 점점 강하여질까요? 악한 영의 세력을 약화시킬 수 있는 방법은 전문사역자 외에는 방법이 없을까요 목사님? 죄송하고 감사합니다.

두 번째 답변입니다. 영적인 문제가 달랜다고 해소되면 얼마나 좋겠습니까? 그리고 안수를 받는 다고 하시는데 안수만 받아서는 안 됩니다. 본인이 자신의 상태를 왜 그러는지 알게 해야 합니다. 잘못하면 아이에게 역사하는 영에게 농락을 당할 수가 있습니다. 아무튼 책을 상세하게 읽어보시면 어떻게 해야 하는지 알게 되실 것입니다. 지금 잘못하면 아이가 다시 일어설

수가 없을 수도 있습니다. 저는 전문으로 치유사역을 하기 때문에 귀하의 자녀같이 지내다가 또 이곳저곳 안수만 받으러 다니다가 사람 노릇을 못할 정도로 악한 된 사람들이 많습니다. 잘 판단하셔서 아이가 자신의 심각성을 알도록 하여 의지가 발동되도록 해야 합니다. 그래서 자신 안에 계신 하나님께 매달리도록 해야 합니다. 성령의 역사가 아이의 심령 안에서 일어나야 치유가 됩니다. 나이로 보아서 부계의 영적인 아이에게 영향으로 올수도 있으니 참고하세요. 승리하세요.

2. 자녀문제를 해결하기 위한 적극적인 활동.

1) 부모가 먼저 예수를 믿고 자신들의 문제를 찾아 치유하라. 문제가 부모에게 있다는 것을 인정해야 합니다. 보이는 상황과 보이지 않는 여러 가지 문제를 찾아보아야 할 것입니다. 그리하여 회개하고 용서하고 끊어내고 축사해야 합니다. 많은 기간을 영적으로 싸워야합니다. 자녀들에게 변화된 모습을 보여야 합니다. 그러면서 지속적으로 자녀들과 대화를 해야 합니다. 자녀들과 같이 치유를 받는 것도 효과가 좋습니다.

2) 내면의 상처를 치유하라. 아이들이 정신적인 문제나 영적인 문제를 일으키는 요소들은 모두 아이의 잠재의식이나 무의식에 숨어있는 요소들입니다. 어려서 받은 모든 무의식에 숨겨진 상처들을 말씀과 성령으로 찾아내어 치유해야 합니다. 어려

서 치유하는 것이 좋습니다. 앞에 외국에 거주하는 아이와 같이 겉으로 드러나면 치유하는데 시간이 많이 걸립니다. 분명하게 혈통에 우상 숭배를 많이 했거나, 부모 중에 한분이 정신적인 문제가 영적인 문제 우울증 등으로 고생을 했다면 자녀에게 70%이상 대물림이 됩니다.

미리 말씀과 성령으로 치유하면 예방이 가능합니다. 어린 아이들도 안수하면서 치유할 수 있습니다. 반드시 담임목사님이 일주일에 1-2회 정도 안수하며 치유하고 관리를 해야 합니다. 아이는 영적인 방어능력이 없기 때문에 말씀과 성령의 역사로 관리하지 않으면 재발할 수가 있습니다. 말씀과 성령으로 무의식과 잠재의식에 숨어있는 ①부모로부터 받은 상처, ②주변 사람들에게 당한 상처, ③잘못된 부부 관을 말씀과 성령으로 치유해야 합니다. 하나하나 성령의 임재 가운데 말씀으로 찾아보아야 합니다. 자신도 잘 모르는 상처가 있을 수 있습니다.

아이들은 분명하게 성령의 역사를 체험하면 무의식과 잠재의식에 숨어있는 부정적인 요소들이 정체를 폭로합니다. 어려서 치유하면 쉽게 정상으로 회복이 될 수 있습니다.

3) 자녀의 친구들을 유형을 살펴보라. 친구로 인하여 영육의 문제가 많이 발생 합니다. 자녀들의 주변에 좋은 친구들이 있기를 기도하여야 합니다. 그런데 내 자녀가 영육으로 정상적인 생활을 하면 그런 유형의 친구들이 붙게 됩니다. 영은 영끼리 통합니다. 문제는 내 자녀에게 있는 것입니다. 내 자녀가 문제가

있으니 그런 유형의 친구가 붙게 되는 것입니다. 그러므로 유유상종이라고 하는 것입니다. 참새는 참새끼리, 학은 학끼리 노는 것입니다. 그러므로 자녀들의 친구들의 유형을 살펴볼 필요가 있는 것입니다.

4) 조상의 대물림의 죄악을 찾아라. 선조들의 특정한 문제와 죄악을 찾아내야합니다. 질병과 관련된 유전은 없었는지 찾아내야 합니다. 많은 경우 유전에 의하여 난, 불치의 질병이 발생하는 경우가 많습니다. 영적인 문제를 일으킨 조상은 없었는지 찾아내야 합니다. 본인의 임상적인 경험에 의하면 육적인 음란은 영적인 음란을 타고 들어오는 경우가 많습니다.

정신적인 문제가 유전되고 있지는 않는지 찾아내야 합니다. 대부분의 우울이나 조울증 정신질환은 혈통을 타고 유전이 됩니다. 부모나 친척이 우울증이나 조울증, 치매에 걸려서 고생했다면 미리 예방활동을 하는 것이 좋습니다. 예방 활동이란 성령 충만한 영적 생활을 말하는 것입니다. 나는 예수를 믿었으니 찾아오지 않는다는 안일한 생각은 금물입니다.

대부분의 정신질환 환자는 태중에서의 상처와 유아시절의 상처가 있는 사람들이 많이 발생합니다. 정신문제가 있는 자녀의 부모나 선조를 거슬러 올라가 보면 무당이나 무당을 많이 찾았거나 굿을 많이 한 자녀들이 많이 생깁니다. 그리고 남묘호랭객교나 이방종교 하수인을 했을 경우에 많이 발생합니다. 이런 우상숭배가 심했던 자녀들은 예방신앙을 철저하게 해야 합니다.

예방신앙이란 성령으로 충만한 믿음생활을 하면서 치유를 받는 것을 말합니다. 미리 말씀과 성령으로 찾아서 예방하지 않으면 자녀에게 문제가 오는 경우가 많습니다.

자녀를 임신했을 때 시부모나 친척 식구, 남편이나 다른 사람을 통하여 고통을 당한 경우는 없었는지 찾아내야 합니다. 태중에서나 유아시절에 정상적인 보살핌을 받지 못한 사람들이 자라면서 자신의 사랑 받지 못한 빈 공간을 채우기 위해서 이성에게 관심을 많이 갖게 됩니다. 아버지나 어머니로부터 받지 못한 사랑을 이성에게 채우려는 욕구가 강하여 어려서부터 이성을 찾는 것입니다.

그래서 상처는 일찍 찾아서 치유하는 것이 좋습니다. 교회는 예방 활동을 잘해야 합니다. 신앙은 예방 신앙이어야 합니다. 왜냐, 지옥 가기 전에 예수 믿어서 천국 가는 것이 기독교 신앙입니다. 그래서 교회는 예방 신앙이어야 합니다. 정상적인 가정에서 사랑을 받고 정상적으로 자란 사람은 이성의 문제를 일으키는 경우가 별로 없습니다.

그래서 어린 시절부터 이성문제를 일으키는 사람은 그 사람뿐만 아니라 부모에게도 책임이 있다는 것을 인정해야합니다. 그래서 미리 알고 어려서부터 말씀과 성령으로 치유해야합니다. 지금 건강하고 잘 지내는데 무슨 문제가 있겠는가. 방심을 금물입니다. 귀신은 아주 끈질기고 인내력이 강합니다. 끝까지 버티면서 취약한 시기를 노리는 것이 귀신입니다.

21장 왕따 당하는 자녀 치유비밀

(고전15:33)"속지 말라. 악한 동무들은 선한 행실을 더럽히나니"

하나님은 예수를 믿는 자녀들이 영적으로 정신적으로 건강하기를 원하십니다. 필자가 지난 16년이란 세월동안 성령치유 사역을 하다가 보니 학교에서 왕따를 당하는 학생에게 문제가 있다는 것입니다. 많은 분들이 왕따를 시키는 학생이 문제라고 하는데 이는 잘못 생각한 결과입니다. 왕따를 당하는 학생이 문제가 있다고 인정해야 빨리 치유가 됩니다.

한 연구기관에서 왕따 당하는 원인을 이렇게 분석했습니다. "저소득층 자녀, 거칠게 양육된 아이, 공격적 성향을 가진 아이일수록 왕따를 당할 위험이 높다는 연구 결과가 나왔다. "아동 10명 중 한 명 이상은 사회화가 시작되는 나이가 되자마자 또래들로부터 학대를 받고 따돌림을 당한다."며 "이른 시기에 따돌림의 대상이 된 아이들은 이후로도 이 같은 일이 반복되는 경우가 많았다"고 밝혔다. 생후 17개월 때 공격적 성향을 보였던 아이들은 취학 연령이 되었을 때 왕따의 대상이 될 확률이 높게 나타났다. 공격적 성향은 성장환경에서 기인하는 부분이 큰 것으로 보인다. 부모에게 학대를 받은 아이, 부모가 자주 싸우는 집 아이, 저소득층 가정의 아이일수록 상습적 따돌림을 당하는 비율이 높았다.

또한, 왕따를 당하는 아이들은 정신적 충격에서 비롯된 우울증, 외로움, 자신감 상실, 허약한 신체, 알코올이나 약물 중독, 잦은 결석, 낮은 성적, 자해 성향 등의 증세를 겪게 되는 경우도 많았다. 취학 아동 또래에서 나타나는 왕따 현상은 신체적 공격과 언어적 모욕, 사교 관계 단절 등으로 나타났다. 왕따 현상을 막기 위해서는 아이들과 부모 모두를 대상으로 한 "조기 예방 교육이 필요하다는 사실이 드러났다"고 설명했다."

워릭대학 연구팀이 발표한 연구결과를 보면 "어릴 적 다른 아이들에 의해 놀림과 괴롭힘을 당했던 사람들이 망상과 환각 증상 및 기타, 다른 정신장애를 보일 위험이 2배 높은 것으로 나타났다. 5일 워릭대학 연구팀이 밝힌 연구결과에 의하면 괴롭힘과 따돌림을 받는 것이 심하거나, 만성적일 경우에는 일부 아이들에서 심각한 후유증을 유발할 수 있고, 심지어는 정신분열증을 앓을 유전적 소인이 있는 아이들에서 실제로 정신분열증을 시작하게 하는 것으로 나타났다.

과거 연구결과 어릴 적 신체적 학대나 성적학대 등 외상적 사고가 성인기 정신질환 발병과 연관된 것으로 나타난 바 있으며 어릴적 정신장애 증상을 보인 사람들이 성인기 정신분열증이 발병할 위험이 높은 것으로 나타난 바 있다.

12세 아동 6,437명을 대상으로 한 이번 연구결과 46.2%가 8~10세경 왕따등 괴롭힘을 당한 가운데 이 같은 아이들이 정신질환 유무나 가정환경 및 지능과 무관하게 정신장애 발병 위험이 2배 높은 것으로 나타났다. 또한 이 같은 증상은 괴롭힘 등이 심하고 만성적일 때 더 심한 것으로 나타났다.

연구팀은 괴롭힘 등을 당하는 것이 청소년에서 정신장애 발병 위험을 어떻게 높이는지는 불확실하지만 정신분열증이 발병할 위험이 높은 유전적 소인을 가진 사람에서 이 같은 증상을 유발함은 분명하다고 밝혔다. 또한 반복된 괴롭힘이 스트레스에 반응하는 능력을 변형시킬 수도 있다고 밝히며 이에 대한 추가 연구가 필요하다고 강조했다."

한 학생이 왕따 문제에 대해서 제시한 의견입니다. "우리 반에 '간질'이라는 병을 앓고 있어서 추하다며 왕따를 당하는 여자아이가 있다. 그래서 왕따를 당하는 원인을 알아보고 썼다. 아이들이 왕따를 당하지 않게 하기 위해서 썼다. 왕따를 당하는 아이들을 중심으로 조사해 보고 썼다.

첫째, 아이들은 뚱뚱한 아이들을 싫어한다. 다른 반에 뚱뚱하다는 이유로 왕따를 당하는 아이가 있다. 그 아이가 살을 좀 빼던지. 아이들이 그 아이를 이해해 줘야겠다.

둘째, 아이들은 몸이 안 좋고 병이 걸린 아이들을 싫어한다. 우리 반에 '간질'이라는 병을 앓고 있는 아이가 있는데 아이들은 그 애만 보면 마구 욕을 하고 피한다. 회장이나 부회장이 아이들에게 인기가 많으니 그렇게 하지 못하게 말리거나 그 아이를 달래준다. 그리고 꼭 회장단이 아니더라도 된다.

셋째, 말투가 나쁜 아이 성격이 나쁜 아이를 아이들은 싫어한다. 요즘에는 여자애들이 그런 아이를 보고 '싸가지'없다는 둥. 여러 가지 이유로 싫어하고 왕따를 시키려고 한다. 그 아이는 말투와 성격을 좀 고치거나, 여자아이들이 왕따를 시키는 것만은 자제한다. 넷째, 집이 가난한 아이들을 싫어한다. 집이 가난한 아이들이 거지라고 아이들에게 놀림을 많이 받는다.

그래서 그 아이들은 학교도 잘 안 나오고, 아이들에게 왕따의 대상이 된다. 누구나 거지나, 왕따가 될 수 있으므로 그 아이를 놀리거나 왕따를 시키지 않는다. 입장을 바꾸어 생각해 본다. 지금까지 왕따를 당하지 말자에 대한 원인과 증명, 해결방법을 썼다. 해결 방법으로는 뚱뚱한 아이는 살을 좀 **빼고**, 성격이 나쁜 아이는 좀 고치고, 집이 가난하다고 놀리는 아이는 자신도 그렇게 될 수가 있으므로 놀리지 않으며, 몸이 아프거나, 병을 알고 있는 아이를 놀리는 아이를 다른 아이들이 말리거나, 선생님께서 주의를 좀 준다. 그렇게 해서라도 왕따를 조금이라도 당하지 않아야겠다. 친구 간에 왕따를 시키는 일이 없어서 친구사이에 사랑하고 친하게 지냈으면 좋겠다."

왕따를 당하는 학생은 분명하게 잠재의식과 무의식에 상처가 있습니다. 분명하게 태중에서나 유아시절에 상처가 있던 아이들입니다. 무의식과 잠재의식에 숨어있던 상처들이 왕따를 당하면서 이렇게 스트레스를 받게 되면 악한 영적인 요소들이 밖으로 나타나 아이를 장악하게 됩니다. 그래서 영적으로 정신적으로 고통을 당하게 됩니다. 드러나는 시기는 다르겠지만 필자가 체험한 바로는 고등학교 1학 때 제일 많이 드러납니다.

이렇게 영적이고 정신적인 문제로 고통을 당하는 분들은 이미 자신의 내면에 잠재하여 있던 요소들이 드러난 것입니다. 이런 유형의 사람들의 가계력을 조사해 보면 조상 중에 무당이 있다든지, 남묘호랭객교를 믿었든지, 절에 스님이 있다든지, 우상을 지독하게 섬겼다든지, 절에 재물을 많이 시주 했다든지, 영적이고 정신적인 질병으로 고생하다가 돌아간 사람이 있다든지, 등등의 원인이 반드시 있었습니다. 이런 사람들은 태아시절에 귀신이 침입을 하기도 합니다.

유아시기에도 침입을 합니다. 그러니까, 영적정신적인 문제 보균자들입니다. 이렇게 잠재하여 있던 영적정신적인 문제들이 사업 파산, 결혼실패, 직장해고, 학교공부 스트레스, 충격적인 상처, 결혼 생활 간의 충격, 놀람 등 자신이 감당할 수없는 충격을 받거나 장기간 스트레스를 받아 체력이 급속이 저하되었을 때 밖으로 나타납니다. 그래서 저는 균형 잡힌 영성이 되어야 한다는 말을 많이 합니다. 영-혼-육이 균형이 잡혀야 정상적인 생활을 할 수가 있다는 말입니다.

우리가 스트레스를 받으면 체력의 소모가 많이 됩니다. 체력이 떨어지니 자신 속에 잠재하여 있던 영육의 문제가 드러나는 것입니다. 정상적으로 지내던 사람이 갑자기 불안하고, 초조하고, 두려워서 잠을 자지 못하고, 가위눌림을 당하고, 헛것이 보이기도 하고, 간질을 하고 발작을 하면서 괴성을 지릅니다. 머리가 깨질 것과 같이 아프기도 합니다. 정상적인 생활을 할 수 없는 지경에 이르게 됩니다. 그래서 영적인 문제라고 단정하고 축사만 받으려고 합니다. 유명하다는 목사를 찾아가 안수를 받습니다. 한 번에 쉽게 해결을 받기 위해서 돌아다닙니다. 이렇게 이리저리 돌아다니다가 치유의 시기를 놓치는 경우가 허다합니다.

정신적인 문제를 바르게 전문으로 치유하는 사역자에게 가서 말씀과 성령으로 치유를 받으면 바로 정상이 됩니다. 치유는 무조건 축귀만 한다고 치유가 절대로 되지 않습니다. 비전문가의 축귀는 오히려 더 악화될 수가 있습니다. 주의해야 합니다. 영적, 정신적인 문제 치유가 그렇게 쉽고, 단순하지 않습니다. 환자 스스로 말씀 듣고 기도를 하도록 해야 합니다. 본인의 영의 힘으로 일어서게 해야 합니다. 환자가 영적 자립을 해야 하므로 시간이 걸립니다. 급하게 생각한다고 빨리 치유되는 것이 절대로 아닙니다. 축사만 하면 당시에는 치유가 된 것 같은데 시간이 지나면 재발을 합니다. 영적 자립능력이 없기 때문입니다.

그런데 이와 같은 전문적인 치유를 일반 성도들이나 목회자는 잘 이해하지 못합니다. 그래서 영적치유를 받겠다고 1년 이상 돌아다니면서 이 사람 저 사람에게 안수와 축귀만 받으면서 돌아다니게 됩니다. 이러다가 치유의 시기를 놓쳐서 환자가 사람 노릇을 못할 정도로 심각해 질수가 있으니 주의 하지 않으면 안 됩니다.

제일 좋은 것은 사전에 예방하는 것입니다. 이런 가계력이 있다면 미리 성령이 충만한 교회에 가서서 전문적인 치유사역자의 도움을 받아가며, 성령의 역사로 문제의 잠복된 요소들을 배출하는 것입니다. 아무 교회나 다닌다고 예방되는 것은 절대로 아닙니다. 살아계신 성령의 역사가 있고, 생명의 말씀이 증거 되는 교회라야 사전에 영적인 진단을 하여 치유될 수가 있습니다.

침입한 귀신은 나이에 상관없이 정체를 드러냅니다. 초등학교 1-2학년 17살(고1)에 제일 많이 드러냅니다. 학업에 스트레스가 심하기 때문입니다. 20살에 드러냅니다. 24살에 드러냅니다. 결혼하여 잦은 부부불화가 있을 때 드러냅니다. 27살, 32살, 36살, 38살 43상 등등 한번 침입한 귀신은 인내하며 기다리다가 취약한 시기가 되면 반드시 정체를 드러냅니다. 말씀과 성령의 역사로 정기적인 영적 진단과 내적치유와 축귀하는 예방 신앙이 중요합니다.

상처가 있고 영적으로 깔끔하지 못한 가계력을 가진 분들은 교회를 잘 정해야 합니다. 성령의 역사가 강한 교회에서 신앙생활을 하면서 미리 영적 진단하여 치유해야 하기 때문입니다. 예방신앙이 중요합니다. 숨어있던 귀신은 자신들이 원하는 시기가 되면 반드시 정체를 드러내기 때문입니다.

그럼 영적, 정신적인 문제로 고생하는 분들이 어떻게 치유를 받느냐 입니다. 1년 이상 15년까지 영적, 정신적인 문제로 고생을 했다면 이미 귀신이 전인격을 장악한 상태입니다. 그러므로 능력이 있다는 사람에게 찾아가서 안수한번 받아서 해결하려는 생각을 아예 버리는 것이 좋습니다. 절대로 안수 한번 받아서 치유되지 않습니다.

저희 충만한 교회에서 치유하는 비결을 소개하면 이렇습니다. 먼저 환자가 치유 받고자하는 의지가 있어야 합니다. 보호자가 적극적이어야 합니다. 정기적인 집회(화-수-목)와 예배(주일)에 참석을 하여 말씀 듣고 기도를 하면서 안수를 받습니다. 이렇게 집중적인 치유를 하지 않으면 치유가 되지를 않습니다. 기도 시에는 제가 하라는 대로 순종(따라야)해야 합니다. 따라서 하지 못하면 자연스럽게 치유 기간이 길어집니다.

초기에는 모두 잘 따라하지 못합니다. 왜냐하면 귀신이 의지를 잡고 있어서 환자가 의지를 제대로 할 수 없기 때문입니다. 그러나 시간이 흐르면 따라하게 되어 있습니다. 필자가 직접 기도 시간마다 지속적으로 안수를 하면서 귀신의 묶임이 풀어지게 합니다. 그러면 제가 하라는 대로 환자가 따라합니다. 그러면서 서서히 성령께서 장악을 하십니다. 성령께서 장악을 하기 시작하면 치유가 되기 시작하는 것입니다.

치유는 전적으로 성령께서 하시는 것입니다. 어찌하든지 필자는 환자를 성령께서 장악을 하실 수 있도록 합니다. 전문적인 기술이 필요합니다. 저는 이런 유형의 환자를 많이 치유해 보았기 때문에 제가 하라는 대로 순종만 하면 모두 100% 치유 받을 수 있습니다. 문제는 순종하지 않기 때문에 치유되지 않습니다. 치유하는데 시간이 많이 소요가 됩니다. 환자의 유형에 따라 3개월-6개월-1년-2년이 걸립니다. 3년 이상이 걸리는 경우도 있습니다.

마음을 느긋하게 먹어야 환자를 살릴 수가 있습니다. 절대로 순간 치유는 불가능합니다. 어떤 경우는 4-5년이 걸리기도 합니다. 이렇게 치유가 되더라도 치유 후에 관리가 중요합니다. 지속적으로 주일 마다 관리해야 합니다. 어쩌면 치유보다도 관리가 더 중요하다고 보아야 합니다. 성령하나님의 은혜가운데 머물러 있어야 하기 때문입니다. 이유는 환자가 육을 가지고 있기 때문입니다.

영적, 정신적인 문제로 고통당하는 환자와 보호자는 단번에 치유 받으려는 생각을 접어야 합니다. 전문적인 사역자를 만나 지속적이고 장기적인 치유를 받아야 합니다. 이런 마음 상태만 되면 영적, 정신적인 문제로 15년을 고생했더라도 치유는 됩니다.환자나 보호자는 사전에 전문적인 사역자하고 대화를 한 후에 치유를 시작하시기를 바랍니다.

자녀들을 성공시키기를 원하시는 분은 "자녀들을 성공시키는 하나님"책을 읽어보시기를 바랍니다.

22장 생각의 교정과 치유 비밀

(요14:26)"보혜사 곧 아버지께서 내 이름으로 보내실 성령 그가 너희에게 모든 것을 가르치고 내가 너희에게 말한 모든 것을 생각나게 하리라."

하나님은 이 시간 우리에게 잘못된 생각을 치유하라고 말씀하십니다. 생각을 하지 않고 사는 사람은 한 명도 없습니다. 모든 사람은 생각을 하며 삽니다. 그 사람의 생각에 따라 행동이 나오고, 행동에 따라 결과를 얻게 됩니다.

왜 생각을 관리하는 것이 중요한가? 그것이 하나님의 음성을 듣는 통로이기 때문입니다. 사람들은 눈에 보이지 않는 것 보다, 눈에 보이는 것을 중요하게 생각하는 경향이 있습니다. 그러나 엄격하게 말하면 눈에 보이는 것 보다, 눈에 보이지 않는 것이 훨씬 더 중요한 것입니다.

사람에게 육신 건강만큼 중요한 것이 있다면 그것은 생각입니다.

어떤 생각을 가지고 있느냐에 따라서, 그 사람의 미래와 행복과 불행이 결정되어 지기 때문입니다. 그래서 사람에게는 중요한 것이 "생각"입니다.

왜 생각이 중요한가? 영의 입구가 되기 때문입니다.

(요13:2)"마귀가 벌써 시몬의 아들 가룟 유다의 마음에 예수를 팔려는 생각을 넣었더라."

생각이 잘못되면 영의 출구로 말이 잘못 나가게 됩니다.

(요13:27)"조각을 받은 후 곧 사탄이 그 속에 들어간지라 이에 예수께서 유다에게 이르시되 네가 하는 일을 속히 하라 하시니."

그래서 생각관리를 잘해야 하는 것입니다.

1. 생각에는 두 가지가 있다.

(롬8:5-8)"육신을 따르는 자는 육신의 일을, 영을 따르는 자는 영의 일을 생각하나니 육신의 생각은 사망이요 영의 생각은 생명과 평안이니라. 육신의 생각은 하나님과 원수가 되나니 이는 하나님의 법에 굴복하지 아니할 뿐 아니라 할 수도 없음이라. 육신에 있는 자들은 하나님을 기쁘시게 할 수 없느니라."

믿음의 생각과 불신의 생각이 있습니다. 우리는 의지적으로 믿음의 생각을 해야 합니다.

1)믿음의 생각

가나안 땅을 탐지한 여호수아 갈렙 같이 하나님이 함께 하심을 믿는 믿음입니다.

모든 사물을 바라볼 때 하나님의 눈으로 바라보는 사람입니다. 이는 하나님의 영으로 충만한 사람입니다. 일은 내가 하는 것이 아니고 하나님이 하신다는 것을 믿는 사람입니다. 하나님의 말씀을 믿음으로 받고 행하는 사람입니다. 그래서 하나님의 생각을 하는 사람입니다. 한마디로 하나님과 영의 통로가 열린 사람입니다. 그래서 모든 생각이 하나님 중심인 사람입니다.

(민13:30)"갈렙이 모세 앞에서 백성을 조용하게 하고 이르되 우리가 곧 올라가서 그 땅을 취하자 능히 이기리라."

(민14:6-10)"그 땅을 정탐한 자 중 눈의 아들 여호수아와 여분네의 아들 갈렙이 자기들의 옷을 찢고 이스라엘 자손의 온 회중에게 말하여 이르되 우리가 두루 다니며 정탐한 땅은 심히 아름다운 땅이라. 여호와께서 우리를 기뻐하시면 우리를 그 땅으로 인도하여 들이시고 그 땅을 우리에게 주시리라 이는 과연 젖과 꿀이 흐르는 땅이니라. 다만 여호와를 거역하지는 말라 또 그 땅 백성을 두려워하지 말라 그들은 우리의 먹이라 그들의 보호자는 그들에게서 떠났고 여호와는 우리와 함께 하시느니라 그들을 두려워하지 말라 하나 온 회중이 그들을 돌로 치려 하는데 그 때에 여호와의 영광이 회막에서 이스라

엘 모든 자손에게 나타나시니라."

이와 같이 믿음의 사람은 어떠한 어려움이 있더라도 하나님의 편에 서서 생각하고 말하는 사람입니다.

2) 불신의 생각

마음에 하나님이 없는 사람들을 말합니다. 그러므로 매사를 자신이 해야 한다는 계산적이고 합리적인 사람입니다. 자신의 눈으로 세상을 바라보고 된다. 안된다를 결정하는 인간중심의 사람입니다. 생각이 부정적인 사람들입니다. 하나님을 믿기는 믿되 마음에 하나님은 안중에도 없는 사람들입니다. 그러니 생각이 바르지 못하고 항상 부정적인 사람입니다. 생각이 부정적이니 나오는 말이 모두 부정적인 말만 나오는 것입니다. 즉 하나님을 사랑하지 않는 사람입니다. 하나님은 이렇게 말씀하십니다.

(요14:21)"나의 계명을 지키는 자라야 나를 사랑하는 자니 나를 사랑하는 자는 내 아버지께 사랑을 받을 것이요 나도 그를 사랑하여 그에게 나를 나타내리라."

하나님을 사랑하지 않으니 항상 하나님의 말씀을 믿지 못하는 것입니다. 그래서 하는 말이 부정적입니다. 그래서 하나님의 복을 받지 못합니다.

(민13:31-33)"그와 함께 올라갔던 사람들은 이르되 우리
는 능히 올라가서 그 백성을 치지 못하리라 그들은 우리보다
강하니라 하고 이스라엘 자손 앞에서 그 정탐한 땅을 악평하
여 이르되 우리가 두루 다니며 정탐한 땅은 그 거주민을 삼키
는 땅이요 거기서 본 모든 백성은 신장이 장대한 자들이며 거
기서 네피림 후손인 아낙 자손의 거인들을 보았나니 우리는
스스로 보기에도 메뚜기 같으니 그들이 보기에도 그와 같았을
것이니라."

이는 마음에 하나님 두기를 싫어하니 매사를 자신이 해야 한
다는 생각으로 사물을 바라보기 때문입니다.

3)불신의 생각, 사람의 생각에는 "사단의 역사"가 따라온다.
가룟 유다의 경우를 보시기를 바랍니다.

(요13:27)"조각을 받은 후 곧 사탄이 그 속에 들어간지라
이에 예수께서 유다에게 이르시되 네가 하는 일을 속히 하라
하시니."

믿음의 생각에는 하나님이 역사하시고, 불신의 생각에는 사

단이 역사합니다. 그래서 사람은 약한 것입니다. 무엇을 생각하느냐에 따라 대상이 침입하는 극히 나약한 존재입니다. 그러므로 우리는 의지를 다해서 하나님을 생각해야 합니다.

하나님의 생각으로 우리의 마음을 채워서 하나님이 주시는 축복을 받아야 합니다.

저는 당신에게 부탁드리고 싶습니다. 모든 불신앙을 버리고 믿음의 생각을 가지시기 바랍니다. 믿음의 생각을 가져야 하나님과의 관계가 회복되고, 믿음의 생각을 가져야 사람과의 관계도 회복되는 것입니다.

모든 실패는 불신앙에서 옵니다. 누구 때문에 실패했다라고 말하지 마시기를 바랍니다.

(민14:1-4)"온 회중이 소리를 높여 부르짖으며 백성이 밤새도록 통곡하였더라. 이스라엘 자손이 다 모세와 아론을 원망하며 온 회중이 그들에게 이르되 우리가 애굽 땅에서 죽었거나 이 광야에서 죽었으면 좋았을 것을 어찌하여 여호와가 우리를 그 땅으로 인도하여 칼에 쓰러지게 하려 하는가 우리 처자가 사로잡히리니 애굽으로 돌아가는 것이 낫지 아니하랴 이에 서로 말하되 우리가 한 지휘관을 세우고 애굽으로 돌아가자 하매"

자신의 불신앙 때문에 실패한 것입니다. 환경 때문에 실패했다고 말하지 말세요.

자신 스스로가 실패할 수밖에 없는 생각들을 이미 가지고 있었던 것입니다. 그래서 실패하는 것입니다. 하나님은 강하고 담대한 자와 함께 하십니다. 하나님은 인간을 통해서 하나님의 일을 해야 하기 때문에 강하고 담대한 사람을 찾고 있습니다. 강하고 담대한 사람은 누구인가, 매사를 하나님의 눈으로 보는 사람을 말합니다. 모든 것을 하나님이 하신다는 믿음으로 하나님의 음성에 순종하는 사람을 말합니다.

4) 생각이 이상하면 모든 것이 이상해진다.

(갈5:16-21)"내가 이르노니 너희는 성령을 따라 행하라 그리하면 육체의 욕심을 이루지 아니하리라. 육체의 소욕은 성령을 거스르고 성령은 육체를 거스르나니 이 둘이 서로 대적함으로 너희가 원하는 것을 하지 못하게 하려 함이니라. 너희가 만일 성령의 인도하시는 바가 되면 율법 아래에 있지 아니하리라. 육체의 일은 분명하니 곧 음행과 더러운 것과 호색과 우상 숭배와 주술과 원수 맺는 것과 분쟁과 시기와 분냄과 당 짓는 것과 분열함과 이단과 투기와 술 취함과 방탕함과 또 그와 같은 것들이라 전에 너희에게 경계한 것 같이 경계하노니 이런 일을 하는 자들은 하나님의 나라를 유업으로 받지 못할 것이요."

인간적인 생각을 하는 사람은 예수를 믿었어도 하나님의 나라를 유업으로 받지 못한다는 것입니다. 그래서 우리는 성령의 생각을 해야 하는 것입니다.

(갈5:22-23)"오직 성령의 열매는 사랑과 희락과 화평과 오래 참음과 자비와 양선과 충성과 온유와 절제니 이 같은 것을 금지할 법이 없느니라."

이와 같이 생각이 틀리면 방향이 틀리는 것입니다. 하나님은 분명하게 이스라엘 모든 사람들을 가나안에 데리고 들어가려고 했습니다. 그러므로 그냥 믿음으로 따라만 가면 되는 것입니다. 그러나 하나님은 우리의 믿음을 시험하십니다. 모든 사람을 가나안에 데리고 들어가지 않습니다. 하나님의 말씀을 믿고 순종하고 따라오는 사람만 데리고 가나안에 들어가십니다. 가나안에는 하나님의 말씀에 순종하는 자만이 들어가는 것입니다. 그래서 열 지파 사람들은 하나님과 생각이 다르기 때문에 가나안에 들어 갈 수가 없습니다. 그러니까, 부정적인 말을 하는 것입니다. 왜 그렇습니까? 그 마음에 하나님을 사랑하는 마음이 없기 때문입니다. 사람은 사랑하는 사람을 닮아가게 되어 있습니다. 그래서 열 지파 사람들은 이렇게 말합니다.

(민13:31-33)"그와 함께 올라갔던 사람들은 이르되 우리

는 능히 올라가서 그 백성을 치지 못하리라 그들은 우리보다 강하니라 하고 이스라엘 자손 앞에서 그 정탐한 땅을 악평하여 이르되 우리가 두루 다니며 정탐한 땅은 그 거주민을 삼키는 땅이요 거기서 본 모든 백성은 신장이 장대한 자들이며 거기서 네피림 후손인 아낙 자손의 거인들을 보았나니 우리는 스스로 보기에도 메뚜기 같으니 그들이 보기에도 그와 같았을 것이니라."

이 사람들은 마음에 하나님을 사랑하는 마음이 없기 때문에 매사가 부정적인 것입니다. 그래서 사람은 말하는 것을 보면 그 사람을 알 수가 있는 것입니다.

생각이 이상하면 행동도 이상하게 되는 것입니다. 열 지파 사람들의 부정적인 보고를 들은 사람들은 모두 부정적으로 변해 버립니다. 이는 하나님이 파놓으신 함정에 빠진 것입니다. 그래서 성도는 자신의 영은 자신이 지킬 수 있어야 한다는 것입니다. 부정적인 보고에 미혹된 이스라엘 사람들의 하는 소리를 보십시오.

(민14:1-4)"온 회중이 소리를 높여 부르짖으며 백성이 밤새도록 통곡하였더라. 이스라엘 자손이 다 모세와 아론을 원망하며 온 회중이 그들에게 이르되 우리가 애굽 땅에서 죽었거나 이 광야에서 죽었으면 좋았을 것을 어찌하여 여호와가

우리를 그 땅으로 인도하여 칼에 쓰러지게 하려 하는가 우리
처자가 사로잡히리니 애굽으로 돌아가는 것이 낫지 아니하랴
이에 서로 말하되 우리가 한 지휘관을 세우고 애굽으로 돌아
가자 하매"

다시 애굽에 가서 종살이를 하자는 것입니다. 한마디로 꿈이
없는 백성입니다. 먹을 것에만 눈을 돌리는 땅에 속한 사람들
입니다. 마음에 하나님이 없는 사람들입니다. 한마디로 믿음이
없는 사람들입니다. 하나님이 이런 사람들을 어떻게 가나안에
데리고 갈 수가 있겠습니까? 생각하는 것이 육을 만족하게 하는
사람들의 말입니다. 우리는 하나님만을 사랑하고 따라야 합니
다. 하나님만 우리에게 있으면 모든 것을 이룰 수 있습니다. 우
리 하늘에 속한 영의 사람이 다 되시기를 바랍니다.
　생각이 부정하면 행동이 타락되어집니다. 악해진다는 것입
니다. 사람의 본성이 나온다는 것입니다. 타락한 육의 사람은
악합니다. 그래서 가인이 아벨을 죽인 것입니다.

　(민14:10)"온 회중이 그들을 돌로 치려 하는데 그 때에 여
호와의 영광이 회막에서 이스라엘 모든 자손에게 나타나시니
라."

끝까지 하나님을 생각하고 하나님의 편에 서는 사람을 가나

안에 데리고 가십니다. 하나님을 믿지 않는 사람은 죽는 것입니다. 그래서 나는 안 된다고 생각하면 안 됩니다. 하나님은 무엇이든지 하십니다. 우리는 생각관리를 잘해야 합니다. 술 생각을 많이 하면 알콜 중독자가 됩니다. 마약을 생각하면 마약 중독자가 됩니다. 음란에 빠지면 방탕하게 됩니다.

그래서 생각은 행동을 낳고 행동은 결과를 낳는 것입니다. 우리는 성령으로 충만하여 하나님을 향한 영의 생각을 해야 합니다. 그래야 하나님의 복을 받는 성도가 됩니다.

5) 성령께서 우리의 생각을 사용하실 때 마귀가 방해하는 기법

하나님의 생각이나 감동이 옵니다. 그렇게 해야겠다는 생각이 들었으나 곧 현실적인 계산이 들게 됩니다. 인간적인 계산을 한다는 것입니다. 즉 내 힘으로 할 수 있느냐, 없느냐를 판단한다는 것입니다. 그래서 자신의 현실을 보고 자신을 합리화하고 안 된다고 생각하고 행동에 옮기지 않게 됩니다. 그리고 다시 할 생각을 하면 신경질이 나고 시험에 듭니다. 그래서 하나님의 복을 받지 못하는 것입니다. 이런 성도는 예수를 믿기는 믿었지만 마귀의 조종에 놀아나는 성도입니다. 마치 가나안을 정탐하고 돌아와 부정적인 보고를 하는 열 지파 사람들과 같이 말입니다.

그러므로 우리는 생각을 걸러내야 합니다. 자신을 위해서 마귀의 생각을 걸러내야 합니다. 생각은 세 가지 통로를 통하여 옵니다. 하나님과 마귀, 자기의 생각입니다. 우리모두 생각의 출처를 분별하고 마귀의 생각과 내 생각을 걸러내야 삽니다. 성도는 생각을 지키기 위해 기도해야 합니다.

(빌4:6-7)"아무 것도 염려하지 말고 다만 모든 일에 기도와 간구로, 너희 구할 것을 감사함으로 하나님께 아뢰라. 그리하면 모든 지각에 뛰어난 하나님의 평강이 그리스도 예수 안에서 너희 마음과 생각을 지키시리라."

성령이 주는 감동의 흐름을 타야 합니다. 그래서 성령으로 충만하라는 것입니다. 성령의 감동(생각)은 즉각 시인하고 즉각 순종해야 합니다. 그럴 때 하나님의 역사가 일어납니다. 자신에게서 성령이 주는 생각이 늘 흐르게 해야 합니다.

(갈5:16-17)"내가 이르노니 너희는 성령을 따라 행하라 그리하면 육체의 욕심을 이루지 아니하리라. 육체의 소욕은 성령을 거스르고 성령은 육체를 거스르나니 이 둘이 서로 대적함으로 너희가 원하는 것을 하지 못하게 하려 함이니라."

우리는 성령의 흐름을 잡아야 삽니다. 그리고 성령의 말을 해야 합니다. 그래야 성령의 인도를 받는 초자연적인 성도가 되는 것입니다.

분별하여 마귀의 생각을 차단하세요. 대적하라는 것입니다.
마귀의 생각을 받아들이면 마귀는 계속해서 역사합니다. 그러
므로 자신에게서 마귀의 생각이 좌정하지 못하도록 생각관리를
잘해야 합니다.

2. 생각을 건전하게 하기 위해 어릴 때 환경이 중요하다.

1) 가정환경

우상을 섬기는 가정에서 성장한 사람하고, 하나님을 섬기는
가정에서 성장한 사람은 다릅니다. 가정 분위기와 가족의 성격
도 중요한 환경입니다. 가정환경에 따라 성령도 전이될 수 있
고, 마귀도 전이 될 수 있습니다.

2) 교육환경

교육환경에서 가장 중요한 곳은 가정입니다. 교육은 학교에
서 시작되는 것이 아니고 가정에서 시작됩니다. 그래서 저는 가
정치유를 중요하게 생각합니다.

부모가 영적으로 바로서면 자녀들이 잘못 가지 않습니다. 그
러니 부모의 역할이 무엇보다도 중요한 것입니다. 정상적인 교
육을 받은 사람이 건강합니다. 그래서 "교육은 사람을 만든다"
는 말이 있는 것입니다.

3) 사회 환경이 중요하다.

가난한 사회와 부유한 사회에서 성장한 사람은 차이가 많이 납니다. 그래서 사람은 나면 서울에 보내고, 말은 제주도로 보내라는 것입니다. 서울은 그 만큼 여러 문화의 혜택을 많이 받을 수 있기 때문입니다.

경직된 직장 문화에서 성장한 사람과, 자유문화에서 성장한 사람의 성격은 다릅니다.

3. 치유되어져야 할 생각들

1)부정적인 생각들

내가 지금까지 내면치유사역을 하면서 체험적으로 느낀 것은 부정적인 생각을 많이 하는 사람들이 상처가 많다는 것입니다. 상처에 마귀가 역사하여 나타나는 현상인 것 같습니다. 우울증 환자는 상처가 있으니 부정적인 사람이 많습니다. 우리 자신을 보는 눈을 엽시다. 그리하여 자신이 어떤 생각을 많이 하는지 스스로 분별하기 바랍니다. 치유는 자신에게 문제가 있다고 느끼면서 치유 받으려고 해야 치유가 되는 것입니다.

2) 음란한 생각들

성경은 뭐라고 말합니까? "너희 몸은 하나님의 성전이라. 하나님의 성령이 거하는 거룩한 전이니, 하나님의 성전을 더럽히면 하나님이 저를 멸하시리라"고 말한 것입니다. 오늘 이 시간에 우리는 예수 그리스도의 보혈로서 값주고 사고, 하나님의 거룩한 성령이 거하는 성전이 되어있는 것입니다. 이러므로 음란은 이 성전을 더럽히기 때문에 성령이 음란으로 더럽힌 그 몸속에 성전 삼고 거할 수가 없는 것입니다. 음란은 왜냐하면 막연한 것이 아니라 세 가지 죄가 있습니다. 음란은 처음, 간음죄입니다.

간음죄란 것은 결혼 한 부부가 아닌 다른 사람하고 서로 육체적인 교제가 있을 때, 이것은 간음죄입니다. 하나님께서 간음죄를 음란죄 중에서 가장 심히 다룹니다. 다윗을 하나님이 그렇게 사랑 했지만 다윗이 자기 남편이 있는 우리야의 아내를, 우리야가 일선에 나갔을 동안에 그를 손대어서 간음을 했습니다. 하나님께서 간음죄를 지은 다윗을 가만 내버려두지 않았습니다. 무섭게 심판해서 가정이 풍비박산 되도록 얻어맞은 것입니다. 우리 하나님께서는 간음죄를 내버려두지 않습니다. 간음죄란 결혼한 사람들이, 결혼한 사람들끼리 육체적인 죄를 범할 때 간음죄가 되는 것입니다.

3) 우울한 생각들.

우울증에 걸리신 분들은 미래에 대한 희망이 전혀 없습니다. 그러니 우울증 걸린 분이 웃는 분들이 전혀 없습니다. 제가 현장에서 치유사역하면서 우울증 걸린 분들을 몇 분 만나보면서

아 이분들은 이런 특징이 있구나. 제 나름대로 이 분들은 축 늘어져있고, 생각이 부정적입니다. 이 분들이 하는 말을 들으면 참 긍정적으로 밝은 면이 거의 없습니다.

또한 늘 염려스러운 생각만 골라서 합니다.

4) 탐심들

마음속에 탐욕은 우상숭배인 것입니다. 자기의 마음속에 탐욕이 들어온 아나니아와 삽비라는 자기의 재산을 팔아 가지고도 그걸 일부는 감추고, 일부분만 가지고 와서 이것이 전부 다 가지고 왔다고 그랬었습니다.

하나님은 탐욕을 가지고 하나님을 섬기는, 우상을 섬기는, 전심으로 섬기지 않고 간음한 것과 같은, 이러한 아나니아와 삽비라를 그들 앞에서 죽여 버리고 마는 것입니다. 하나님께서는 탐욕을 미워하십니다. 자기의 분수를 넘어서 탐심을 갖고, 탐욕으로 사는 사람은 바로 우상을 섬기는 사람으로 하나님보다도 물질을 더 사랑하거나 자기의 환경을 더 사랑하는 사람인 것입니다. 이러한 사람은 영적으로 간음한 사람으로써 주님께서 내버려두지 않습니다. 우상숭배는 성령을 소멸해버리고 말고, 하나님의 성령이 떠나갑니다. 이렇기 때문에 우리의 생애 속에 눈에 보이는 우상이나, 눈에 보이지 않는 마음의 탐욕, 하나님보다 더 사랑하는 일이 있으면 이를 모두 다 제거해버리고 성령이 충만하게 되기를 바랍니다.

5) 생각 쪽에 과감하게 치유되어져야 할 것 11가지가 있다.

① 부정적인 생각: 어디서 붙었는지는 몰라도 이것이 나에게 붙어 가지고 떨어지지가 않습니다. 좋은 것이 보이기보다는 나쁜 것이 먼저 보이고 그러니 행동도 틀리게 하는 경우가 많이 있습니다.

② 음욕: 이것은 보통 문제가 아닙니다. 사단이 온 세상에 음욕의 씨앗을 뿌리고 인간을 타락의 길로 끌고 가고 있습니다.

③ 염려(불신앙): 하나님이 살아계시니 염려할 필요가 없는데 또 염려합니다.

④ 의심: 이것 때문에 의처증이 생기고 의부증이 생기는 것입니다.

⑤ 두려움(공포): 원인도 없고 이유도 없는데 두려워하는 사람들이 많습니다.

⑥ 교만: 교만은 패망의 선봉인데도 끝까지 교만한 마음을 버리지 못하는 사람이 많습니다.

⑦ 자기 증오: 괜히 자기 자신에게 "나 같은 게 살면 뭐하나,

나는 죽어야 돼"라고 말합니다. 이런 사람일수록 더 오래 삽니다. 그리고 "나는 밥만 축 내는 사람이야"라고도 합니다. 밥이나 적게 먹으면서 그 말을 하면 밉지는 않을 것인데 실컷 배불리 먹어놓고는 "나는 밥만 축낸다"라고 합니다.

⑧ 열등의식: 다른 사람이 자기를 무시한 적도 없는데 자기가 괜히 무시를 당했다고 합니다. 이것 역시 열등감에서 나오는 것입니다.

⑨ 죄의식: 이미 죄는 예수 그리스도를 영접할 때 끝난 것입니다. 그런데 주님은 용서하셨는데 그 사람은 용서 못 받았다고 하면서 계속 죄를 짊어지고 있습니다.

⑩ 용서하지 못하는 것: 과거는 지나간 것입니다. 그런데 과거에 묶여 삽니다.

이유는 용서해야 할 것을 용서하지 못했기 때문입니다.

용서하면 손해보고 죽을 것 같지만 용서해야 살고 용서해야 축복을 받게 됩니다.

6) 과거의 상처 속에 잡혀있는 생각: 이것은 자신의 미래에 전혀 도움이 안 되는 것들입니다. 모두 말씀과 성령의 역사로 치유 받아야 합니다.

7) 미움과 분노로 살인까지 계획하는 것: 우발적인 살인도 있지만 계획적인 살인도 있습니다. 이런 것들은 오늘 과감히 치유되어야 합니다.

4. 치유에 있어서 중요한 것 중의 하나가 개인의 노력이다.

1) 복음을 들어야 구원을 받게 됩니다.

(롬10:17)" 그러므로 믿음은 들음에서 나며 들음은 그리스도의 말씀으로 말미암았느니라"

2)성령의 인도받는 기도를 해야 응답을 받습니다.

(마7:7-11)"구하라 그리하면 너희에게 주실 것이요 찾으라 그리하면 찾아낼 것이요 문을 두드리라 그리하면 너희에게 열릴 것이니 구하는 이마다 받을 것이요 찾는 이는 찾아낼 것이요 두드리는 이에게는 열릴 것이니라. 너희 중에 누가 아들이 떡을 달라 하는데 돌을 주며 생선을 달라 하는데 뱀을 줄 사람이 있겠느냐 너희가 악한 자라도 좋은 것으로 자식에게 줄 줄 알거든 하물며 하늘에 계신 너희 아버지께서 구하는 자에게 좋은 것으로 주시지 않겠느냐."

구하라 그러면 너희에게 주실 것이요. 찾으라 그러면 찾을 것이요. 문을 두드리라 그러면 너희에게 열릴 것이니. 너희가 악한 자라도 좋은 것으로 자식에게 줄 줄 알거든 하물며 하늘에 계신 너희 아버지께서 구하는 자에게 좋은 것(성령)으로 주시지 않겠느냐. 우리가 기도해서 받는 것은 성령입니다. 성령이 모든 것을 이루시고 하십니다. 우리는 성령으로 충만하기 위하여 기도해야 합니다.

3) 성령의 음성 메시지를 들어야 치유된다.

제가 그동안 치유 사역을 하면서 임상적으로 경험한 바로는 우울증이나 정신 신경계통에 질병이 있는 분들이 찾아오면 말씀을 들으려고 하지를 않습니다. 그리고 안수만 받으려고 합니다. 그러나 아닙니다. 성령의 음성과 레마의 말씀을 들어야 치유가 되는 것입니다.

(히4:12-13)"하나님의 말씀은 살아 있고 활력이 있어 좌우에 날선 어떤 검보다도 예리하여 혼과 영과 및 관절과 골수를 찔러 쪼개기까지 하며 또 마음의 생각과 뜻을 판단하나니 지으신 것이 하나도 그 앞에 나타나지 않음이 없고 우리의 결산을 받으실 이의 눈앞에 만물이 벌거벗은 것 같이 드러나느니라."

하나님은 살았고 운동력이 있습니다. 좌우에 날선 어떤 검보다도 예리합니다.

그래서 혼과 영과 및 관절과 골수를 찔러 쪼개기까지 합니다. 또 마음의 생각과 뜻을 판단하십니다. 따라서 "말씀이 다 입니다" 말씀 안에서 성령이 역사하여 치유하는 것입니다.

4)성령으로 충만하여 은혜를 받아야 성장한다.

(고후6:1-2)"우리가 하나님과 함께 일하는 자로서 너희를 권하노니 하나님의 은혜를 헛되이 받지 말라. 이르시되 내가 은혜 베풀 때에 너에게 듣고 구원의 날에 너를 도왔다 하셨으니 보라 지금은 은혜 받을 만한 때요 보라 지금은 구원의 날이로다."

우리가 하나님과 함께 일하는 자는 은혜를 받아야 합니다. 말씀과 성령으로 은혜를 받아야 합니다. 그래서 하나님은 보라! 지금은 은혜 받을 만한 때요. 보라! 지금은 구원의 날이로다. 하시는 것입니다.

5) 성령의 인도를 받아야 치유된다.

생각이 치유가 되려면 성령이 역사하는 말씀을 들어야 합니다. 그리하여 성령으로 충만하여 성령의 인도를 받아야 치유가

되는 것입니다. 앞에 간증에서도 나왔지만 우리 교회가 우울증
이나 정신 신경계통의 질병이 잘 치유되는 것은 말씀 안에서 성
령의 역사가 일어나기 때문입니다. 성령의 역사가 자신을 장악
해야 치유가 되기 시작합니다.

(고전2:10-11)"오직 하나님이 성령으로 이것을 우리에게
보이셨으니 성령은 모든 것 곧 하나님의 깊은 것까지도 통달
하시느니라. 사람의 일을 사람의 속에 있는 영외에 누가 알리
요 이와 같이 하나님의 일도 하나님의 영외에는 아무도 알지
못하느니라."

6) 치유를 받아야 복음 전도가 가능하다.

전도는 내가 예수를 믿고 얼마나 달라졌는가를 자랑하는 것
이 전도라고 생각합니다. 보아라! 내가 예수 믿기 전에는 우울
증으로 정신 분열증으로 그렇게 고생을 했는데 예수 믿고 말씀
과 성령으로 치유 받고 이렇게 변했다. 간증하는 것이 전도입니
다. 그래서 전도는 치유를 받아야 가능한 것입니다.

(행1:8)"오직 성령이 너희에게 임하시면 너희가 권능을 받
고 예루살렘과 온 유대와 사마리아와 땅 끝까지 이르러 내 증
인이 되리라 하시니라."

4. 생각이 치유되어져야 한다.

(고후10:5)"하나님 아는 것을 대적하여 높아진 것을 다 무너뜨리고 모든 생각을 사로잡아 그리스도에게 복종하게 하니."

1) 모든 이론을 파하며, 라고 했습니다. 그런데 이론을 따라가는 성도가 있습니다.

2) 하나님을 아는 것을 대적하여 높아진 것을 다 파해야 합니다. 이는 과학의 힘이나, 지식의 힘을 믿지 말라는 것입니다. 하나님 중심으로 돌아서라는 것입니다.

3) 모든 생각을 사로잡아 그리스도 예수께 복종케 해야 합니다. 그러면 사단이 틈타지를 못합니다. 우리 하나님만을 생각하는 우리가 됩시다. 기도는 하나님에게 집중하는 것입니다. 자신의 영적성장을 위하여 기도로 생각을 하나님에게 집중하기 바랍니다.

5. 생각의 치유를 받으려면

1) 자신의 상처를 인정해야 합니다.
2) 자신의 상처에 대한 책임을 가져야합니다.
다른 사람 상처주지 말고 교회 은혜 없다 말고 내가 문제가 있다고 인정해야 합니다.

3) 상처를 치유 받으려는 본인의 의지가 있어야합니다. 의지를 다하여 상처를 치유받겠다는 마음의 각오가 있어야 합니다.

4) 상처를 예수님에게 가지고 가서 치유해 달라고 기도해야 합니다.

모든 문제의 해결책은 하나님이 가지고 계십니다. 하나님에게 기도하여 상처를 치유하시기를 바랍니다. 하나님은 못하시는 것이 없는 초자연적으로 역사하시는 하나님이십니다.

불의한 생각이 불의한 인간을 만들고, 선한 생각이 선한 인간을 만듭니다(참조: 잠23:7). 부정한 생각이 불신을 조장하여 가정이나 사회, 곧 이웃관계를 파괴한다면, 긍정적인 생각이 신뢰감을 조성하여 가정과 사회, 곧 이웃관계를 행복하게 만드는 것입니다. 생각은 그 사람을 조종하는 핸들과 같은 것이며, 생각이 행동을 만들고, 그 행동이 인간의 육신을 지배하는 것이다. 그러나 인간의 생각은 완전할 수 없습니다. 마귀가 가룟 유다의 마음에 예수를 팔려는 생각을 넣은(요13:2) 결과로 유다가 예수님을 팔았다는 관점에서 보면, 인간이 자기 자신의 마음이나 생각을 믿고, 고집부릴 것이 아니라, 하나님의 생각을 따라야 형통의 복을 받을 수 있다는 것을 알 수 있습니다. 내 생각을 앞세우지 말고, 하나님의 생각을 따라 순종하는 삶을 살아갑시다. 그 때 우리의 모든 삶이 형통하게 될 것입니다.

23장 죄책감의 예방과 치유 비밀

(롬8:1-2)"그러므로 이제 그리스도 예수 안에 있는 자에게
는 결코 정죄함이 없나니 이는 그리스도 예수 안에 있는 생명
의 성령의 법이 죄와 사망의 법에서 너를 해방하였음이라"

하나님은 죄책감을 말씀과 성령으로 치유하여 자유함을 가
지라고 강조 하십니다. 모든 사람은 죄책감을 느끼며 살아갑니
다. 왜 모든 사람들이 죄책감을 느끼느냐? 롬3:10에 '의인이 한
명도 없다'고 했기 때문입니다. 모두 죄인인 아담의 혈통을 타
고 출생했기 때문입니다. 인간은 의인이 아니기 때문에 죄책감
을 느낄 수밖에 없습니다.

아담의 혈통을 가지고 태어난 사람이 도덕적으로 윤리적으로
완전한 사람이 어디에 있습니까? 우리가 어렸을 때부터 도덕과
윤리를 배웠지만, 그것 다 지키고 사는 사람이 어디에 있습니
까? 오히려 어릴 때 배운 도덕과 윤리를 다 지키지 못함으로 더
죄책감에 시달리기도 합니다.

인간은 모두 아담의 원죄 가운데 태어납니다. 사람들은 특별
히 원죄 가운데 태어났기 때문에 죄책감을 느낄 수밖에 없습니
다. 어떤 의미에서는 죄를 지었기 때문에 죄책감을 느끼기보다
는 원래 죄인이었기 때문에 죄책감을 느낀다고 할 수 있습니다.

사람은 세 가지 문제로 항상 죄책감을 느낍니다. 의외로 물질로 인해 죄책감을 느끼는 사람이 많습니다. 부모나 형제, 그리고 사업상의 어떤 문제로 금전적인 것이 깨끗하지 못했을 때 그것이 괴로워 죄책감으로 자리 잡은 경우도 있습니다. 그리고 감정적으로 죄책감을 느끼는 사람도 있습니다. 어떤 사건이나 일로 인하여 미안한 마음을 가지고 있다거나 아니면 어떤 실수로 인하여 혼자만이 가지고 있는 감정적으로 죄책감을 느끼는 경우도 있습니다.

성적인 것으로 인해 죄책감을 느끼고 있는 사람도 많습니다. 어떤 청년이 상담을 요청하기를 3년 전에 사귀던 여자와 성적인 관계를 가졌다고 했습니다.

그 후에 그 자매와 헤어지게 되었고, 지금은 다른 자매와 교제 중에 있으며, 곧 결혼 할 것 같은데, 한 가지 고민은 3년 전에 그 자매와 있었던 성적인 관계를 말해야 하느냐? 하지 말아야 하느냐? 이것 때문에 고민이 되어서 상담을 요청하게 되었는데 성경적인 답을 달라는 것이었습니다.

당신은 어떻게 생각합니까? 3년 전의 그 실수를 말해야 한다고 생각합니까? 아니면 말하지 않아도 된다고 생각합니까? 저는 답하기를 말하지 말라고 했습니다.

첫 번째는 '형제의 잘못은 하나님 앞에서 행한 것이니 하나님 앞에서 그 죄를 사함 받으면 된다.'는 것입니다. 사실 이 형제는 그 자매에게 죄를 범한 것이 아닙니다. 하나님 앞에 죄를 범한 것입니다. 그러므로 회개해야 합니다. 그리고 다시는 그러한 죄를 범하지 않도록 자신을 관리해야 하기 때문입니다.

두 번째는 그 자매에게 그 사실을 밝혀서 좋은 것이 하나도 없기 때문에 밝히지 말라고 했습니다. 중요한 것은 결혼 이후에 다시는 그러한 죄를 범하지 않는 것이며 아내에게 충실하는 것이 곧 아내를 위한 최선의 길이라고 권면 했습니다.

그런데 이 죄책감은 우리를 평생 따라 다닙니다. 왜 사람은 죄를 짓지 않고 살 수 없기 때문입니다. 사람은 살면서 늘 새로운 죄를 짓게 되어 있습니다. 저는 오늘 이 시간 이후로 죄를 짓지 않을 자신이 없습니다. 무슨 죄를 지었든지간에 짓게 되어있습니다. 그러므로 그 죄로 말미암아 저는 또 죄책감을 느끼게 되어 있는 것입니다.

왜 죄책감이 우리에게 큰 짐이 됩니까? 그것은 폭로에 대한 두려움이 있기 때문입니다. 즉 자신의 죄가 폭로 될 것에 대한 두려움입니다. 자신만이 알고 있어야 할 죄인데 다른 사람이 아는 것에 대한 두려움이 모든 사람에게 다 있습니다. 부모에게, 또는 배우자나 자녀들에게 자신의 허물이 드러날 것에 대한 두려움 때문에 죄책감에 더 시달리는 것입니다.

그 다음에 따라 들어오는 것이 사람들이 나를 거부할 것에 대한 두려움이 있기 때문에 죄책감이 짐이 되는 것입니다. 모든 사람은 환영받기를 원합니다. 그런데 자신의 죄가 드러남으로 사람들의 거부가 두려운 것입니다. 그래서 죄책감이 짐이 되는 것입니다.

1. 죄책감에 대한 평가.

질문을 하나 하겠습니다. 죄책감은 나쁜 것인가? 좋은 것인가? 다시 말하면 죄책감을 느끼는 것이 좋은가? 느끼지 않는 것이 좋은가? 죄책감은 우리에게 유익한 면이 있습니다. 죄책감을 느낀다고 꼭 나쁜 것만은 아닙니다.

만약 한 나라의 대통령이 죄책감이 없다고 한다면 굉장한 폭군이 될 것입니다. 국민을 무차별하게 학살을 하고도 죄책감을 못 느끼니까 더 많은 생명들을 죽이기도 할 것입니다. 그러나 죄책감을 느끼면 그것으로 인해 생명에 대한 존엄성과 두려움을 가지고 조심하게 됩니다. 죄책감이 전혀 없다고 한다면 그 사람은 정신병자와 수준이 똑같은 사람입니다. 정상적인 사람이라면 죄책감을 느껴야 됩니다. 왜? 원죄가운데 태어났기 때문입니다.

또 우리의 죄책감 때문에 행동을 스스로 제한 할 때가 많습니다. 그렇기 때문에 죄책감이 나를 유익하게 만드는 면이 있는 것입니다. 내가 죄를 짓고 타락 하고 싶어도 죄책감이 있기에 쉽게 행동을 못한다는 것입니다.

이미 죄를 범해서 죄책감을 가지고 있는 사람들은 자신을 갱신할 수 있는 기회이기도 합니다. 그러므로 죄책감을 느끼는 것이 꼭 나쁜 것만은 아닌 것입니다. 그럼에도 불구하고 죄책감이 우리에게 해로운 면도 많이 있습니다.

정신과 육체에 영향을 주기 때문입니다. 왜 그러느냐? 죄책감을 잘 다스리지 못할 경우에는 우리의 육신과 정신에 굉장한 영향을 주기 때문입니다. 그래서 죄책감에 시달려서 정신병원에 입원하는 사람, 죄책감으로 인해 육신적인 문제가 오는 사람, 심지어 죄책감으로 인해 자기를 자해하는 사람도 있습니다. 그것뿐만이 아니라 이 죄책감은 파괴하는 힘도 있습니다. 죄책감으로 스스로 목숨을 끊는 경우도 많이 있습니다.

자신을 고립시키고 영적으로 무기력하게 합니다. 개인적으로는 자신을 고립시키고 영적으로는 무기력하게 만들기도 합니다. 여기에서 빨리 해방되고 영적으로 힘을 얻어야 되는데 죄책감 때문에 눌려서 기도도 못하고 말씀도 못 듣는 그런 사람들도 많습니다. 죄책감을 상상력을 가지고 키우지 말라는 것입니다. 우리가 굉장히 조심해야 할 부분이 있는데 그것은 과거에 지었던 죄를 죄책감으로 인해 상상력을 동원하여 키우지 말라는 것입니다.

어떤 사람이 어느 자매에게 죄책감을 가지고 있었습니다. 그는 학창시절에 그 자매에게 죄를 하나 뒤집어씌운 경험이 있었기 때문입니다. 그런데 그 자매는 그 모든 것을 잊고 있었으며 기억도 하지 않았습니다.

그런데 그 형제는 그 자매를 제대로 볼 수가 없었으며 미안한 마음을 늘 가지고 있었습니다. 그러다가 세월이 지나 그 자매의 소개로 중매를 보게 되었는데 그 때 그 자매가 소개해 준 자매와 결혼을 하게 된 것입니다

그런데 여기까지는 좋았는데 문제는 결혼한 이후였습니다. 결혼생활이 평탄했으면 그럴 리가 없었을 것인데 어려움이 닥쳐오고 결혼생활의 위기가 오자, 그 형제는 지금의 아내를 소개해준 자매를 생각하게 된 것입니다.

그리고는 속으로 "그 때 내가 잘못한 것에 대한 앙갚음으로 자기 친구를 내게 소개해줘 평생 나를 괴롭히고 있다"는 생각이었습니다. 이것이 바로 지나친 상상력으로 죄책감을 키워나가는 것입니다. 이것은 굉장히 위험한 생각이며 꼭 치유되어져야 할 생각들입니다.

혹시 여러분 중에 죄책감을 키워나감으로 분노에 차있는 분이 있다면 오늘 그리스도 예수 이름으로 치유되시기를 주님의 이름으로 축원 합니다.

2. 성경에 나타난 인물들 중에서 죄책감을 느낀 사람.

1) 아담과 하와(창3:8-12)가 죄책감을 느꼈습니다.

창3장에 보면 하나님이 아담을 부르셨습니다. 그런데 아담이 하나님의 부르심에 응답하지 못하고 피해 숨어버립니다. 그럼 왜 아담이 하나님을 피했으며 숨었을까요? 여기에 대한 대답은 아담에게 죄책감이 있었기 때문입니다. 즉 하나님이 금하신 실과를 따먹은 것입니다. 분명히 하나님이 따먹지 말라는 실과였습니다. 그런데 아담이 따먹은 것입니다. 그러니 아담에게는 따먹지 말라고 한 실과를 따먹은 죄책감이 있었던 것입니다. 그래서 숨었던 것입니다.

2)다윗(시38:13)도 죄책감이 있었습니다.

밧세바를 취한 것에 대한 죄책감이 다윗에게 있었습니다. 그래서 회개하는 시를 지었던 것입니다. 그래서 사람은 죄를 짓고 살지 못합니다.

3) 베드로(마26:75)의 죄책감으로 고통스러워했습니다.

예수님께서 최후의 만찬 때 "너희가 다 나를 버리리라"고 하셨습니다. 이때 베드로는 "다른 사람이 다 주님을 버릴지라도 자기는 주님을 따를 것"이라고 말을 합니다. 그런데 베드로는 자신이 한 말대로 주님을 따른 것이 아니라 연약한 소녀 앞에서도 예수님을 모른다고 부인하고 말았습니다. 이때 닭이 울므로 주님의 말씀이 생각나서 통곡하며 울었던 것입니다. 이게 바로 베드로가 가진 죄책감입니다.

4) 그럼 오늘 여러분이 가지고 있는 죄책감은 무엇이며, 어떻게 치유 받아야 겠습니까? 만약 우리들이 이 죄책감에서 자유함을 얻지 못한다면 우리는 마음속에 사단의 집을 세워두고 있는 꼴이 됩니다. 그래서 사단은 그 죄책감이라는 집을 통해서 우리를 공격하고 괴롭히게 됩니다.

그러므로 오늘 우리는 우리가 가지고 있는 죄책감이 무엇이든지 간에 치유 받아야 합니다. 하나님이 우리를 치유하시기를 원하십니다. 그래서 오늘 죄책감 치유라는 제목으로 글을 써서 전하게 하시는 것입니다. 사단의 집을 허무는 가장 좋은 방법은 하나님의 말씀을 통하여 나 자신을 무너뜨리는 것입니다. 음란의 집을 무너뜨리고, 열등감의 집을 무너뜨려야 합니다.

치유의 말씀을 통하여 내 안에 역사하는 온갖 더러운 사단의 그림자들을 물리쳐야 합니다. 오늘 이 응답을 받게 되기를 주님의 이름으로 기원합니다.

3. 죄책감에서 치유될 수 있는 방법.

1) 자기의 죄를 시인하는 것입니다.

① 요일1:9 : 우리의 죄를 자백하면 됩니다. 즉 우리의 죄를 회개하라는 말입니다.

② 시103:12 : 우리가 우리의 죄를 자백하면 또 죄사함을 위해 기도하면 "동에서 서가 먼것 같이 우리의 죄를 옮겨버리겠다"고 하셨습니다.

③ 히10:17-18 : 저희 죄와 불법을 기억하지 않겠다고 하시면서 다시는 우리의 죄를 위해 드릴 제사가 없다고 하셨습니다. 이미 우리의 모든 죄는 주 예수 그리스도를 믿는 순간 다 사함받은 것입니다.

2) 하나님의 말씀을 언약으로 붙잡는 믿음이 있어야 치유가 됩니다. 저는 약 20년 전에 죄책감으로 굉장히 시달린 적이 있습니다. 하루는 과거에 지었던 죄가 나를 파고 들어오기 시작했습니다. 이상할 정도로 죄가 나를 괴롭혔습니다. 지난 날 지었던 죄 때문에 구원의 확신이 흔들렸습니다. 그 죄 때문에 내가 눌려죽는 줄 알았습니다.

그래서 밥맛도 없었고 사람들 만나기도 싫었고 밤에 잠을 잘 수가 없었습니다. 너무 잠이 오지 않아서 하루는 그동안 내가 지었던 죄와 내가 착한 일을 하였던 모든 것을 생각해 내었습니다. 그래가지고는 착한 일 하나 빼고 죄 하나 빼고, 또 착한 일 하나 빼고 죄 하나 빼고 하기를 밤새도록 했는데, 결국 남는 것은 죄밖에 없었습니다. 그 죄의 짐으로 너무 눌려 기도원으로 금식기도 하러 갔습니다.

금식으로 기도하면서 말씀을 묵상하기 시작했는데 골1:14에 "그 아들 안에서 우리가 곧 구속 죄사함을 얻었다"고 하셨다는 말씀을 읽는 순간 그렇게 나를 누르던 죄책감이 한 순간에 도망가고 말았습니다. 너무나 잘 아는 말씀이었지만 그때만큼 이 말씀이 분명히 내게 들린 적은 없었습니다. 그리고는 다시 골로새서 1장을 읽기 시작했는데 분명히 조금 전에 읽고 지나갔는데 다시 읽을 때 골1:13이 나를 완전한 확신가운데로 인도했습니다. "그가 우리를 흑암의 권세에서 건져 내사 그의 사랑의 아들의 나라로 옮기셨다"고 하셨습니다.

이때 너무나 기쁜 나머지 추운 겨울날 밖으로 나가 양손을 벌리고 하나님께 "감사합니다"라 소리를 지르며 죄책감에 얻은 자유함을 감사함으로 찬양을 했습니다. 한 두 시간 정도 찬양했을 때 손이 어는 것 같아서 그 손을 양호주머니에 넣고는 발로 뛰면서 "하나님 감사합니다"라 고 했습니다. 한참 뛰다보니 숨이 차서 산에 드러 누운채로 "하나님, 정말 감사합니다"라고 하는 순간 내 눈에서 눈물이 쏟아져 나왔습니다. 이때 저의 생애에 최고의 영적축복을 누렸던 것 같습니다.

3) 죄책감은 하나님과의 관계 속에서만 해결될 수 있습니다.

이 말씀은 꼭 명심해야 합니다. 사람에게 잘한다고 해서 죄책감에서 해결되는 것은 아니다는 것입니다. 하나님과 나와의 관계가 올바를 때 치유가 되는 것입니다. 우리가 완전히 죄책감에서 자유함을 얻고 해방 받았다고 할지라도 성격에 따라 죄책감이 다르게 옵니다. 율법적인 성격의 소유자는 죄책감을 오래 가지고 가기 쉽습니다. 복음적인 성격의 소유자는 방종에 빠지기가 쉽습니다.

그러므로 가능하면 자신을 잘 알고 다시는 죄책감에 빠지거나 방종으로 세월을 낭비하지 않도록 해야 합니다. 이 죄책감에서 지속적으로 자유함을 누리기 위해서는 그 때 그 때 증거 되어지는 하나님의 말씀을 붙잡고 누려야 합니다. 그렇지 않으면 또 시달리게 됩니다.

그래서 강단에서 전하는 말씀이 중요한 것입니다. 로마서 8장 1절로 2절을 오늘 꼭 기억합시다. "그러므로 이제 그리스도 예수 안에 있는 자에게는 결코 정죄함이 없나니 이는 그리스도 예수 안에 있는 생명의 성령의 법이 죄와 사망의 법에서 너를 해방하였음이라" 우리는 하나님의 자녀입니다.

하나님의 자녀는 하나님이 모든 것을 책임지십니다. 그러므로 지난날의 죄로 인하여 눌릴 필요가 없습니다. 오늘 자유 함을 얻으시기를 주님의 이름으로 소원합니다.

24장 나쁜 습관의 교정과 치유 비밀

(렘22:21)"네가 평안할 때에 내가 네게 말하였으나 네 말이 나는 듣지 아니하리라 하였나니 네가 어려서부터 내 목소리를 청종하지 아니함이 네 습관이라"

하나님은 우리의 잘못된 습관을 치유하라고 하십니다. 사람은 습관을 따라 삽니다. 심지어 동물도 습관에 따라 삽니다.

그 대표적인 예화가 김유신 장군이 술에 취했을 때 김장군의 말이 기생집으로 갔습니다. 이것은 평소 때 김유신 장군이 술에 취하면 그곳으로 갔기 때문에 말이 습관을 따라 그 집으로 간 것입니다. 이만큼 습관이 중요한 것입니다.

습관을 다른 말로 하면 "버릇"입니다. 버릇은 한 번에 이루어지는 것이 아니라, "반복함으로 습득되는 것"입니다. 그런데 이것이 우리의 생활에 절대적인 영향을 미친다는 것을 아는 사람이 별로 없습니다.

1. 사람은 습관적인 존재다.

이 말은 "모든 사람은 다 습관을 가지고 있다"는 말입니다. 어른들만 습관이 있는 것이 아니라 어린아이들도 나름대로의 습관을 다 가지고 있습니다.

그런데 기도. 말씀. 말씀 묵상 등 습관에는 좋은 습관이 있고, 나쁜 습관이 있습니다. 좋은 습관은 그 개인이나 모든 사람을 이롭게 하는 습관이지만 나쁜 습관은 개인은 물론 타인에게까지 악한 영향을 미칠 수 있습니다. 우리에게 좋은 습관만 있으면 얼마나 좋겠습니까?

그러나 우리에게는 고쳐야 할 나쁜 습관들이 더 많이 있습니다. 그렇기 때문에 치유의 비밀을 알 때 우리가 온전케 되는 것입니다.

이상한 습관도 있습니다. 저는 이야기를 하다가 손가락질하는 습관이 있습니다. '조심해야 되겠다' 라고 생각하는데 나도 모르게 또 손가락질을 하면서 합니다. 어떤 목사님은 말씀하시기전 저~어! 라는 말을 두 번 하시는 분이 있습니다. 고의적으로 그렇게 하시는 것이 아니라 습관적으로 그렇게 하시는 것입니다.

서울에서 어떤 전도사님과 대화를 나누게 되었는데 그분은 말을 하다가 코를 손으로 만지는 습관이 있었습니다. 한 마디 하고는 코를 만지고 또 두 마디 하고는 또 코를 만지고 이러다 보니 이야기를 듣는 저가 불안해 지는 것입니다. 언제 또 코를 만질지 의식이 되는 것입니다.

이런 습관에 절대적인 영향을 미치는 곳이 가정입니다. 그 가정이 늘 TV를 보는 분위기면 아이들이 자동적으로 TV를 즐기는 습관을 가지게 되고, 부모의 생활이 정상적이지 못하면 아이들도 정상적이지 못한 습관을 배우게 됩니다. 문제는 나쁜 습관을 어떻게 할 것인가? 입니다. 그것은 교육을 통하여 고쳐 나가야 합니다. 그래서 교육이 중요한 것입니다.

좋은 습관과 나쁜 습관의 차이는 어마 어마합니다. 좋은 습관을 가지면 자신을 발전시키지만 나쁜 습관은 방종하게 만듭니다. 좋은 습관을 가지면 사람들의 존경을 받지만 나쁜 습관을 가지면 사람으로부터 멸시를 당하기도 합니다. 좋은 습관을 가지면 성공하지만 나쁜 습관을 가지면 실패합니다. 그러니 습관이 매우 중요한 것입니다.

2. 우리가 점검해 보아야 할 습관이 있다.

먼저 가정생활의 습관을 점검해 보아야 합니다. 내 개인의 생활이 다른 가족들에게 피해가 된다면 고쳐야 합니다. 가족 공동체에 유익이 되는 습관을 가져야 합니다. 어떤 사람은 혼자 늦게 일어나고 혼자 밥 늦게 먹는 사람이 있습니다. 이것은 가족 공동체를 위하여 고쳐져야 할 습관들입니다.

그리고 신앙생활의 습관도 점검해 보아야 합니다. 주일 낮 예배만 드리는 습관을 가진 성도들이 있습니다. 그런데 어떤 분들은 신앙생활을 처음 시작할 때부터 모든 예배시간에 참여하시는 분들이 있습니다. 이런 분들은 나중에 주일 낮 예배만 드리라고 하면 불안해합니다. 왜 처음부터 모든 예배에 참여하는 습관을 들였기 때문입니다. 주일 날 결석하고, 예배시간에 지각하는 습관을 가진 사람들도 있습니다. 이런 사람들은 습관적으로 한 달에 한번은 교회를 결석합니다.

그리고 지각하는 분들이 계속 지각하는 것을 보아서 이것도 습관이 되어버린 것입니다. 습관적으로 예배시간에 주무시는 분들도 있습니다. 이것은 육신적으로 피곤해서 그렇다고 이해도 되지만 영적으로 보면 하나님의 말씀을 소홀히 여기는 습관을 가지고 있기 때문입니다.

대인관계의 습관도 점검해 보아야 합니다. 자기중심의 대인관계가 습관적으로 되어있는 사람들이 있습니다. 친구들끼리 삐지는 것도 습관적인 사람들이 있습니다. 어떤 사람은 자신이 다른 사람들에게 피해를 주는 것도 모르고 피해를 줍니다. 습관이 잘못되어 있기 때문입니다.

사회, 직장생활의 습관도 점검해 보아야 합니다. 오늘 말씀을 읽고 느낀 것이 있다면 꼭 자신을 점검해 보시기 바랍니다. 내가 고쳐야 할 나쁜 습관이 무엇이 있는지, 어떤 나의 습관이 가정과 사회생활에 방해가 되고 있는지를 점검해 보아야 합니다. 여기서 메시지를 듣고 은혜를 받았다고 해서 치유가 되는 것이 아닙니다. 선포된 메시지를 붙잡고 나의 삶에 적용시켜 나가야 진정한 치유가 일어납니다.

3. 꼭 치유되어져야 할 습관들이 있다.

습관적으로 목사님의 말씀을 평가하는 사람이 있습니다. 습관적으로 도적질하는 사람이 있습니다. 도둑놈은 늘 도둑놈이 아닙니다. 도둑놈이라도 좋은 일을 할 때가 있습니다. 그럼 좋은 일을 한다고, 그 사람이 도둑놈이 아니냐? 도둑놈입니다.

그럼 언제 도둑놈이 안 되느냐? 도둑질하는 습관을 없애고 좋은 일을 해야 도둑놈이 안 되는 것입니다.

습관적으로 거짓말을 하는 사람도 있습니다. 특히 위기를 당할 때 습관적으로 거짓말을 합니다. 이 사람도 입만 벌리면 거짓말을 하는 것은 아닙니다.

참말을 할 때도 많이 있을 것입니다. 그러면 이 사람이 진실한 사람이냐? 그렇지는 않습니다. 그럼 언제 진실한 사람이 되는가? 거짓말하는 습관을 버리고 참말을 할 때 진실한 사람이 되는 것입니다.

습관적으로 타락된 행동을 하는 사람이 있습니다. 이 사람도 늘 타락된 삶을 사는 것이 아닙니다. 그런데 가끔씩 타락합니다. 그럼 이 사람이 착한 사람이냐? 그렇지 않습니다. 그럼 언제 착한 사람이 되는가? 타락된 행동을 버리고 착한 행실을 할 때 착한 사람이 되는 것입니다.

습관적으로 다른 사람을 비방하는 사람도 있습니다. 늘 사람을 비방하는 것은 아니다. 그런데 가끔씩 사람을 비방합니다. 왜 그렇겠는가? 습관이 그렇게 되어있기 때문입니다. 그럼 이 사람이 언제 좋은 사람이 되겠는가? 비방하는 습관을 고치고 좋은 말을 하기 시작할 때 좋은 사람이 되는 것입니다.

습관적으로 사람을 의심하는 사람이 있습니다. 평소 때는 잘 믿고 있다가 어떤 일을 당하면 의심합니다.

왜 그렇겠는가? 이미 그 사람이 그런 일을 통하여 손해를 보거나 억울한 일을 당한 경험 속에서 자신도 모르게 의심하는 습관을 가지게 된 것입니다. 이것을 고치지 않으면 그 사람은 평생 사람을 의심하며 살게 됩니다.

이 외에도 특별히 조심해야 할 습관들이 있습니다. 믿지 않는 불신앙하는 것이 습관화 되어있는 경우도 많습니다. 그러니 '믿으라'고 해도 믿지를 못합니다. 왜 불신앙하는 것이 습관화되어 있기 때문입니다. 염려하는 것이 습관화되어 있습니다. 그래서 늘 염려와 동행하는 분들도 있습니다. 불평과 원망하는 것이 습관화되어버린 분들도 많이 있습니다.

그러니 감사보다는 입만 벌리면 불평하는 것입니다. 우리는 옛 습관을 벗어버려야 합니다. 잘못된 습관을 말씀과 성령으로 찾아 벗어버리고 새로운 것, 즉 새로운 습관을 가져야 합니다. 이것이 축복된 미래를 준비하는 것입니다.

4. 성경에는 습관이라는 단어가 여섯 번 나온다.

삼상2:13에 엘리 제사장의 아들들이 가지고 있는 습관에 대하여 말씀하고 있습니다. 그런데 이들에게 아주 좋지 못한 습관이 있었습니다. 그것은 다름 아닌 하나님 앞에 드리는 제사를 멸시하는 습관이 있었습니다. 이 습관 때문에 하나님의 진노로 홉니와 비느하스가 같은 날 죽게 됩니다.

삼상27:11에 보면 다윗이 사울을 피하여 블레셋에 기거하는 동안 행동을 굉장히 조심했는데 그 이유는 블레셋 사람들이 다윗의 습관에 대하여 잘못 말할 수 있기 때문에 행동을 조심했습니다.

렘22:21에도 이스라엘 백성들이 하나님의 말씀을 잘 청종하지 않는 이유를 설명하기를 "어려서부터 하나님의 말씀을 듣지 않는 습관이 있었기 때문"이라고 했습니다.

눅22:39에 보면 예수님이 감람산에 올라가셔서 땀이 땅에 떨어지는 핏방울이 될 정도로 기도를 하셨습니다. 그런데 이때 습관을 쫓아 감람산으로 가셨다고 말씀하고 있습니다.

왜 기도가 잘 안 되는가? 기도하는 습관이 안 되어 있기 때문입니다. 고전8:7에는 사람들이 우상에 대한 습관이 있다고 말씀하고 있습니다. 그러니 우상을 섬기고 우상의 제물을 탐하는 것입니다.

히10:25 에는 "모이기를 폐하는 어떤 사람들의 습관과 같이 하지 말라"고 말씀하고 있습니다. 이런 것을 보면 습관이 우리의 영적 생활을 좌우한다는 것을 알 수 있습니다..

5. 어떻게 습관을 치유하나

옛 사람을 벗어버려야 합니다. 즉 나쁜 습관, 잘못된 습관을 벗어버려야 합니다. 골3:9 "너희가 서로 거짓말을 말라 옛사람과 그 행위를 벗어버리고"라고 했고, 엡4:22 "너희는 유혹의 욕심을 따라 썩어져 가는 구습을 좇는 옛 사람을 벗어버리고"라고 했습니다. 새 사람을 입읍시다. 예수님이 본을 보이신 좋은 습관을 따르자는 것입니다.

엡4:24에 "하나님을 따라 의와 진리의 거룩함으로 지으심을 받은 새 사람을 입으라"고 했습니다. 오늘 우리들은 하나님을 따라 의와 진리의 거룩함으로 새 사람을 입어야 합니다.

골3:10에 "새 사람을 입었으니 이는 자기를 창조하신 자의 형상을 좇아 지식에까지 새롭게 하심을 받는 자니라"

오늘부터 우리는 습관과 전쟁을 해야 합니다. 불신자로 40년을 살다가 어느 날 예수님을 믿고 난 후 제일 안 되는 것이 있다면 그것은 식사 기도를 하는 것입니다. 40년 동안 그냥 밥을 먹는 것이 습관이 되었는데 하루아침에 그 습관이 고쳐지는 것이 아닙니다. 그러니 어떤 때는 밥을 입안에 넣어놓고 기도하는 경우가 있습니다. 저는 밥만 들어오면 눈부터 감습니다. 왜 습관이 그렇게 되어 있기 때문입니다.

그래서 복음적인 습관, 성경적인 습관을 가지기 위해 전쟁을 해야 합니다. 습관은 단번에 고쳐지는 것이 아닙니다. 너무나 오랫동안 체질화되어버린 습관을 고치는 일은 고통이 따르게 마련입니다.

바울이 복음을 위하여 자신의 몸을 쳐서 그리스도께 복종시켰던 것처럼 이제 우리도 하나님의 영광을 위하여 우리의 습관을 쳐서 그리스도께 복종시키고 복음적인 습관으로 새 옷을 입어야 합니다. 오늘 이 말씀은 사사로운 것 같으면서도 굉장히 중요한 말씀입니다. 우리의 삶을 고치는 말씀이기도 합니다. 그러므로 말씀을 따라 응답 받고 치유 받는 모두가 되시기를 주님의 이름으로 소원합니다.

이 책을 통해 예수님이 땅끝까지 전파 되기를 소원합니다.
(출판으로 인한 이익금은 문서선교와 개척교회 선교에 사용합니다.)

우울증 정신질병 치유 비밀

발 행 일 l 2015.04.07초판 1쇄 발행

지 은 이 l 강요셉

펴 낸 이 l 강무신

편집담당 l 강무신

디 자 인 l 강무신

교정담당 l 원영자

펴 낸 곳 l 도서출판 성령

신고번호 l 제22-3134호(2007.5.25)

등록번호 l 114-90-70539

주   소 l 서울 서초구 방배천로 4안길 20(방배동)

전   화 l 02)3474-0675/ 3472-0191

E-mail l kangms113@hanmail.net

유   통 l 하늘유통. 031)947-7777

ISBN l 978-89-97999-30-9 부가기호 l 03230

가   격 l 16,000원